우리를 위하시는 하나님, 하나님을 위하는 우리

God for Us, We for God

우리를 위하시는 하나님, 하나님을 위하는 우리
(God for Us, We for God)

1판 1쇄 발행 2022년 11월 10일
1판 1쇄 인쇄 2022년 11월 10일

지은이	이수근
펴낸이	정신일
편집	홍소희
교정	김윤수
펴낸곳	크리스천리더
일부총판	생명의 말씀사 (02) 3159-7979
등록	제 2-2727호(1999. 9.30)
주소	부천시 중동로 100 팰리스카운티 아이파크 상가 301호
전화	032) 342-1979
팩스	032) 343-3567
출간상담	E-mail:chmbit@hanmail.net
홈페이지	www.cjesus.co.kr
유튜브	크리스천리더TV

ISBN : 978-89-6594-346-4(03230)

정가 : 13,000원

- 이 출판물은 저작권 법에 의해 보호받는 창작물이므로,
  무단 복제와 무단전재를 할 수 없습니다.

- 잘못된 책은 구입하신 곳에서 바꿔드립니다.

그런즉 이 일에 대하여 우리가 무슨 말 하리요
만일 하나님이 우리를 위하시면 누가 우리를 대적하리요 (롬 8:31)

What then shall we say to these things?
If God is for us, who is against us? (Rom 8:31, NASB)

우리가 살아도 주를 위하여 살고 죽어도 주를 위하여 죽나니
그러므로 사나 죽으나 우리가 주의 것이로다 (롬 14:8)

for if we live, we live for the Lord, or if we die, we die for
the Lord; therefore whether we live or die, we are the Lord's. (Rom 14:8, NASB)

머 리 말

우리는 혼자가 아닙니다. 가정과 학교와 직장에서 우리는 항상 사람들과 여러 관계를 맺으며 삽니다. 나는 누군가를 위하고 누군가는 나를 위합니다. 세상에 정말 일방적인 관계란 없습니다.

우리와 하나님 간의 관계는 어떨까요? 신앙을 갖게 되는 동기와 방법은 다양하지만 누구나 똑같이 체험하는 사실이 하나 있습니다. 그건 나를 위하시는 하나님입니다. 우리에게 무슨 빚진 것이 있으신 것도, 또 우리에게 무슨 받을만한 자격이 있는 것도 아닌데 주시는 그 은혜가 헤아릴 수 없이 깊고 넓습니다. 심지어 그 아들을 십자가에 달리게 하시며 우리를 구원하셨습니다. 그 크신 하나님의 사랑은 하늘을 두루마리 삼고 바다를 먹물 삼아도 다 기록할 수 없습니다.

그런데 신앙생활도 일방적일 수 없습니다. 우리에게도 하나님을 위함이 있어야 합니다. 우리의 믿음과 소망과 사랑과 삶의 목적과 내 인생의 장난감들은 물론 내게 귀한 것들도 드려야 합니다. 그걸 하나님이 원하십니다. 드려야만 구원받기 때문은 아닙니다. 구원받는데 필요한 모든 것은 십자가에서 예수님이 다 지불해 주셨습니다.

그런데도 하나님이 우리의 모든 것을 원하시는 데는 이유가 있습니다. 그건 피조물 된 우리가 창조주 하나님의 것임을 깨닫기 원하시기 때문이고, 또한 하나님 마음에 우리가 가득 차 있듯이 우리 마음에도 하나님이 가득 차 있기를 원하시기 때문입니다.

그런데 실제로는 우리는 거의 일방적으로 받기만 합니다.

"하나님이 자기를 사랑하는 자들을 위하여 예비하신 모든 것은 눈으로 보지 못하고 귀로 듣지 못하고 사람의 마음으로 생각하지도 못하였다"(고전 2:9)는 말씀 그대로입니다. 하나님이 우리에게 주려고 준비하신 것들은 듣도 보도 못한 것들로 가득차 있는데, 우리가 하나님께 드리려고 하는 것들은 왜 이렇게 수준 낮고 질 낮은 것들 뿐인지 모르겠습니다.

친구들과 선물을 교환해본 적이 있으신가요? 나는 보잘 것 없는 걸 드렸는데 너무나 비싸고 좋은 선물을 받아 내가 이런 걸 받아도 되나하고 한참을 머뭇거려본 적도 있으신가요? 바로 그 느낌입니다. 받은 것에 비하면 나는 드린 것도 아닙니다.

저도 받은 것만 많은 사람입니다. 저는 제가 설교로 교회를 섬기는 자가 될 줄은 정말 몰랐습니다. 게다가 일부를 모아 이렇게 책으로 엮는 은혜까지 주셨습니다. 모든 것이 하나님의 은혜입니다. 다만 설교문을 좀 더 읽기 편한 문체들로 바꾸었습니다. 부족한 글솜씨로 진리를 가리지 않기를 기도할 뿐입니다.

"우리를 위하시는 하나님" 그리고 "하나님을 위하는 우리"라는 큰 제목으로 각각 일곱 편의 말씀을 준비하였습니다. 솔직히 "하나님을 위하는 우리"라는 말 자체가 하나님께 너무나 죄송한 표현이지만, 우리가 나아갈 방향을 분명히 지시해 준다고 생각하여 굳이 이 표현을 썼습니다.

게다가 "하나님을 위하는 우리"의 영어 표현이 "We for God"인데 마치 "We forgot"으로 들려 우리가 하나님의 은혜를 얼마나 많이 잊고 사는지, 하나님께 드릴 것들을 얼마나 자주 잊고 사는지 자꾸 돌아보게 만드는 가슴 아픈 순기능도 있는 것 같습니다.

책이 나올 수 있도록 계속 힘을 준 사랑하는 아내와 두 아이, 매일 새벽기도로 도와주신 연로하신 아버님과 어머님, 선배 목회자로서 많은 조언을 주신 장인, 장모님 그리고 항상 웃으며 격려해주신 영통영락교회 고요셉 담임목사님께 진심으로 감사를 드립니다.

제게 신학을 가르쳐주신 침례신학대학교 교수님들과 미국 사우스웨스턴 침례신학대학원 교수님들 그리고 조직신학을 공부하고 박사학위를 받은 뒤 신학생들에게 강의할 수 있게 은혜를 주셨던 아신대학교 정홍열 총장님과 교수님들께도 진심으로 감사를 드립니다.

아울러 바쁜 병원 진료시간 중에도 틈을 내어 매주 함께 예배를 드리고 환자 진료에도 최선을 다해준 청담 미인피부과 직원들에게도 감사를 드립니다. 모든 영광을 오직 주님께 올려드립니다. 감사합니다.

2022. 10. 1. 이수근 목사

추천의 글 1

이수근 목사님의 설교를 들을 때마다 복음의 핵심을 성령의 감동으로 혼신을 다해 증거한다는 생각이 들었고 그 모습은 마치 바울 사도의 열정을 보는 듯했습니다. 그 복음 증거의 일부분이 이제 설교집으로 출간된 것을 진심으로 축하드립니다. 이수근 박사님은 본래 의학을 전공한 전문의로서 수많은 환자의 병들고 아픈 몸을 고치는데 투신한 누가 의사와 같은 사명을 가진 의사입니다. 의학박사로서 많은 논문과 의학 교과서들을 집필했고 피부과학회에서도 가장 바쁘게 강의 활동을 하고 있습니다. 참으로 귀중한 사역입니다.

그런데 복음 전파자로서의 강한 소명을 받고 신학을 공부하여 목사로 안수받고 지금까지 교회와 대학과 사회에서 헌신적인 복음 사역자로 일하고 있습니다. 이 모든 것이 하나님의 은혜입니다. 이 모든 과정을 수십 년간 옆에서 지켜본 저로서는 오로지 주님께서 하시는 일에 감사와 감격을 느끼고 있습니다. 특히 이 목사님의 성품과 복음에 대한 열정과 늘 변함없는 신앙생활 모습은 항상 도전적인 것이었습니다. 눈이 오나 비가 오나 바람이 부나 진눈깨비가 날리는 그 어떤 날에도 주일 사역, 성가대 지도와 지휘, 예배 인도에 철저한 책임감을 보여주어 얼마나 감사한지 모릅니다.

이수근 목사님을 통해 선포되던 은혜로운 진리의 말씀들 중 일부를 이렇게 엮어서 세상에 나오게 하신 하나님의 은혜에 다시 한번 감사를 드립니다. 이 설교집이 가난한 심령들에게 하나님의 은혜와 능력이 권위 있게 선포되는 주님의 도구가 되기를 기도합니다.

기독교한국침례회 증경회장 영통영락교회 원로목사
Midwest University 교수 고흥식

추천의 글 2

이수근 목사님은 사실상 피부과 전문의 이수근 박사로 사람들에게 더 많이 알려진 분입니다. 주름 치료 분야에서 우리나라 최고의 권위자로 꼽히는 이수근 박사의 저서들은 우리나라 많은 의사 선생님들의 교과서로 사용되고 있습니다. 그런 이수근 박사가 이번에 신학 분야에서도 전문서적을 출판하는 첫걸음을 내디뎠습니다.

아신대(舊 아세아연합신학대학교)에서 조직신학 박사학위를 취득한 신학자로서 그의 계획은 조직신학을 일반인들에게 알기 쉽게 전달해 줄 수 있는 안내서를 저술하고자 하는 것입니다. 너무 어렵지도 않으면서 그렇다고 평이해서 건질 것이 없는 가벼운 느낌을 주는 것도 아닌 쉬우면서도 알찬 내용을 가진 신학 안내서를 저술하고자 하는 꿈이 있습니다. 그 꿈을 이루어 가기 위한 첫걸음으로서 먼저 설교집을 출판하게 된 것입니다.

그런데 설교집의 제목이 범상치 않습니다. 우선 제목 자체가 조직신학적입니다. 그동안 설교해 온 수백 편의 설교들 중에서 이 책에 수록된 14편의 설교를 두 방향의 관점에서 체계적으로 정리해 놓았는데, "우리를 위하시는 하나님 그리고 하나님을 위하는 우리"라는 제목은 성경 전체를 아우르는 가장 대표적인 틀이 아닐까 하는 생각이 듭니다.

사실 성경이 우리에게 말씀해 주는 내용들이 한편으로는 우리를 위하시는 하나님에 관한 말씀이고 다른 한편으로는 그런 하나님께 감사로 응답하는 즉 하나님을 위한 우리라고 말할 수 있기 때문입니다. 전통적으로 신학에서는 이를 직설법(Indicative)과 명령법(Imperative)이라고도 표현합니다. 그런 점에서 이 설교집은 매우 신학적이면서도 분명히 조직신학적입니다.

추천인도 다른 목회자들의 설교집을 읽을 기회가 많이 있습니다. 어떤 설교는 들을 때는 매우 감동적이지만 그 설교를 글로 읽을 때는 별 감동이 오지 않는 경우가 많은데, 이 설교집은 글로써 읽을 때도 많은 감동이 왔습니다. 비록 이 설교들을 현장에서 추천인이 직접 들어보지는 못했으나 설교문을 읽는 것만으로도 감동이 짙게 다가왔습니다. 그 이유는 책에 수록된 설교문들이 기본적으로 건강한 신학에 기초해 있으면서도 설교자의 복음에 대한 열정 그리고 진리에 대한 확신 및 전달의 기술 등에서 매우 적절하게 조화를 이루고 있기 때문입니다. 이수근 목사는 보통 약 50분에서 한 시간 정도로 설교를 진행한다고 합니다. 그래서인지 설교문을 읽을 때 다소 짧거나 간단하다는 인상보다는 주제를 충분히 전개하고 설득력을 높이는 효과를 충분히 구사하고 있다는 느낌을 받았습니다.

추천인도 나름대로 열심히 살아왔다고 자부하지만 추천인이 만나 본 사람들 중에서 둘째가라면 서러울 정도로 열심히 사는 분이 이수근 목사님입니다. 하루 종일 환자를 돌보고 저녁에서야 시간을 내어 신학을 공부할 수 있는 생활이었지만 누구보다도 신학을 공부하는 것을 즐거워하고 최선을 다해 신학연구에 정진해왔습니다. 그 열매가 먼저 이 설교집으로 등장했습니다.

이 설교집을 통해 우리는 의사 이수근을 잠시 잊고 이제는 신학자 이수근, 설교자 이수근 목사를 사귈 수 있게 되었습니다. 그런 의미에서 추천인은 이수근 목사의 박사학위 지도교수로서 이 설교집을 한국교회 성도들에게 자신있게 추천합니다.

아신대학교 총장 정홍열

[순 서]

머리말

추천의 글 1

추천의 글 2

1. 우리를 위하시는 하나님 (God for Us)

1. 내 백성을 보내라 _Let my people go(출 5:1-5) • *14*

2. 기묘자라 모사라 _Wonderful, Counselor(사 9:1-7) • *30*

3. 에바다, 그 은혜 그 능력
   _Ephphatha, the grace and the power(막 7:31-37) • *50*

4. 에케 호모_Ecce Homo(요 19:1-6) • *65*

5. 무덤, 갈릴리 그리고 역전
   _Tomb, Galilee and the come-from-behind victory(마 28:1-15) • *84*

6. 부활은 역사다_The case for the resurrection(막 16:9-14) • *104*

7. 간구하시는 성령님_The Spirit who intercedes(롬 8:26-28) • *124*

2. 하나님을 위하는 우리 (We for God)

8. 천국을 소망하며 _Wishing for heaven(요 14:1-3) • *144*

9. 도미네 쿼바디스 _Domine Quo Vadis(요 13:36-38) • *162*

10. 톨레 레게 _Tolle Lege(요 7:45-52) • *180*

11. 싸우고 마치고 지키고 _Fight, finish and keep it(딤후 4:7-8) • *199*

12. 비아 돌로로사의 시몬 _Simon of Via Dolorosa(막 15:21) • *214*

13. 주님을 놀라시게 하는 사람
 _A man who amazes Jesus(눅 7:2-10) • *232*

14. 부자의 두 렙돈 _Two lepta of a rich widow(막 12:41-44) • *248*

Chapter 1

우리를 위하시는 하나님
(God for Us)

1. 내 백성을 보내라 _ Let my people go

‖ 출애굽기 5:1-5 ‖

¹그 후에 모세와 아론이 바로에게 가서 이르되 이스라엘의 하나님 여호와께서 이렇게 말씀하시기를 내 백성을 보내라 그러면 그들이 광야에서 내 앞에 절기를 지킬 것이니라 하셨나이다 ²바로가 이르되 여호와가 누구이기에 내가 그의 목소리를 듣고 이스라엘을 보내겠느냐 나는 여호와를 알지 못하니 이스라엘을 보내지 아니하리라 ³그들이 이르되 히브리인의 하나님이 우리에게 나타나셨은즉 우리가 광야로 사흘길쯤 가서 우리 하나님 여호와께 제사를 드리려 하오니 가도록 허락하소서 여호와께서 전염병이나 칼로 우리를 치실까 두려워하나이다 ⁴애굽 왕이 그들에게 이르되 모세와 아론아 너희가 어찌하여 백성의 노역을 쉬게 하려느냐 가서 너희의 노역이나 하라 ⁵바로가 또 이르되 이제 이 땅의 백성이 많아졌거늘 너희가 그들로 노역을 쉬게 하는도다 하고

탈출

저는 텔레비전을 거의 안 봅니다. 그런데 언제부턴가 지나가다가 텔레비전에 이 프로그램이 나오는 걸 보면 한참을 시간 가는 줄 모르고 보게 되는 그런 프로그램이 생겼습니다. 제 딸 서연이와 제가 동시에 좋아하는 유일한 프로그램이기도 합니다.

혹시 "이만갑"이라고 들어보셨나요? 사람 이름이 아니고 "이제 만나러 갑니다."라는 프로그램의 약자입니다. 북한에서 탈출한 사람들의 이야기를 듣는 프로그램인데 북한 주민들이 어떻게 사는지 또 이분들이 어떻게 탈출했는지 그 이야기를 듣다 보면 정말 재미도 있고 또 눈물겨운 탈북 이야기에 금세 눈시울이 붉어집니다. 웬만한 영화는 저리 가라일 정도로 몰입도가 대단합니다. 시간 되시면 꼭 시청해보시기를 권해드립니다.

그런데 거기서 정말 기구한 사연을 들었습니다. 엄마, 아들, 딸, 그리고 조카까지 이렇게 네 식구가 서로 사정이 있어서 북에서 따로 떨어져 살다가 각자 탈북을 결심하게 되었습니다. 그런데 중간에 중국 공안에 잡혀서 감옥에 들어가기도 하고 풀려난 뒤에 또 탈북을 시도하다가 다시 잡혀서 북한으로 압송되기도 하고 중간에 인신매매범에 끌려가기도 하고 그렇게 고생을 많이 한 뒤에 이 네 명이 결국은 다 다른 시기에 탈북에 성공했습니다.

그런데 서로 어떻게 되었는지 소식도 모르고 각각 남한에 내려왔다가 여기서 다시 다 만나게 된 겁니다. 서로의 얼굴을 바라보며 얼마나 감격스러웠을까요? 영화감독들은 이런 것을 영화 안 만들고 뭐 하시는지 모르겠습니다. 이 가족들이 탈북하다가 중간에 감옥에 갇히고 또 북한교화소에 갇히고 했던 그 기간을 다 합치면 10년이 넘는다고 했습니다. 정말 눈물 없이는 못 듣는 사연이었습니다.

그런데 실제로는 이렇게 탈북에 성공하는 사람만 있는 것이 아닙니다. 탈북하다 총 맞아 죽고 물에 빠져 죽고 인신매매단에 팔려 가고 감옥에 갇혀 고문당하고... 그런 분들이 아주 많다는 겁니다. 그래서 이런 생각이 들었습니다. 만약에 우리가 구원받는 것이 탈북처럼 어려운 거라면 우리 중에 몇 사람이나 구원받을 수 있을까. 여러분은 성공할 자신이 있으신가요? 저는 솔직히 자신이 없습니다.

탈북하다 잡힐까 봐, 그래서 죽을까 봐 시도도 못 하고 사는 많은 북한 주민들처럼... 그리고 가끔씩 장마당에서 구한 남한의 이만갑 프로그램을 집에서 몰래 틀어보면서 탈북에 성공한 사람들을 부러워하는 북한 주민들처럼 아마 저도 구원에 성공한 분들을 손가락 빨며 부러워하고만 살았을지도 모릅니다.

제가 이 말씀을 드리는 이유가 있습니다. 그건 우리 구원이 탈북과 비슷한 것 같으면서도 굉장히 차이가 크다는 것을 말씀드리려고 하는 겁니다. 구원이 죽음의 권세, 지옥의 권세에서 탈출한다는 점에서는 탈북과 비슷한 것 같은데 우린 실제로 구원이 그렇게 목숨까지 걸어야 하는 힘든 과정이라고는 생각 안 하잖아요? 도대체 구원과 탈북은 뭐가 다른 걸까요?

결론부터 말씀드리면, 탈북은 내 힘으로 하는 것이고 구원은 주님 힘으로 하는 것이라는 겁니다. 다시 말해서 탈북은 내가 물에 빠져 죽을 각오하고 총 맞아 죽을 각오하고 감행하는 거지만, 구원은 주님이 이미 나 대신 죽으셨기 때문에 이 사실을 믿기만 한다면 남녀노소 빈부귀천을 막론하고 누구나 구원받을 수 있다고 하는 겁니다. 이게 중요한 차이점입니다.

만약에 구원이 탈북처럼 내 힘으로 얻어내야만 하는 것이라면 세상에서 제일 힘든 일이 구원받는 일일 겁니다. 탈북은 그래도 몇 명씩은 성공자가 나오기라도 하죠. 구원을 내 힘으로 이뤄내려고 하면 한 명도 빠짐없이 전원 몰살됩니다. 세상에 죄 없는 자가 하나도 없기 때문이고 스스로 죄 문제를 해결할 만큼 의로운 자가 하나도 없기 때문입니다. 그러고 보면 구원은 원래 탈북과 비교가 안 될 정도로 어렵고 아예 불가능한 일입니다.

우릴 위해 대신 죽으신 주님의 보혈로 말미암아 우리를 구원하기를 기뻐하신 우리 아버지 하나님께 감사의 박수를 올려 드리시기를 바랍니다. 이보다 감사한 일이 또 어디에 있을까요. 평생 그 은혜 갚으며 살려고 해도 다 못 갚습니다. 구원에 비하면 어떤 감사 제목도 다 시시한 것들일 뿐입니다. 그래서 저는 여러분들과 오늘 구약 출애굽기에 미리 예표된 우리 구원에 대해 살펴보면서 함께 은혜를 나누려고 합니다.

누구도 압제할 수 없는 하나님의 백성

오늘 본문의 주제는 "내 백성을 보내라."입니다. 죽음의 권세에게 "내 백성을 보내라."라고 선포하시면서 사탄의 포로 되고 지옥의 자식 되었던 우리를 능력으로 구원하기 위해 오셨던 주님을 찬양드립니다. 주님은 출애굽기에는 모세의 모습으로 예표되어 계십니다.

> [1]그 후에 모세와 아론이 바로에게 가서 이르되 이스라엘의 하나님 여호와께서 이렇게 말씀하시기를 내 백성을 보내라 그러면 그들이 광야에서 내 앞에 절기를 지킬 것이니라 하셨나이다 (출 5:1)

모세와 아론이 드디어 애굽 왕 바로를 찾아갔습니다. 그리고 하나님의 메시지를 전합니다. "내 백성을 보내라! (Let My People Go!)"

"내 백성을 보내라."는 출애굽기에서 가장 중요한 문장으로 이 짧은 말속에 두 가지의 엄청난 선포가 들어있습니다.

첫째는 우리는 하나님의 백성이라는 선포입니다. 우리 정체성이 이제 분명히 밝혀졌습니다. 이제 우리 정체가 드러난 겁니다. 결국 우리가 누구라는 겁니까? 우리는 바로의 백성도 아니고 사탄의 백성도 아니고 바로 이 우주의 주인 되신 여호와 하나님의 백성이라는 겁니다. 이건 무엇과도 비교할 수 없는 정말 엄청난 선포입니다.

지구에도 초강대국이라는 것이 있습니다. 그 나라 백성들은 세계 어느 곳에 가든지 함부로 무시 받지 않습니다. 그 나라 여권만 있으면 거기가 북한이건 중동이건 어느 나라에 붙잡혀가도 함부로 그 사람을 어떻게 못합니다. 지금은 미국이 그런 나라입니다.

그런데 우리는 미국과도, 그리고 지금까지 지구상에 존재했던 그 어떤 강대국과도 비교가 불가능한 그런 초강대국의 백성들입니다. 누가 여러분을 건드리려고 하면 꼭 말씀드리세요. 내 시민권이 어디 시민권인지 아느냐고요. 여러분은 자신이 하나님의 백성이요, 또한 하늘나라 시민인 것을 잠시도 잊지 마시기 바랍니다. 여러분 여권은 보혈색 즉 붉은색이요, 거기엔 선명한 천국 직인이 찍혀있는 것을 믿으시기 바랍니다.

> [20]그러나 우리의 시민권은 하늘에 있는지라 거기로부터 구원하는 자 곧 주 예수 그리스도를 기다리노니 (빌 3:20)

따라서 우리는 두 나라의 시민입니다. 이 세상 나라의 시민이고 또한 하늘나라의 시민입니다. 그런데 이 세상 나라는 우리가 임시로 거주할 수 있는 시민권을 줄 뿐입니다. 그에 비해 우리의 영원한 시민권은 하늘에 있습니다. 그러니 우리의 소망은 영원한 곳에, 즉 오직 하늘에 두어야 합니다. 거기로서 구원하는 자가 2,000년 전에 오셨고 앞으로 한 번 더 최종적으로 오실 것입니다.

둘째는 누구도 우리를 종처럼 억압하고 구속시킬 수 없다는 선포입니다. 그래서 "내 백성을 보내라!" "내 백성을 가게 하라!"고 말씀하셨습니다. 애굽에서 종살이하던 하나님의 백성들은 거기에 계속 머무를 사람들이 아니었습니다. 거기는 그들의 최종 정착지가 아니었습니다. 그들은 애굽에서 떠날 사람들이었습니다. 따라서 구원은 해방을 의미합니다.

그런데 종살이에서 구원받고 해방되어야 될 사람들은 애굽에서 종살이하던 이스라엘 백성들만이 아닙니다. 우리도 악한 마귀 사탄에게 종살이하던 자들입니다. 우리는 지옥의 자식이었고 사탄과 지옥의 권세에 얽매여 도저히 해방의 꿈은 꾸어보지도 못하던 자들입니다. 그런 이스라엘과 우리를 위해 주님이 "내 백성을 보내라!" "내 백성을 가게 하라!"라고 선포하시면서 능력으로 우리를 해방시키신 것입니다. 이 얼마나 감사한 일입니까.

장애물을 앞에 둔 하나님의 백성

> ²바로가 이르되 여호와가 누구이기에 내가 그의 목소리를 듣고 이스라엘을 보내겠느냐 나는 여호와를 알지 못하니 이스라엘을 보내지 아니하리라 (출 5:2)

그런데 바로의 대답은 굉장히 실망스러운 대답이었습니다. 도대체 여호와라는 신이 누구인지 나는 모르겠고 그래서 자기는 못 보내겠다는 거였습니다. 쉽게 말해서 자기가 알지도 못하는 신이 말했다는 이유로 이 수많은 착하고 일 잘하는 노예들을 집단으로 무기한 휴가를 줘야 되느냐 이것이었습니다.

혹시 지금 성경을 펴놓으신 분들은 여기 이 "여호와가 누구이기에"라는 말에 밑줄을 그어주세요. 이거 사탄이 굉장히 잘 쓰는 수법입니다. 효과가 꽤 좋아요. 순식간에 우리를 뻘쭘하게 만듭니다. 순식간에 멀쩡한 그리스도인을 무기력하게 만들고, 순식간에 믿음으로 살아보려고 애쓰는 사람을 바보 만드는 기가 막힌 수법입니다.

완전히 무시하는 겁니다. 여호와가 누군데, 여호와가 도대체 뭔데 너희들을 내보내라 마라 하느냐 이겁니다. 사실 "내가 여호와의 이름으로 왔다."라고 그러면 일단 상대방이 여호와를 인정해야 그다음 이야기로 넘어가잖아요. 그런데 아예 여호와 자체를 인정하지 않아버리면 믿음으로 뭔가 시도해보려다가 주눅 들게 됩니다. 찬 바람이 쌩쌩 붑니다.

하지만 "여호와가 누구이기에"라는 말을 들을 때가 오더라도 힘 빠질 필요는 전혀 없습니다. 그건 내가 아니라 그 사람이 무식한 게 만방에 드러난 순간이기 때문입니다. 자기 위에 누가 있다는 걸 모르고 까부는 사람이 나중에 온전할까요?

이건 세상에서도 똑같이 적용되는 원리입니다. 군대를 생각해보세요. 아무리 말년병장이라도 자기밖에 없는 줄 알고 까불면 결국 부대장에게 혼이 나게 되어 있습니다. 아무리 부대장이라도 하늘 아래 자기밖에 없는 줄 알고 으스대고 살았다간 사단장에게 끝장날 날이 올 것입니다.

애굽 왕 바로는 태양신의 아들로 숭배되던 사람들입니다. 살아있는 태양신이나 다름없던 자들이었습니다. 얼마나 기세등등했을까요? 그래서 모세와 대면한 이 바로 왕도 여호와를 그저 한 지역신 정도로 평가절하했던 것 같습니다. 애굽엔 수백 개의 신이 있는데 자기들의 노예 민족이 섬기는 신이 뭐 그리 대단하겠냐 싶었겠죠. 잘 봐줘도 자기들의 수많은 신들 중 하나 정도에 불과할 거라고 생각했을 겁니다. 게다가 자기는 살아있는 태양신인데요. 그래서 그는 "나는 너희들을 애굽에서 내보내 줄 수 없다."고 단언합니다.

하지만 이 이방 왕이 여호와의 이름을 깡그리 무시하고 순순히 자기들을 내보내 주지 않을 것이라는 것쯤은 아마 모세도 예상했던 일일 겁니다. 사실 이건 하나님이 아직 모세를 애굽으로 보내시기 전에 호렙산에서 그에게 여러 번 미리 말씀하셨던 내용이기도 했습니다.

¹⁹내가 아노니 강한 손으로 치기 전에는 애굽 왕이 너희가 가도록 허락하지 아니하다가
²⁰내가 내 손을 들어 애굽 중에 여러 가지 이적으로 그 나라를 친 후에야 그가 너희를 보내리라 (출 3:19,20)

뱀처럼 지혜롭게 사는 하나님의 백성

출애굽에 시간이 걸릴 것을 이미 알고 있던 모세는 당황하지 않았습니다. 그리고 이렇게 대답합니다.

> ³그들이 이르되 히브리인의 하나님이 우리에게 나타나셨은즉 우리가 광야로 사흘길쯤 가서 우리 하나님 여호와께 제사를 드리려 하오니 가도록 허락하소서 여호와께서 전염병이나 칼로 우리를 치실까 두려워하나이다 (출 5:3)

그런데 모세의 대답 중에 세 가지가 이해가 잘 안 됩니다. 첫째, "히브리인의 하나님"이라는 말이 바로가 아니라 모세의 입에서 나왔다는 겁니다. 왜 그랬을까요? 사실 "여호와가 누구이길래"하고 무시하는 말을 들었으면 "온 우주의 하나님"이 우리에게 나타나셨다고 대응하는 것이 좋지 않았을까요? 왜 여호와를 지역신 정도로 깔보는 이방인 왕 앞에서 "히브리인의 하나님"이라는 표현을 씀으로써 정말로 여호와가 이스라엘의 지역신이나 종족신일 뿐이라는 오해를 사는 말을 한 걸까요?

둘째, "우리는 애굽을 떠나 약속의 땅 가나안으로 가야합니다."라고 말해야 했을 것 같은데 모세는 지금 뭐라고 했습니까? 우리가 광야로 사흘 길쯤 들어가서 하나님께 제사를 드리겠다고 말했습니다. 발언 수위가 낮아

진 것처럼 느끼는 사람은 저뿐일까요?

셋째, 광야에서 제사를 드리지 않으면 하나님이 우리를 전염병이나 칼로 치실 거라고 했습니다. 그런데 애굽을 치실 거라고 해야 했던 것 아닌가요? 애굽이 혼난다고 해야 보내주지 모세는 왜 이스라엘이 혼난다고 말한 걸까요?

혹시 지금 모세와 아론이 겁이 너무 심하게 나서 벌벌 떨면서 말했기 때문인 걸까요? 그건 아닐 겁니다. 그럴 거면 애초에 바로 왕 앞에 설 생각도 못 했을 것이고 또한 오늘 본문 뒤의 기사들을 죽 보면 모세와 아론에게는 바로 왕이 아무리 화가 났어도 감히 어떻게 건드릴 수조차 없는 엄청난 권위가 느껴지는 무엇인가가 있었던 것이 분명합니다. 절대 모세와 아론은 의기소침해 기어들어 가는 목소리로 말하고 있었던 것이 아니었습니다.

우리가 추측하기로는 모세와 아론은 바로와의 첫 대면에서부터 바로를 너무 강하게 밀어붙이지는 않으려고 했던 것 같습니다. "내 백성을 보내라."는 하나님의 출애굽 메시지만 제대로 전달될 수 있다면 바로 왕의 심기를 지나치게 건드릴 필요가 없다고 본 것입니다. 나름대로 지혜를 발휘한 거죠. 일종의 톤다운(tone-down)을 시킨 겁니다. 어떻게 보면 "너희는 뱀같이 지혜롭고 비둘기같이 순결하라"(마 10:16)는 우리 예수님의 말씀처럼 이들도 최대한 지혜롭게 말을 한 겁니다.

게다가 애굽 왕과의 역사적인 첫 만남에서 할 말을 하나님이 모세와 아론에게 미리 지시해놓지 않으셨을까요? 앞으로 열 번이나 되는 재앙을 "차례대로" 내리셔야 했기 때문에 아마도 이렇게 부드럽게 시작하도록 지시하신 것 같습니다. 지혜로운 것과 비겁한 것을 구분할 필요가 있습니다.

게다가 모세는 지금 거짓말을 한 것이 아닙니다. 첫째, 하나님이 이스라엘 즉 히브리인들의 하나님이신 것이 맞습니다. 하나님은 아브라함과 이삭과 야곱의 하나님이시기 때문입니다. 하지만 하나님은 히브리인들을 선교사 민족으로 먼저 택하신 뒤 그들로 말미암아 모든 민족의 하나님으로 전파되기를 원하셨던 겁니다. 그러니까 히브리인의 하나님이라는 말 자체는 맞습니다.

둘째, 실제로 하나님은 이스라엘이 호렙산 곧 광야에서 하나님을 섬기게 될 것이라고 광야에서 모세를 처음 부르실 때부터 말씀하셨었습니다. 그리고 모세는 바로 왕에게 자신들이 광야에서 제사 지낸 뒤 다시 돌아오겠다고 말한 것도 아닙니다. 그러니까 거짓말이 아닌 겁니다.

셋째, 출애굽은 이스라엘에 대한 하나님의 명령이기 때문에 그걸 어긴다면 불순종한 이스라엘에게 징계가 있을 것도 맞습니다. 못 나가게 한 애굽에도 징계가 있겠지만 더 근본적으로는 명령에 불순종한 이스라엘이 벌을 받아야 합니다. 따라서 지금 모세와 아론은 절대로 거짓말을 하고 있는 것이 아니었습니다.

우리가 꼭 기억해야 하는 사실은 모세와 아론이 처음부터 애굽 왕을 협박하거나 애굽신들을 조롱하면서 시작하지 않았다는 겁니다. 협박과 조롱은 어둠의 세력들이 주로 쓰는 방식입니다. 여러분은 이 험난한 세상에서 끝까지 비둘기처럼 순결하고 뱀처럼 지혜롭게 사시기를 바랍니다.

단, 무지와 순결은 구분되고 지혜와 교활함도 구분되어야 합니다. 만약 우리가 비둘기처럼 "생각 없고" 뱀처럼 "교활하게" 산다면 그건 마귀가 좋아하는 방식입니다. 우리의 롤모델은 바로 예수님처럼 사는 것입니다.

자, 바로 왕의 최종 답변은 무엇이었을까요?

> ⁴애굽 왕이 그들에게 이르되 모세와 아론아 너희가 어찌하여 백성의 노역을 쉬게 하려느냐 가서 너희의 노역이나 하라
> ⁵바로가 또 이르되 이제 이 땅의 백성이 많아졌거늘 너희가 그들로 노역을 쉬게 하는도다 하고 (출 5:4,5)

드디어 바로 왕은 "너희가 일하기 싫어서 놀려고 그러는구나." 하고 화를 냅니다. 그리고 바로 그날부로 추상같은 명령을 내립니다. 이스라엘에게 짚을 더 이상 제공하지 않으면서 벽돌은 평소와 같은 양을 만들어서 가져 오라고, 말도 안 되는 명령을 내립니다. 여기까지가 우리가 잘 아는 모세와 애굽 왕의 첫 대면에서 있었던 일들입니다.

하나님의 백성에게 여전히 필요한 선포

바로의 면전에서 선포된 메시지를 다시 한번 생각해봅시다. 그건 바로 "내 백성을 보내라!" "Let my people go!"라는 하나님의 말씀입니다. 이 말씀 속에 두 가지 선포가 들어있다고 그랬습니다. 첫째는 우리가 하나님의 백성이라는 사실이고, 둘째는 누구도 그리고 그 어떤 악한 상황도 우리를 종처럼 억압하고 구속할 수 없다고 하는 사실입니다.

사실 구약의 모세는 신약의 예수님을 상징하는 인물입니다. 예수님은 우리를 해방하러 오셨습니다. 예수님은 우리를 결박한 악의 세력에게 "내 백성을 보내라."라고 능력으로 선포하셨고, 또한 동시에 그 자신이 유월절 어린양이 되셔서 우리를 대신하여 죽으심으로 이제 우리가 악의 세력으로부터 해방되고 영적으로 출애굽하여 진정한 하나님의 백성으로 살아갈 수

있도록 길을 열어주셨습니다. 이제 누구도 우리를 사탄의 백성이요 마귀의 종이요 지옥의 자식이라고 부를 수 없게 되었습니다. 그런 삶은 우리가 예수님을 믿는 순간에 완전히 청산됩니다.

그런데 놀랍게도 "내 백성을 보내라."라는 주님의 선포는 우리가 죄에서 구원받는 그 한 번의 순간에 능력을 발휘하고 끝난 것이 아닙니다. 이것이 오늘 말씀의 또 다른 중요한 핵심입니다. "내 백성을 보내라.", "내 백성을 놓아주라."는 주님의 선포는 우리에게 매일같이 필요합니다. 그건 우리가 인간의 나약함으로 인해 매일같이 수많은 고통과 외로움과 억울함과 괴로움과 슬픔을 만나게 되고, 결국엔 거기에 압제당하고 억압받아 평생을 인간실존의 종처럼 억눌려서 살아갈 수 있기 때문입니다.

고통과 상처는 반드시 누구에게 주먹으로 맞아야만 생기는 게 아닙니다. 이미 우리 마음속에는 많은 상처가 생겨있고 오늘도 새로운 멍 자국들이 늘어납니다. 이건 믿는 사람이나 안 믿는 사람이나 똑같습니다. 게다가 안 믿는 사람들은 사탄이 크게 신경 쓰지도 않습니다. 알아서 죄짓고 잘 살기 때문입니다. 하지만 주의 백성들은 그 택하신 자라도 어떻게든 넘어뜨려 보려고 사탄이 맹수처럼 달려들 때가 많습니다. 그러니 천국 백성은 천국 백성인데 실제 사는 건 지옥 백성처럼 어둡고 우울하게 살게 되기도 합니다.

이건 우리 누구나 비슷한 상황입니다. 우리는 모두 인간실존의 고통에서 "구원"이 필요합니다. 우리 가정과 직장과 일터와 학교와 다양한 인간관계 속에서 우리는 여전히 "내 백성을 보내라."라는 주님의 능력의 선포가 필요합니다. 그래서 우리는 기도해야 합니다. 주님께 도와달라고 어제도 오늘도 그리고 내일도 열심히 간구해야 합니다.

그러면 주님이 "내 백성을 보내라."라고 능력으로 선포하시면서 우리를 억압하고 압제하는 모든 실존의 문제들 속에서 우리를 능히 구해주실 것입니다. 주님께서 내 편에만 계신다면 승리는 우리의 것입니다. 해방은 우리의 것입니다. 바람은 잔잔해질 것이며 바다는 고요해질 것입니다.

> 39예수께서 깨어 바람을 꾸짖으시며 바다더러 이르시되 잠잠하라 고요하라 하시니 바람이 그치고 아주 잔잔하여지더라 (막 4:39)

그리고 세상 사람들이 "여호와가 무엇이길래" 하면서 우리 믿음을 깎아내리려고 할 때가 있습니다. 악한 세력들이 "여호와가 밥 먹여주냐." 하면서 우리 신앙을 조롱할 때도 있습니다. 그때 용기를 잃지 마세요. 처음엔 모세와 아론처럼 부드럽게 대응하시면 됩니다. 물론 시간은 좀 걸릴 수 있습니다. 출애굽도 애굽에 내리시려는 하나님의 진노의 재앙들이 다 내려진 다음에야 실행되었습니다. 하지만 하나님께는 다 계획이 있으십니다. 그러니까 오래 참지를 못하고 설불리 성질을 부리거나 사람을 의지하거나 세상 방법을 의뢰하다가 문제만 더 복잡하게 만들지 마시기를 바랍니다.

> 7어떤 사람은 병거, 어떤 사람은 말을 의지하나 우리는 여호와 우리 하나님의 이름을 자랑하리로다
> 8그들은 비틀거리며 엎드러지고 우리는 일어나 바로 서도다 (시 20:7,8)

맞습니다. 병거와 말을 의지하던 애굽 군인들은 홍해 물속에 다 빠져 죽었습니다. 비틀거리고 엎드러지고 하다가 다 멸망했습니다. 그러니 그들에게 병거가 있다고 말이 있다고 부러워할 게 아닙니다. 우리에겐 여호와 우리 하나님의 이름만 있으면 됩니다. 우리는 반드시 일어나서 바로 서게 될 것을 믿습니다.

그런데 무식하면 용감하다는 말이 있습니다. 바로 왕이 그렇게 용감했던 것은 첫째는 그가 자신이 인간에 불과하다는 걸 몰랐기 때문이고 둘째는 오직 여호와만이 참 신이신 것을 몰랐기 때문입니다. 그리고 그 무식의 결과로 그와 그의 막강한 군사들은 홍해에서 멸망했습니다.

그러니 하나님이 어디 있느냐고 외치는 교만한 자를 만나셔도 주눅 들지 마세요. 하나님은 그가 인생뿐이라는 것을 결국 알게 하실 겁니다. 여호와만이 유일하신 참 하나님이신 것은 만방이 다 알게 되어 있습니다. 그런데 그걸 망해가면서 죽어가면서 알게 된다면 이 얼마나 비참한 일일까요?

> 20여호와여 그들을 두렵게 하시며 이방 나라들이 자기는 인생일 뿐인 줄 알게 하소서 (시 9:20)

> 4내가 바로의 마음을 완악하게 한즉 바로가 그들의 뒤를 따르리니 내가 그와 그의 온 군대로 말미암아 영광을 얻어 애굽 사람들이 나를 여호와인 줄 알게 하리라 하시매 무리가 그대로 행하니라 (출 14:4)

우리도 이렇게 비싼 교육비를 지급하기 전에 내가 먼저 내 부족함과 하나님의 위대하심을 깨달아 아는 지혜가 있어야 합니다. 우리는 능력이 없습니다. 애굽 왕이 이스라엘을 오합지졸 취급했는데 만약 여호와 하나님이 안 계셨다면 그들은 오합지졸이 맞습니다. 우리도 마찬가지입니다. 우리도 주님이 안 계신다면 오합지졸입니다. 우리에겐 아무 능력이 없습니다.

하지만 아무 능력 없는 우리를 대신해 싸우시고, 악의 세력에게 "내 백성을 보내라!"라고 능력으로 선포하시는 주님이 우리에게 계십니다. 주님이 한번 잠잠하라 고요하라 외치실 때 거기에 불순종할 피조물은 단 하나도 없었습니다. 주님 편에만 서 있다면 승리 못 할 자가 아무도 없습니다.

가끔 영화에 보면 "난 지는 싸움은 안 해." 이런 멋진 말을 하는 배우들이 있죠. 사실은 다 헛소리입니다. 하지만 우리 그리스도인들이야말로 지는 싸움은 안 하는 사람들입니다. 승리는 우리 것입니다. 할렐루야.

> **14**항상 우리를 그리스도 안에서 이기게 하시고 우리로 말미암아 각처에서 그리스도를 아는 냄새를 나타내시는 하나님께 감사하노라
> (고후 2:14)

내 백성을 보내라!

어떤 글을 보니까 탈북 성공률이 50%가 채 안 된다고 합니다. 20%에 불과하다는 얘기도 있었습니다. 이건 오직 내 힘으로만 탈출해야 하기 때문에 생기는 가슴 아픈 불상사입니다. 그런데 만약 우리 구원도 우리 힘으로만 이루어지는 거라면 성공확률은 얼마나 될까요? 그건 아예 0%입니다.

그래서 하나님께서 아들을 보내주신 겁니다. 구원은 내 힘이 아닌 오직 그리스도의 힘으로만 이루어지는 겁니다. 그리스도께서 우리를 위해 죽으시고 부활하시면서 "내 백성을 보내라."라고 능력으로 선포하신 이상, 이제 누구든지 그리스도를 믿기만 하면 100% 모두 다 사망의 권세에서 탈출하는 "기적 중의 기적"이 일어났습니다. 믿기만 하면 이 기적은 그 사람의 것이 됩니다.

그런데 "내 백성을 보내라."라는 주님의 선포는 죄와 사망에서 구원받은 이후에도 우리에게 여전히 필요합니다. 그것도 간절히 필요합니다. 우리가

각자 가정과 직장과 일터와 학교에서 끊임없이 다양한 고통들과 마주하고 있기 때문입니다. 그 인간실존의 무게에 눌려 마치 종처럼 거기에 구속되고 압제되고 신음하기도 하기 때문입니다. 구원이 전적으로 주님의 능력으로 이루어진 것처럼 우리 삶의 구체적인 문제들도 결국 주님의 능력과 도우심이 아니면 제대로 해결될 수가 없는 것을 믿으시기 바랍니다.

힘내세요. 우리는 반드시 승리합니다. 우리는 지는 싸움은 안 합니다. 시간이 좀 걸리더라도, 상황이 더 나빠지는 것처럼 느껴질지라도, 내 믿음이 초라하게 느껴지는 순간이 오더라도 그래도 끝까지 포기하지 말고 주님만 믿고 나아가세요. 승리는 반드시 우리의 것입니다.

어떤 미국 대통령이 이런 말을 한 적이 있습니다. "우리가 진짜 두려워할 것은 두려움 그 자체다." 두려워하지 마세요. 두려움은 하나님의 역사를 방해하지는 않지만 두려워하는 시간만큼 우리 삶에 평안과 기쁨이 없어집니다. 인간에게 두려움이 완전히 없을 수는 없지만 두려움 속에 계속 머물러 있는 것은 그리스도인이 할 일이 아닙니다.

"나는 약하지만 주 예수는 강하다." 이렇게 고백하세요. "나는 능력이 없지만 주님은 능력이 한이 없으시다." 이렇게 고백하세요.

이 믿음으로 강하게 무장하고 "내 백성을 보내라!"는 주님의 선포를 매일의 삶에서 기억하고 주님만 의지하신다면, 결국 가정과 학교와 직장과 일터에서 작은 출애굽들이 일어나게 될 겁니다. 이것이 우리의 믿음이고 이것이 주님의 약속입니다. 우리는 승리합니다. 할렐루야.

2. 기묘자라 모사라 _ Wonderful, Counselor

|| 이사야 9:1-7 ||

¹전에 고통 받던 자들에게는 흑암이 없으리로다 옛적에는 여호와께서 스불론 땅과 납달리 땅이 멸시를 당하게 하셨더니 후에는 해변 길과 요단 저쪽 이방의 갈릴리를 영화롭게 하셨느니라 ²흑암에 행하던 백성이 큰 빛을 보고 사망의 그늘진 땅에 거주하던 자에게 빛이 비치도다 ³주께서 이 나라를 창성하게 하시며 그 즐거움을 더하게 하셨으므로 추수하는 즐거움과 탈취물을 나눌 때의 즐거움 같이 그들이 주 앞에서 즐거워하오니 ⁴이는 그들이 무겁게 멘 멍에와 그들의 어깨의 채찍과 그 압제자의 막대기를 주께서 꺾으시되 미디안의 날과 같이 하셨음이니이다 ⁵어지러이 싸우는 군인들의 신과 피 묻은 겉옷이 불에 섶 같이 살라지리니 ⁶이는 한 아기가 우리에게 났고 한 아들을 우리에게 주신 바 되었는데 그의 어깨에는 정사를 메었고 그의 이름은 기묘자라, 모사라, 전능하신 하나님이라, 영존하시는 아버지라, 평강의 왕이라 할 것임이라 ⁷그 정사와 평강의 더함이 무궁하며 또 다윗의 왕좌와 그의 나라에 군림하여 그 나라를 굳게 세우고 지금 이후로 영원히 정의와 공의로 그것을 보존하실 것이라 만군의 여호와의 열심이 이를 이루시리라

미국 대통령과 크리스마스

이제 미국 대통령선거가 끝난 지 한 달 정도 지났습니다. 다들 선거 결과 때문에 많이 놀라셨을 겁니다. 거의 생각하지 않았던 분이 대통령이 되셨기 때문입니다. 누구보다 본인이 깜짝 놀랐을지도 모릅니다. 그런데 제가 나중에 미국 쪽에서 나온 자료를 읽다가 보니까 왜 많은 사람이 그 후보에게 표를 줬는지 조금 알 것 같았습니다. 아마 여러분도 잘 듣고 나시면 갑자기 그 후보가 좀 다르게 보일 겁니다.

여러분은 1년 열두 달 중에 어느 달이 제일 기다려지시나요? 저는 12월입니다. 그건 제가 너무나 사랑하고 좋아하는 분의 생일이 12월에 있기 때

문입니다. 아마 여러분도 마찬가지이실 겁니다. 우린 다 그 생일잔치를 1년 내내 기다리는 사람들입니다. 자기 생일날을 1년 내내 기다리는 꼬마들하고 별로 다를 게 없습니다. 항상 그날만 생각하면 싱글벙글합니다.

우리만 그런 게 아닙니다. 제 병원 옆에 아주 유명한 제과점이 하나 있는데 거기 사장님도 1년 중에 12월이 가장 기다려지신다고 합니다. 왜냐고 물어보니까 12월엔 크리스마스가 있기 때문이라고 했습니다. 그래서 교회 다니시는 분인 줄 알았는데 그건 아니고 1년에 팔리는 케이크의 절반이 12월에 팔리기 때문이라고 했습니다.

어쨌든 12월은 많은 사람에게 이 땅에 예수님 오신 것을 축하하고 기념하는 달로 그렇게 기억되고 있습니다. 미국도 12월이 되면 곳곳에 "메리 크리스마스"라고 쓰여있고 길거리엔 캐럴이 흘러넘칩니다. 아니 분명히 얼마 전까지는 그랬습니다. 그런데 몇 년 전부터 미국에서 길거리나 백화점에 메리 크리스마스라는 말이 사라지고 있습니다.

아마 알고 계신 분들도 있을 겁니다. 지금 미국에선 다른 종교를 믿는 사람들을 존중한다는 명분 아래 크리스마스에 "메리 크리스마스"라는 말은 못 쓰고 "Happy Holidays" 그러니까 "행복한 휴일 되세요."라는 말만 쓰도록 종용을 받고 있습니다. 그래서 많은 성도들이 아버지를 아버지라 못 부르는 홍길동 심정으로 살고 있습니다.

웃을 일이 아닙니다. 사실 길거리에서 산타나 루돌프 사슴 그림이 사라지는 것은 그렇게 서운하지 않습니다. 어차피 산타클로스가 예수님이 아니고 루돌프 사슴이 예수님이 말구유에 누우셨던 마구간의 그 말이 아닌 바에야 그런 건 없어도 그만입니다.

하지만 성탄절에 "메리 크리스마스" 즉 "축성탄"이라는 말을 공개적으로 쓰지 못하고 살아야 한다면 이건 다른 종교를 차별하지 않기 위해서라지만 이젠 우리가 역차별당하고 사는 겁니다. 어떻게 이럴 수가 있죠?

그래서 많은 미국 사람들이 화를 내고 있습니다. 그런데 그 대통령 후보가 속 시원한 말을 했습니다. "내가 대통령이 되면 모두가 메리 크리스마스를 다시 외칠 수 있게 하겠다!" 속이 다 시원하시죠? 다른 후보들은 이 종교 저 종교 눈치 보느라 말조심하고 있는데 그 후보는 원래 아무것도 가리지 않고 말씀하는 분으로 유명했습니다. 이것이 미국의 많은 기독교인들이 그 후보의 단점들에도 불구하고 그를 찍은 이유 중 하나가 되었다는 겁니다. 충분히 일리가 있습니다. 사실 우리나라 사정도 비슷해져 가고 있습니다.

이런 반기독교적인 정서를 앞장서서 이끄는 어떤 큰 미국 커피체인이 있고 우리나라에도 많이 들어와 있습니다. 그래서 그 업체에 대해 불매운동을 벌여야 한다는 목소리도 요즘 높아지고 있습니다. 그 커피숍이 가장 앞장서서 메리 크리스마스 문구를 없앴고 게다가 동성애를 굉장히 옹호한다는 이유 때문입니다.

이제 앞으로 3주 후면 대망의 성탄절입니다. 세상은 지금 이렇게 어지럽게 돌아가고 있는데 성탄절은 도대체 여러분들에게 오늘날 어떤 의미를 갖는 날일까요? 진지하게 생각해 본 적이 있으신가요?

사실 12월 25일 날짜 자체는 그렇게 중요한 건 아닙니다. 그날이 정확하게 예수님이 태어나신 날이라는 증거가 전혀 없기 때문입니다. 그런데도 12월 25일이 예수님의 탄생일로 확정된 데는 여러 학설이 있습니다. 로마의 태양절에서 기원했다는 말도 있고 부활절 날짜에서 역산해서 뽑은 날이라는 말도 있습니다. 하지만 그런 기원은 그렇게 중요한 건 아니라고 생각합니다.

이렇게 생각해보면 어떨까요? 우리가 주님 오신 날을 정말 기뻐하고 축하하기 원하는데 그 정확한 날짜는 아무도 모른다는 것이 문제였습니다. 그래서 1년 중에 어떤 하루를 정해서 그날을 기념일로 지키자고 우리 신앙의 선배들이 오래전에 서로 약속한 겁니다.

그런 의미에서 우리는 3세기 이후로 오랫동안 지켜지고 있는 우리의 성탄절, 우리의 크리스마스를 꼭 사수해야 한다고 생각합니다. 잊지 말고 성탄 트리는 밝혀야 하고, 잊지 말고 사람들에게 메리 크리스마스를 꾸준히 외쳐야 하며, 잊지 말고 친구들에게 축성탄 메시지와 이모티콘을 카톡과 문자메시지로 부지런히 보내줘야 합니다.

요즘 크리스마스 분위기가 예전 같지 않다고 아쉬워하는 분들이 많습니다. 하지만 그게 만약 요즘은 성탄절에 흥청망청 노는 분위기가 별로 안 나서 아쉬우신 거라면 그런 분들은 백번은 더 아쉬우시길 바랍니다. 이제는 성경에도 안 나오는 산타클로스나 루돌프 사슴 얘기는 좀 안 했으면 좋겠습니다. 이게 다 생일날 손님들만 신나고 자기들끼리만 선물 교환하고 주인공에게는 생일축하 노래(캐럴) 한두 번 불러주고 끝나는 그런 엉터리 같은 생일잔치는 이제 걷어치우라는, 상업주의의 껍데기는 벗어던지라는 우리 하나님의 엄중한 메시지이신 걸 깨달으시기를 바랍니다.

그런 의미에서 이사야 말씀을 중심으로 오직 예수님 이야기만 하면서 성탄절을 준비하는 것이 큰 의미가 있을 것 같습니다. 그 안에 우리의 머리를 일깨우고 가슴을 두들기는 귀한 메시지가 들어있기 때문입니다.

이방의 갈릴리

> ¹전에 고통 받던 자들에게는 흑암이 없으리로다 옛적에는 여호와께서 스불론 땅과 납달리 땅이 멸시를 당하게 하셨더니 후에는 해변 길과 요단 저쪽 이방의 갈릴리를 영화롭게 하셨느니라
> ²흑암에 행하던 백성이 큰 빛을 보고 사망의 그늘진 땅에 거주하던 자에게 빛이 비치도다 (사 9:1,2)

여러분의 삶에도 고통이 있으신가요? 흑암에 덮여있으신가요? 만약 누군가 믿을만한 사람이 여러분에게 그 고통과 흑암이 이제 곧 물러갈 거라는 약속을 해준다면 얼마나 좋을까요? 그리고 만약 그게 온 세상을 다스리시는 하나님께서 해주신 약속이라면 얼마나 감격스러울까요? 그런데 고통받고 무시 받던 스불론과 납달리 땅에 바로 그런 약속이 임했습니다.

원래 스불론과 납달리 땅은 이스라엘은 이스라엘인데 예루살렘과는 아주 멀리 떨어져 있어서 멸시와 천대를 받던 땅입니다. 게다가 이방 땅과 바로 붙어있었기 때문에 앗수르 같은 이방 족속의 공격에도 많이 시달리던 곳이었습니다.

그러니까 사실은 불쌍한 곳입니다. 하지만 남쪽 예루살렘 쪽에 있는 사람들은 이 스불론과 납달리 땅을 이방과 피도 섞였을 것이고 자기들보다 훨씬 변두리에 있다는 이유로 무시하고 멸시했습니다. 오죽했으면 여기에 나오듯이 "이방의 갈릴리"라고 했겠습니까?

갈릴리는 잘 아실 겁니다. 우리가 예수님 때문에 많이 들어본 곳입니다. 그런데 많이 듣다 보니까 갈릴리가 무슨 예루살렘과 동급의 무슨 중요한 지역 같이 느껴지기도 합니다. 하지만 복음서를 읽으실 때 사람들이 갈릴

리에서 왔다고 하면 굉장히 무시하는 거 느끼신 적이 많을 겁니다. 그건 바로 이 갈릴리라는 지방이 납달리 지파 사람들이 살던 땅이었고 또 납달리 바로 옆 동네가 스불론 땅이었기 때문에 그렇습니다.

그래서 사람들은 갈릴리를 아예 "이방의 갈릴리", 그러니까 "이방이나 다름없는 갈릴리"라고 부르면서 천대했습니다. 그런데 이 "이방의 갈릴리"가 이제 영화롭게 된다는 것이었습니다. 꿈같은 일이죠. 하지만 하나님이 약속하셨으니 반드시 그렇게 될 것입니다. 문제는 그 시기가 언제냐일 뿐입니다. 과연 언제 그런 일이 일어날까요? 밑의 6절에 보면 그 일은 "한 아기가 태어날 때" 시작될 것이었습니다.

결국 이 예언이 기록된 지 700년 후에 약속된 메시아가 오셨는데 그분이 갈릴리에서 얼마나 많은 병자를 고치고 얼마나 많이 하늘나라 복음을 증거하셨는지 모릅니다. 하나님의 약속은 결국 이루어졌습니다. 예수님은 예루살렘에는 사실 며칠 계시지도 않았습니다. 예수님은 공생애의 대부분을 갈릴리와 같이 외진 곳에서 아무도 거들떠보지 않던 아픈 사람들을 치유하시고 외로운 자들의 친구로 사셨습니다. 처음 된 자가 나중 되고 나중 된 자가 처음 된다는 주님 말씀 그대로입니다.

혹시 오늘 사망의 음침한 골짜기를 걸어가고 계십니까? 오늘 스불론과 납달리 땅에서 외롭고 힘겹게 살아가고 계십니까? 그렇다면 기대하시기 바랍니다. 이방의 갈릴리에 예루살렘보다 복된 소식을 더 먼저 더 풍성하게 전해주셨던 우리 주님의 은혜가, 이방의 갈릴리를 들었다 놨다 했던 우리 주님의 그 엄청난 능력이 오늘 나에게도 임하기를 간절히 소망하며 살아가시기를 진심으로 바랍니다.

예언

자, 그 은혜는 구체적으로 어떤 은혜일까요?

> ³주께서 이 나라를 창성하게 하시며 그 즐거움을 더하게 하셨으므로 추수하는 즐거움과 탈취물을 나눌 때의 즐거움 같이 그들이 주 앞에서 즐거워하오니 (사 9:3)

나라가 창성하게 된다고 하셨고 즐거움이 더해진다고 하셨습니다. 이제는 굶주리고 구걸하는 처참함이 아니라 추수하는 즐거움이 있을 것이라고 하셨습니다. 그리고 이제는 넘어지고 빼앗기는 아픔이 아니라 승리하고 전리품을 나누는 기쁨이 있을 것이라고 하셨습니다. 정말 기가 막힌 약속 아닙니까?

> ⁴이는 그들이 무겁게 멘 멍에와 그들의 어깨의 채찍과 그 압제자의 막대기를 주께서 꺾으시되 미디안의 날과 같이 하셨음이니이다
> ⁵어지러이 싸우는 군인들의 신과 피 묻은 겉옷이 불에 섶 같이 살라지리니 (사 9:4,5)

무거웠던 멍에는 벗겨지고 어깨를 내리치던 채찍도 사라지며 두려움에 떨게 하던 압제자의 막대기도 꺾어질 것이라고 하셨습니다. 멍에와 채찍과 막대기... 사실 이것들은 다 노예들한테나 쓰던 도구들이죠. 그러니까 이제 노예 같던 삶에서 벗어나게 될 것이라는 겁니다.

게다가 그것은 마치 기드온이 겨우 300명으로 미디안의 대군을 쳐부수었던 것처럼 엄청난 승리가 될 것이라고 하셨습니다. 승리도 보통 승리가 아닙니다. 그리고 어지러이 싸우는 군인들의 모든 군화와 군복도 다 불타

없어질 거라고 하셨습니다. 이제 전쟁은 끝났다는 뜻입니다. 참다운 평화가 시작될 것입니다.

그런데 도대체 언제 그런 일이 일어난다는 걸까요? 다시 말씀드리지만 6절에 보면 바로 한 아기가 우리에게 태어날 때 그 일이 시작될 것이라고 하셨습니다. 이제 6절이 너무너무 궁금하시죠? 도대체 6절에 얼마나 대단한 이야기가 적혀있는 걸까요? 이제 드디어 오늘의 핵심 구절인 6절까지 왔습니다. 이 말씀을 한번 소리를 내어서 읽어보시기를 바랍니다.

> 6이는 한 아기가 우리에게 났고 한 아들을 우리에게 주신 바 되었는데 그의 어깨에는 정사를 메었고 그의 이름은 기묘자라, 모사라, 전능하신 하나님이라, 영존하시는 아버지라, 평강의 왕이라 할 것임이라 (사 9:6)

한 아기

한 아기가 우리에게 태어날 것인데, 여기 보니까 그 아들은 우리에게 "주신 바" 되었다고 했습니다. 여기서부터 벌써 가슴이 뭉글해집니다. 무슨 영문인지 이 아기는 태어날 때부터 다른 사람에게 주신 바가 된, 그런 운명적인 출생을 하게 될 것이라는 거였습니다.

요즘 인권 운동가 앞에 이 말씀을 꺼냈다가는 아기 인권 운운하면서 말도 안 되는 이야기라고 핏대를 세우는 모습을 볼지도 모릅니다. 사실 우린 누구나 자기를 위해 살잖아요? 아기도 자신의 삶을 위해 태어나는 거 아니겠습니까? 누군가에게 주기 위해서 태어나는 건 아니잖아요? 그런데 이 아기는 우리에게 주시려고 태어나신다고 했습니다.

이 아기는 자기를 위해 살지 않고 다른 사람을 위해 살기 위해 오실 것이며, 자기를 위해 죽지 않고 다른 사람을 위해 죽기 위해 오실 것이었습니다.

그것도 사랑하는 연인이나 사랑하는 부모님이나 아니면 사랑하는 조국을 위해서 죽으실 것도 아니었습니다. 그럼 조금 멋이라도 있죠. 주님은 속된 말로 피 한 방울 안 섞인 그리고 정말 파렴치한 죄인들을 위해서 대신 죽으셨습니다. 그것도 다른 사람들 같으면 이제 한참 인생을 꽃피우면서 열심히 살아볼 나이인 30대 초반에 주님은 십자가에 묵묵히 달리셨습니다. "주신 바" 된 분이었기 때문입니다.

죽을 때 품위 있게 죽으시지도 못했습니다. 채찍질을 당하시고 침 뱉음을 당하시고 옷은 다 찢겨지시고 머리엔 가시관 눌러써서 얼굴에 피가 낭자하고 손발엔 못이 박혀 있고… 주님이 죽으실 때 어떤 체면도 어떤 명예도 주님께 남아 있지 않았습니다.

그러니까 우린 정말 나쁜 사람들입니다. 내가 살기 위해 하나님의 아들이 그렇게 처절하게 죽으셔야 했으니 말입니다. 물론 주님은 영광스럽게 부활하셨지만 그 피흘림의 고통과 치욕스러움을 누가 제대로 이해할 수 있겠습니까?

그런데 여기 보니까 그의 어깨에는 정사를 메었다고 했습니다. 정사는 영어로는 government입니다. government는 정부라는 말이죠. 그러니까 어깨에 정사를 메셨다는 말은 예수님이 왕이시라는 말이고 우리의 통치자시라는 말입니다. 우리의 왕이 하늘 보좌 버리시고 이 낮고 낮은 땅 위로 내려오셨습니다. 그리고 우리의 왕이 우리를 위해 가장 비참하게 죽으셨습니다. 이게 웬 말입니까? 그래서 그 찬송이 나온 겁니다.

"웬 말인가 날 위하여 주 돌아가셨나(Alas! And did my savior bleed?)... 이 벌레 같은 날 위해 큰 해 받으셨나(Would He devote that sacred head for such a worm as I?)..."

자 그런데 여기 6절에 보면 이 아기가 나중에 이러이러한 이름들로 불리울 것이라고 하면서 주님의 이름들이 죽 나옵니다. 앞으로 700년이나 있어야 오실 분이지만 그 아기가 태어나면 이런 이름으로 불리울 것이다... 얼마나 굉장합니까? 이렇게 위대한 주님의 이름들을 하나하나 곱씹으면서 묵상해보는 것이 이번 성탄절을 가장 귀하게 준비하는 일이 될 줄 믿습니다.

주님의 이름 – "기묘자"

우리 주님의 첫 번째 이름은 "기묘자"입니다. 기묘자가 무슨 말일까요? 영어로는 "Wonderful"입니다. 놀랍다, 신기하다, 기이하다 그런 뜻입니다. 사실 그분은 태어날 때부터 기묘했습니다. 처녀의 몸에서 태어나신 겁니다. 동정녀 탄생은 인류역사상 주님이 처음이었고 그리고 마지막이었습니다.

주님이 기묘하신 것은 그뿐만이 아닙니다. 그분의 가르치심과 하신 일들이 기묘했습니다. 그 속엔 사람들이 이전에 듣지도 보지도 못했던 놀라운 권위와 은혜가 있었습니다.

> 22뭇 사람이 그의 교훈에 놀라니 이는 그가 가르치시는 것이 권위 있는 자와 같고 서기관들과 같지 아니함일러라 (막 1:22)

그분 말씀의 권위와 그 은혜로움이 듣는 자들을 완전히 사로잡았습니다. 2,000년이나 지난 오늘도 우리가 거기에 사로잡혀 사는데 주님 바로 앞에서 직접 그 음성을 듣던 자들은 얼마나 그 기이함과 신기함과 놀라움이 대단했겠습니까?

그런데 혹시 다른 번역 성경이 있는 분들은 (사 9:6)을 보면서 조금 의아해하실 수도 있습니다. 우리 개역개정성경에는 "기묘자라 모사라" 이렇게 두 단어가 분리된 것처럼 나오는데 새번역 성경에는 "놀라우신 조언자"로 서로 연결되어 나옵니다. 영어 성경도 KJV는 Wonderful과 Counselor 사이에 쉼표가 있어서 두 단어를 구분하지만 NIV는 Wonderful과 Counselor 사이에 쉼표가 없고 그냥 한 단어로 되어 있습니다. 이건 사실 히브리어에 쉼표가 없어서 생기는 일입니다.

기묘자로 번역된 히브리어 "펠레(פֶּלֶא)"는 분리하다(separate), 구분하다(distinguish)라는 뜻의 동사 "팔라(פָּלָא)"에서 파생된 말입니다. 펠레는 기적(miracle), 경이로운 것(wonder)이라는 뜻의 명사이며 탁월한(wonderful)이라는 뜻의 형용사라도 쓰일 수 있습니다. 따라서 펠레를 명사로 해석하면 주님은 "기묘자이며 모사"이신 것이고, 형용사로 보면 뒤의 Counselor와 한 단어로 합쳐져 주님은 "놀라우신 조언자"로 이해할 수 있습니다. 그래서 성경 번역도 두 가지가 다 있는 겁니다.

그런데 이 두 단어를 우리 개역개정성경이나 KJV의 번역과 같이 주님의 독립된 두 이름으로 이해하는 학자들이 적지 않습니다. 저도 "기묘자"가 독립된 주님의 이름이라고 생각합니다. 비슷한 예가 성경에 또 나옵니다.

> 17마노아가 또 여호와의 사자에게 말하되 당신의 이름이 무엇이니이까 당신의 말씀이 이루어질 때에 우리가 당신을 존귀히 여기리이다 하니
> 18여호와의 사자가 그에게 이르되 어찌하여 내 이름을 묻느냐 내 이

름은 기묘자라 하니라 (삿 13:17,18)

삼손의 아버지 마노아가 자기 집에 하나님께 바쳐질 나실인이 태어날 거라고 전해준 여호와의 사자에게 물었습니다. "당신의 이름이 무엇이니이까?" 그러자 그는 "내 이름은 기묘자"라고 대답을 했습니다. 이전에 우리가 보던 개역성경에는 "내 이름은 기묘니라." 이렇게 나오죠.

여기서도 팔라의 파생어인 히브리어 "필리(פֶּלִאי)"가 사용됩니다. 이 단어는 놀라운(wonderful), 뛰어난(remarkable) 등의 뜻을 가지는 형용사입니다. 물론 이 부분을 "내 이름은 비밀이니라." 이렇게 번역한 성경도 있습니다. 얘기해줄 수 없다는 거죠. 얘기해봤자 이해 못 할 거라는 거죠.

하지만 복음주의 신학자들 중에는 이 (삿 13:18)이 구약시대에 나타나신 아직 성육신하시기 전의 그리스도를 의미한다고 보고 그래서 여기 기묘자라는 주님의 이름이 등장한 것이라고 보는 분들이 적지 않습니다. 만약 그렇다면 얼마든지 형용사 하나만으로 주님의 이름이 표현된 적이 있다는 것이고 따라서 (사 9:6)에 나오는 주님의 이름을 "기묘자"로 부르는 것이 문제가 없다고 하는 것입니다.

우리 주님의 모든 말씀과 사역이 다 기묘하고 wonderful 합니다만 가장 기묘한 게 뭘까요? 성자 하나님으로서 하늘 보좌에 앉아 찬양만 받으셔야 될 분이, 정말 발에 흙 한번 안 묻히고 영원히 고귀하게 사실 분이 우리를 대신해서 채찍에 맞으시고 피흘려 죽으셨다는 사실이 가장 기묘하지 않을까요? 저는 죽을 때까지 그 사랑을 제대로 이해할 수 없을 것 같습니다.

주님의 이름 – "모사"

우리 주님의 두 번째 이름은 "모사"입니다. 앞서 말씀드렸듯이 모사는 영어로 Counselor 즉 상담자라는 뜻입니다. 세상에서도 아무리 용을 써도 문제가 해결 안 되다가 기가 막힌 상담자를 만나 해결될 때가 있습니다. 하지만 그게 지엽적인 문제가 아니라 내 "인생" 자체에 대한 문제라면 얘기가 다릅니다. 세상엔 자기 인생도 치료 못하면서 다른 사람 인생을 치료하는 거짓된 인생 의사들이 많습니다.

우리 인생은 누구를 만나야 해결될까요? 맞습니다. 삼위일체 성자 하나님되신 예수님을 만나야 합니다. 그를 진정으로 만나 인생 문제가 해결된 증인들이 우리 주위에 허다합니다. 성경에도 보면 그것이 죄의 문제이든 구원의 문제이든 질병의 문제이든 심지어 죽음의 문제일지라도 모든 문제가 주님을 만났을 때 전혀 애매함 없이 단번에 해결되었습니다.

그런데 우린 모사, 히브리어로 "야아츠(יָעַץ)"라는 말에 그렇게 익숙하지는 않습니다. 우리에게 좀 더 익숙한 다른 말이 신약성경에 나옵니다. 구약의 모사와 같은 뜻을 가진 신약의 단어는 바로 "보혜사"입니다. "어? 보혜사는 성령 아닌가?" 하는 분들도 계실 겁니다.

보혜사는 헬라어로 "파라클레토스(παράκλητος)", 그러니까 돕기 위해 곁에 부름 받은 분(one called near to give help)이라는 뜻입니다. 곁에서 돕는 자(helper), 곁에서 상담해주는 자(counselor), 곁에서 위로해주는 자(comforter)가 보혜사입니다. 그런데 예수님께서 보혜사 성령을 언급하실 때 이런 말씀을 하셨습니다.

16내가 아버지께 구하겠으니 그가 또 다른 보혜사를 너희에게 주사

영원토록 너희와 함께 있게 하리니 (요 14:16)

여기 "또 다른(another) 보혜사"라고 하셨죠? 그럼 지금은 누가 보혜사라는 걸까요? 지금은 누가 제자들 곁에서 그들을 돕는 자로 계신다는 말씀일까요? 예, 바로 예수님이십니다. 그래서 성경엔 보혜사가 두 분 나오십니다. 바로 예수님과 성령이십니다.

우리 예수님은 피곤한 인생길, 쓸쓸한 광야길 걸어가는 우리 모두에게 최고의 모사로서, 최고의 보혜사로서 오신 분입니다. 그리고 다시 하늘로 올라가실 날이 가까워졌을 때 주님은 또 다른 보혜사를 보내셔서 영원히 우리와 함께 있게 해주겠다고 약속하셨습니다. 지금 모든 믿는 자 안에 내주하시면서 우리가 주님 나라에 들어가는 그날까지 영원히 우리와 함께하실 보혜사 성령님께 진심으로 감사를 드립시다.

요즘 자기가 보혜사라고 정신없는 소리를 해대는 이단 교주들이 있습니다. 이런 이단들은 심지어 보혜사가 보호할 보, 은혜 혜, 스승 사자이니까 은혜로 보호하는 스승이라는 뜻이고 따라서 자기들 교주가 우리를 은혜로 보호하는 스승 즉 보혜사이시다라는 식으로 설명합니다. 이런 엉터리 같은 해석이 또 있을까요? 보혜사는 그저 파라클레토스, "곁에서 돕는 자"라는 헬라어를 한자로 번역한 말일 뿐입니다. 거기서 왜 번역어의 한자 뜻을 하나하나 분해해서 교리를 만듭니까? 원어가 그 뜻이 아닌데요.

성경은 우리와 영원히 함께하실 보혜사로서 오직 예수님과 성령님만 말하고 있습니다. 이단들은 감히 성자 하나님과 성령 하나님께만 적용될 수 있는 이 고결한 신적 명칭을 자기 교주들에게 사용하고 있습니다. 이들은 개역성경의 용어로는 "참람한" 자들이고 지금 우리가 보는 개역개정성경의 용어로는 "신성모독" 죄인들입니다. 성경에선 이런 자들을 돌로 쳐 죽일 정도로 가증하게 여겼습니다. 그들은 확실히 하나님의 심판대 앞에서 어떤 죄인들보다도 처절하게 심판을 받게 될 것입니다.

주님의 이름 – "전능하신 하나님"

우리 주님의 세 번째 이름은 "전능하신 하나님(Mighty God)"입니다. 예수님은 하나님이십니다. 이걸 선포하는 성경 구절들이 아주 많습니다.

> 8아들에 관하여는 하나님이여 주의 보좌는 영영하며 주의 나라의 규는 공평한 규이니이다 (히 1:8)

지금 하나님께서 아들을 뭐라고 부르고 계신가요? "하나님이여" 이렇게 부르고 계십니다. 그런데 이 성자 하나님께서 인간세계에 육신을 입고 내려오셨습니다. 성육신하신 겁니다.

> 6그는 근본 하나님의 본체시나 하나님과 동등됨을 취할 것으로 여기지 아니하시고
> 7오히려 자기를 비워 종의 형체를 가지사 사람들과 같이 되셨고
> 8사람의 모양으로 나타나사 자기를 낮추시고 죽기까지 복종하셨으니 곧 십자가에 죽으심이라 (빌 2:6-8)

예수님은 근본 하나님의 본체(μορφή 모르페, 영어로는 very nature God 또는 the form of God)십니다. 그런데 스스로 자기를 비우셨고 종의 형체를 취하셨고 그래서 사람의 모양으로 오셨습니다. 그것만으로도 황송한데 십자가에 죽기까지 복종하셨습니다. 기독교가 다른 종교와 다른 점이 많지만 가장 기이하고 놀랍고 도저히 이해할 수 없는 점은, 그 종교의 창시자가 믿는

자들의 구원을 위해서 피흘려 죽었다는 겁니다. 그리고 부활하셨습니다. 세상에 이런 종교가 또 어디에 있습니까?

예수님의 속성을 굉장히 여러 측면에서 말하는 것이 가능할 텐데 (사 9:6)은 특별히 "전능하신 하나님"으로서의 메시아를 예언했습니다. 그런데 그 전능하신 분이 이토록 낮아지셨습니다. 왜일까요? 우리는 다 그 이유를 잘 알고 있습니다. 주님의 이런 엄청난 낮아지심과 십자가 죽으심이 바로 우리의 죄 때문인 것을 인하여 정말 죄송한 마음 금할 길이 없습니다.

그리고 바로 이런 마음들이 성탄절을 맞이하는 우리의 마음이어야 합니다. 찬양과 감사만 있으면 안 됩니다. 한없는 죄송함이 있을 때 제대로 된 성탄절이 될 것입니다. 한없는 죄송함이 빠진다면 우리가 부르는 "기쁘다 구주 오셨네."는 지상에서 가장 뻔뻔한 노래가 될지도 모릅니다.

> 9이러므로 하나님이 그를 지극히 높여 모든 이름 위에 뛰어난 이름을 주사
> 10하늘에 있는 자들과 땅에 있는 자들과 땅 아래에 있는 자들로 모든 무릎을 예수의 이름에 꿇게 하시고
> 11모든 입으로 예수 그리스도를 주라 시인하여 하나님 아버지께 영광을 돌리게 하셨느니라 (빌 2:9-11)

9절을 보세요. 아버지 하나님이 예수님을 지극히 높이셨죠? 모든 이름 위에 뛰어난 이름을 주셨습니다. 10절에 보면 하늘에 있는 자들과 땅에 있는 자들 그리고 땅 아래 있는 모든 자들이 무릎을 예수의 이름 앞에 꿇게 하셨으며 11절에 보면 모든 입술로 예수님을 주라 시인하게 하셨습니다.

그런데 이런 일이 정말 일어났나요? 지금 지상의 "모든 사람들"이 예수

님을 주로 시인하고 있나요? 아직 아닙니다. 2,000년 전부터 시작되었지만 아직은 아닙니다. 하지만 주님이 재림하시고 온 우주적인 최후의 심판이 시작될 때에는 주님을 비웃고 기독교를 멸시하던 모든 세상 사람들도 결국 예수님이 구세주셨다는 사실을 인정하게 될 겁니다. 물론 그때는 이미 너무 늦었죠.

주님의 이름 – "영존하시는 아버지"

주님의 네 번째 이름은 "영존하시는 아버지(Everlasting Father)"입니다. 주님께서 영원히 존재하시는 것은 너무나 이해가 잘 됩니다. 그런데 왜 앞에서는 "아들"을 우리에게 주셨다고 해놓고 여기에선 그분에게 "아버지"라는 명칭을 쓰신 걸까요? 너무 심각하게 생각하지는 마세요.

이스라엘 사람들은 아버지라는 말을 꼭 부자 관계를 말할 때만 쓰지 않습니다. 육체나 영혼의 보호자를 뜻하는 말로도 폭넓게 사용합니다. 그런 예는 성경에도 많이 나옵니다. 그래서 그런지 우리는 예수님을 생각할 때마다 우리를 품에 꽉 안아주시는 아버지의 품 같은 포근함을 느끼게 되는 것 같습니다. 우리의 보혜사 되시고 우리 영혼의 보호자 되시는 우리 예수님을 사랑합니다.

주님의 이름 – "평강의 왕"

마지막으로 예수님의 다섯 번째 이름은 "평강의 왕(Prince of Peace)"입니다. 이거 정말 중요합니다. 우리 주님이 전쟁의 왕이 아니시고 싸움의 왕이 아니신 것이 얼마나 다행인지 모릅니다. 주님은 평강의 왕이시고 평화의 왕이십니다. 이방의 갈릴리와 같이 상처뿐인 우리 인생에 진짜 평안과 안식을 처음으로 맛보게 해주시는 분입니다.

사람들은 평안을 원하지만 세상에는 진짜 평안이 없습니다. 사람들은 힐링을 원하지만 이 땅에는 힐링의 모조품들만 넘쳐납니다. 오직 주님께만 참 안식과 평안과 치유가 있습니다. 주님은 "수고하고 무거운 짐 진 자들아 다 내게로 오라 내가 너희를 쉬게 하리라"(마 11:28)고 약속하셨습니다. 그리고 "내가 너희에게 주는 평안은 세상이 주는 것과 같지 아니하니라"(요 14:27)라고 힘주어 말씀하셨습니다. 주님께 올 때만 진짜를 발견하게 되는 것임을 믿으시기 바랍니다.

> ⁷그 정사와 평강의 더함이 무궁하며 또 다윗의 왕좌와 그의 나라에 군림하여 그 나라를 굳게 세우고 지금 이후로 영원히 정의와 공의로 그것을 보존하실 것이라 만군의 여호와의 열심이 이를 이루시리라 (사 9:7)

이제 분명해졌습니다. 우리 주님이 다스리시는 평강의 나라는 영원무궁할 것입니다. 그 나라는 누구도 흔들 수 없고 영원히 정의롭고 공의롭게 보존될 것입니다. 정말 그렇게 될까요? 네, 됩니다. 그건 만군의 여호와의 열심 때문입니다. 인간인 우리가 열심을 내도 뭔가 일들이 되는 것처럼 느껴지는데 하물며 만군의 여호와 하나님이 열심을 내신다면 그건 누구도 막지 못합니다. 할렐루야.

기묘자라 모사라

말씀을 마치면서 과연 나중에 실제로 무슨 일이 일어났는지 마태복음 말씀을 하나 찾아보겠습니다.

> ¹²예수께서 요한이 잡혔음을 들으시고 갈릴리로 물러가셨다가
> ¹³나사렛을 떠나 스불론과 납달리 지경 해변에 있는 가버나움에 가서 사시니
> ¹⁴이는 선지자 이사야를 통하여 하신 말씀을 이루려 하심이라 일렀으되
> ¹⁵스불론 땅과 납달리 땅과 요단 강 저편 해변 길과 이방의 갈릴리여
> ¹⁶흑암에 앉은 백성이 큰 빛을 보았고 사망의 땅과 그늘에 앉은 자들에게 빛이 비치었도다 하였느니라 (마 4:12-16)

그렇습니다. 이사야 9장 말씀은 700년 후에 그대로 다 성취되었습니다. 7년 전도 아니고 70년 전도 아니고 무려 700년 전의 약속이 그대로 이루어졌습니다. 만군의 여호와의 열심 때문입니다.

그리고 그 열심 때문에 우리에게 성탄절이 생겼습니다. 이제 곧 성탄절이 다가옵니다. 우리는 "메리 크리스마스" 한번 마음껏 외치지 못하게 만드는 세상의 악한 풍조에 맞서서 싸워야 합니다. 하지만 동시에 그동안 우리가 생일 주인공은 잊어버리고 손님들끼리만 웃고 즐기고 선물 교환하다가 시간 다 보냈던 건 아닌지, 지나간 성탄절의 추억들이 주님이 아니라 사람들과의 즐거운 시간들로 채워져 있던 것은 아닌지 진지하게 반성해야 할 겁니다.

우리 평생 어디서도 만날 수 없었던 참된 기묘자요 모사 되신 주님이 2,000년 전에 드디어 이 땅에 오셨습니다. 찬양과 감사로 가득 찬 성탄절 되시기를 축원합니다. 모든 것이 기기묘묘한 주님과의 새로운 추억들이 만들어지시면 좋겠습니다.

그리고 우리 죄가 얼마나 심각했으면 성자 하나님께서 하늘 보좌 버리고 이 땅에 죽기 위해 인간으로 오셔야 했는지, 그걸 생각하면서 한없이 고개 숙이고 한없이 죄송한 마음에 몸 둘 바를 모르는, 이제는 정말 뻔뻔하지 않게 성탄절을 맞이하는 성도님들이 되시기를 바랍니다. 메리 크리스마스.

3. 에바다, 그 은혜 그 능력

_ Ephphatha, the grace and the power

‖ 마가복음 7:31-37 ‖

³¹예수께서 다시 두로 지방에서 나와 시돈을 지나고 데가볼리 지방을 통과하여 갈릴리 호수에 이르시매 ³²사람들이 귀 먹고 말 더듬는 자를 데리고 예수께 나아와 안수하여 주시기를 간구하거늘 ³³예수께서 그 사람을 따로 데리고 무리를 떠나사 손가락을 그의 양 귀에 넣고 침을 뱉어 그의 혀에 손을 대시며 ³⁴하늘을 우러러 탄식하시며 그에게 이르시되 에바다 하시니 이는 열리라는 뜻이라 ³⁵그의 귀가 열리고 혀가 맺힌 것이 곧 풀려 말이 분명하여졌더라 ³⁶예수께서 그들에게 경고하사 아무에게도 이르지 말라 하시되 경고하실수록 그들이 더욱 널리 전파하니 ³⁷사람들이 심히 놀라 이르되 그가 모든 것을 잘하였도다 못 듣는 사람도 듣게 하고 말 못하는 사람도 말하게 한다 하니라

세상 사는 스트레스

혹시 주무실 때 꿈을 자주 꾸시나요? 저는 거의 매일 꿉니다. 내용은 다양합니다. 그런데 꼭 잊을만하면 한 번씩 꾸는 꿈이 있습니다. 그게 뭐냐면 꿈속에서 제가 학생으로 나오고 학교에 등교를 하는 꿈입니다. 대개는 제가 고등학생으로 나옵니다. 가끔은 의대에 등교하거나 심지어 신학교에 등교하는 꿈일 때도 있습니다.

그런데 꿈의 내용은 거의 동일합니다. 학교에 왔는데 알고 보니까 오늘이 바로 시험 날이라는 겁니다. 그러면 항상 "아 이런, 시험공부를 하나도 못했는데..." 하며 스트레스를 받습니다. 심지어 어떤 때는 시험시간이 거의 다 끝날 때가 되어서야 학교에 도착합니다. 그러면 "이걸 어쩌지, 이걸

어쩌지." 하다가 꿈에서 깹니다. 요즘도 1년에 한 번씩은 이런 꿈을 꾸는 것 같습니다. 아마도 저는 공부가 제 평생에 큰 짐이었던 것 같습니다. 심지어 지금도 이 나이에도 계속 공부를 하는 중입니다.

제가 이 얘기를 몇 달 전에 대전에 내려가서 친척들 앞에서 했더니 제 어머니가 그러셨습니다. "야, 사실은 나도 비슷한 꿈을 꾼단다." 그래서 제가 "그게 무슨 말씀이세요?" 했더니, 제 어머님은 꿈속에서 버스를 기다리는 꿈을 지금도 자주 꾸신다고 했습니다. 그날은 학교에 부임해서 처음 출근하시는 날이었는데, 버스가 안 와서 계속 발을 동동 구르다가 꿈을 깨신다고 했습니다.

제 어머니가 이전에 초등학교 선생님을 오랫동안 하셨습니다. 그런데 지금은 팔순이십니다. 그런데 아직도 그런 꿈을 가끔 꾸신다고 했습니다. 50년도 더 지난 일인데 말이죠. 어머니가 처녀 때 처음 부임하는 학교 가는 버스 기다리시면서 느끼셨을 그 설렘과 그 초조함, 그리고 그 삶의 무게가 아련히 느껴지는 듯합니다.

이건 분명히 모전자전입니다. 저도 제가 고등학교 졸업한 게 언젠데 아직도 고등학교 때 시험 보는 꿈을 꿀까요. 사실 그것뿐만이 아닙니다. 제가 교회 성가대 지휘를 맡은 지 얼마 안 되었을 때는 거의 한 5년 동안은 토요일 밤만 되면 거의 비슷한 꿈을 꾸었습니다. 그게 뭐냐면 주일 아침에 교회 성가대실에 갔는데 성가대원이 아무도 없는 겁니다. 예배 시간이 다 되었는데 이거 어떡하지 어떡하지 하다가 잠에서 깬 적이 굉장히 많았습니다. 어떤 때는 제가 주일 아침에 늦어서 예배가 막 시작되려고 할 때 지휘자 없이 덩그러니 서 있는 성가대 쪽으로 뛰어 들어가다가 잠이 깬 적도 여러 번 있었습니다.

오늘 이런 얘기를 드리는 것은 나그네 삶을 사는 동안 우리에게 왜 그렇게 짐이 많은지, 심지어 나중에 시간이 많이 흘러서 이젠 다 잊을 때가 되었는데도 그것이 불쑥불쑥 꿈속에 나오기도 한다는 것입니다. 삶의 무거운 짐들이 우리 무의식 속에, 우리 가슴 한편 어딘가에 계속 남아 있는 것이 우리 인생인가 봅니다.

물론 우리에게 짐이 없을 수 없고 스트레스가 없을 수 없습니다. 그리고 그걸 자기가 다 감당하다가 쓰러지는 사람도 적지 않습니다. 하지만 어떤 사람은 이 목이 콱콱 막히는 인생길에서 *"수고하고 무거운 짐 진 자들아 다 내게로 오라 내가 너희를 쉬게 하리라"(마 11:28)*고 약속하신 주님을 만나 인생이 변화되기도 합니다.

주님께 가야만 쉴 수가 있습니다. 음악을 들어도 게임을 해도 영화를 보고 여행을 다니고 좋아하는 음식을 아무리 먹어도 월급이 아무리 오르고 사업실적이 아무리 좋아도 다 잠깐의 기쁨은 주지만 참된 쉼과 참된 안식은 오직 주님께 올 때만 있습니다. 비록 무의식 속에 세상 스트레스의 잔재는 남을지 몰라도 우리가 주 안에서 누리는 그 참된 쉼과 그 참된 위로는 무엇에도 비할 수가 없습니다. 저도 제 어머니도 그런 꿈들이 악몽으로 느껴지지 않습니다. 그저 지나간 시절의 아련한 추억들일 뿐이지요.

그래서 오늘은 마가복음에 나오는 한 병자의 치유 사건을 통해서 우리의 불쌍한 인생길에 진정한 동행자가 되어주기를 원하시는 주님에 대해 말씀을 나누고자 합니다. 그분의 능력은 하늘보다 높고 그분의 은혜는 바다보다 깊습니다. 치유의 능력과 은혜로 가득한 "에바다!" 하시는 주님의 선포가 피곤한 인생길 걸어가는 모든 분들에게 참된 회복과 치유의 음성으로 들려지기를 진심으로 바랍니다.

귀 먹고 말 더듬는 자를 만나시다

> 31예수께서 다시 두로 지방에서 나와 시돈을 지나고 데가볼리 지방을 통과하여 갈릴리 호수에 이르시매 (막 7:31)

예수님께서 두로 지방에서 막 돌아오셨습니다. 그런데 그냥 오신 게 아니라 여기저기 들렀다가 오셨습니다. 두로에서 나오셔서 시돈을 지나고 데가볼리 지방을 지나서 갈릴리 호수로 오신 겁니다. 시돈이나 데가볼리에서 어떤 일이 있었는지 성경에 나오지는 않지만 여기가 다 이방인들이 주로 사는 도시였던 만큼 두로 지방의 수로보니게 여인처럼 이방인 선교도 많이 이루어지지 않았을까 생각합니다.

그나저나 우리 주님 정말 열심히 사시죠? 두로와 시돈 거리가 한 40km 됩니다. 서울에서 수원이 한 30km 정도 되니 꽤 먼 거리입니다. 그리고 시돈에서 갈릴리 호수까지가 직선거리로 한 80km 됩니다. 그런데 데가볼리를 들렀다가 오셨다고 했으니 거기에 수십 km는 더해져야 할 겁니다.

무슨 차가 있는 것도 아니고 KTX가 있는 것도 아니고 다 걸어서 다니던 시절이었는데, 지금 여기 간단하게 적어놔서 그렇지 한 140~150km 되는 거리를 주님은 어찌 그리 고생하면서 걸으셔야 했을까요? 이건 서울에서 대전까지의 거리 아닙니까? 이게 다 우리 죄인들 때문입니다. 우리는 항상 주님 생각하면 죄송하고 주님 앞에 머리 들 일이 전혀 없는 사람들입니다.

어쨌든 자신의 본거지인 갈릴리로 돌아오신 주님은 이번엔 어떤 일을 행하셨을까요?

> 32사람들이 귀 먹고 말 더듬는 자를 데리고 예수께 나아와 안수하여

주시기를 간구하거늘 (막 7:32)

사람들이 "귀 먹고 말 더듬는 자"를 주님께 데려왔다고 했습니다. 개역성경에선 "귀 먹고 어눌한 자"라고 했었습니다. 보통 이런 환자를 농아라고 부릅니다. 대개는 귀를 먹는 게 먼저입니다. 귀가 안 들리면 자기 말소리가 안 들리니까 말도 잘 못하게 되는 겁니다. 엄마가 임신 상태에서 풍진에 걸리거나 안 좋은 약을 먹고 걸리기도 하고, 3~4세 때 성홍열이나 뇌막염 같은 병을 앓은 뒤 걸리기도 합니다.

그런데 귀가 안 들리면 말을 못 하게 되는 것은 영적으로도 마찬가지입니다. 주님 말씀이 들리지 않으면 우리 입은 곧 더럽고 추한 말들이 나오게 됩니다. 은혜로운 말의 흉내는 잠깐 낼 수 있을지 몰라도 우리 입술은 이 병자처럼 맺혀있게 될 겁니다. 영적인 벙어리로 살기 원하시나요? 그걸 원치 않으신다면 주님이 들려주시는 말씀에 더 간절히 귀 기울이고 사시기 바랍니다. 열심히 말씀을 읽고 듣고 묵상하시기 바랍니다.

어쨌든 참으로 불쌍한 환자가 주님께 왔습니다. 그리고 사람들은 예수님이 그에게 안수해주기를 기다리고 있었습니다. 귀만 안 들려도 얼마나 괴로울 것이며 말만 못 해도 얼마나 괴롭겠습니까마는 이 사람은 귀도 안 들리고 말도 더듬고 살아야 하니 그 고통을 당해보지 못한 우리들이 어찌 그의 괴로움을 다 이해하겠습니까?

일관성? 일관성!

33예수께서 그 사람을 따로 데리고 무리를 떠나사 손가락을 그의 양 귀에 넣고 침을 뱉어 그의 혀에 손을 대시며 (막 7:33)

주님이 하신 첫 번째 일은 그 환자를 데리고 사람들이 없는 곳으로 가시는 거였습니다. 왜 그러셨을까요? 왜 조용한 곳으로 자리를 옮기셨을까요? 많은 사람 앞에서 치료하시는 경우도 성경에 많이 나오잖아요? 그런데 왜 이번에는 굳이 아무도 없는 곳으로 병자를 데려가셨을까요?

성경에 설명이 따로 안 나오니 대개 이렇게 추측합니다. 아마도 주님께서 그 병자와의 개인적인 인격적 관계 속에서 그를 치료하기 원하셨을 거라는 겁니다. 병자 입장에서 봐도 사람들이 너무 많고 시끄러우면 자기 개인에 대한 주님의 사랑과 은혜를 잘 깨닫기 어려웠을 수 있습니다. 병은 치료되었는데 주님과의 인격적 관계가 더 깊어지지 않는다는 건 결코 좋은 일이 아닙니다.

물론 다 추측입니다. 그런데 솔직히 우리 인생길에도 주님이 우리 삶을 왜 이렇게 인도하시는지 이유를 잘 알 수 없는 경우가 어디 한둘입니까? 기도도 시작하기 전에 벌써 문제가 해결되어 있기도 하고 어떤 때는 몇 년을 간절히 기도했는데 엘리야의 사환도 목격했던 사람 손바닥만한 작은 구름 한 조각도 안 보이는 경우가 있습니다. 정말 싫어하는 사람과 오랫동안 함께 있게 만들기도 하시고 정말 사랑하는 사람을 너무 일찍 데려가기도 하십니다. 왜 그러시는 걸까요?

우린 그 이유들을 알 수가 없습니다. 하루하루 우리에겐 나중에 천국 가서 주님께 그 이유를 물어보고 싶은 질문 목록들만 늘어납니다. 우리는 그저 우리 창조주 하나님께서 그 크신 능력과 그 깊으신 은혜로 우리 삶을 성실하게 인도하고 계신다는 사실을 믿을 뿐입니다.

그런데 오늘 본문에 보면 더 독특한 장면이 나옵니다. 이 병자를 치료하시는데 우선 손가락을 그의 양 귀에 넣으셨습니다. 그리고 침을 뱉으신 뒤 그의 혀에 손을 대셨습니다. 이와 똑같은 방식으로 환자를 치료하신 기록은 성경 다른 곳에는 나오지 않습니다.

사실 우리 주님은 말씀 하나만으로 죽은 자를 다시 살리시는 능력과 권세가 있으신 분이십니다. 심지어 집에 있는 병자를 얼굴도 안 보고 말씀만으로 치료하신 기록들도 여럿 있습니다. 그런 분이 왜 굳이 이렇게 번잡스럽게 환자를 치료하신 걸까요?

그리고 이런 환자가 오면 이렇게 치료하고 저런 환자가 오면 저렇게 치료한다는 것이 세상의 의사가 하는 일인데, 복음서를 잘 읽어보면 어떤 환자가 왔을 때 주님이 그 사람을 어떻게 치료하실 것인지 미리 예측하는 게 거의 불가능할 정도로 주님은 다양한 치료법을 구사하십니다. 왜 이렇게 치료에 "일관성"이 없으실까요? 아마 대부분의 현대 의사들은 이 부분을 이해하기 힘들 겁니다.

제가 의사국가고시에 합격한 것이 1992년이니 이제 금년으로 의사가 된 지 27년째입니다. 환자들마다 병이 다르면 당연히 다른 약을 쓰고 있고 같은 병을 가지고 있어도 환자의 상태나 환경적 요인들을 따져가면서 조금씩 치료법을 다르게 적용하고 있습니다. 그래도 의사의 치료에는 "일관성"이라는 게 있기 마련입니다. 그 일관성을 의과대학에서 배웠고 그 일관성을 의사국가고시에서 검증받고 의사가 됩니다.

그나마 주님이 오늘 본문과 가장 가까운 치료 방법을 사용하신 경우가 요한복음 9장에 나옵니다. 거기 보면 날 때부터 맹인된 사람이 나오는데 주님은 땅에 침을 뱉어 진흙을 개어서 그걸 그의 눈에 발라주셨다고 나옵니다. 그런데 그 맹인은 실로암 못에 가서 그 눈을 씻으라는 말씀이 추가되어 있습니다. 그래서 본문의 치료법과는 좀 다릅니다.

이런 내용들을 토대로 역사상 최고의 의사셨던 우리 주님께는 현대 의사들이 중요하게 여기는 "일관성"이라고 하는 것이 없었다고 결론 내리기가 쉽습니다.

그런데 이렇게 보면 어떨까요? 예수님은 일관성이 없으신 게 아니라 역사상 최고의 맞춤치료 전문의사라고 보는 것 말입니다. 사실 예수님께서 모든 환자를 천편일률적으로 한 가지 방법만으로 치료하셨어도 사실 감사할 일입니다. 그런데 주님은 항상 각 개인을 다른 사람들과는 다른 방식으로 치료하신 겁니다. 이건 일관성이 없으신 게 아니고 치료법이 너무 많으신 것이 아닐까요? 만약 그렇다면 주님은 언제나 각 사람을 그에게 가장 적합한 방식으로 치료하신 겁니다.

사실 우리 인생의 문제가 얼마나 복잡합니까? 우리의 병도 얼마나 다양합니까? 의사도 환자에게 줄 약이 두세 개밖에 없다면 비극이겠죠. 그래서 수백, 수천 개의 약과 치료법을 가지고 다양한 환자들을 치료합니다. 옛날에는 정말 약이 몇 개 없었지만 지금은 의사들도 굉장히 선택의 폭이 넓어졌습니다.

그뿐만이 아닙니다. 지금은 만들어져있는 약을 그냥 약국에서 사는 구조이지만 언젠가는 각 개인의 유전자를 미리 분석해서 부작용 가능성은 가장 적으면서 효과는 가장 뛰어난 그런 약을 개인별로 의사들이 처방하는 시대가 올 것으로 보입니다. 그런 맞춤진료의 시대가 얼마 남지 않았다고 합니다. 결국 의사들도 주님 흉내 내며 사는 겁니다.

사실 치유만 그런 것이 아닙니다. 아까 말씀드린 것처럼 주님이 우리 삶을 인도하시는 걸 잘 돌아보면, 항상 같은 방법으로 인도하신 적이 거의 없다는 사실을 발견하고는 깜짝 놀라게 됩니다. 김 집사님 인도하시는 방식이 다르고 박 권사님 인도해주시는 방식이 다릅니다. 나에게는 내게 가장 적합한 방식으로 나를 인도하시는 주님을 믿고 신뢰하시기 바랍니다.

주님을 자꾸 예측하려고 하지 마시고 차라리 내가 주님 앞에 예측 가능한 사람이 되려고 노력하시기 바랍니다. 하나님을 내 손바닥 안에 두려고 하지 마시고 내가 하나님 손바닥 안에 있음을 잠시도 잊지 마시기 바랍니다.

또한 오늘 우리 주님이 이 불쌍한 환자의 귀에 손가락을 넣고 그의 혀에 손을 대어 주신 것은 이 사람의 구체적인 문제를 해결해주시겠다고 하는 주님의 강력한 의지의 천명입니다. 귀가 안 들리니 귀를 만져주셨고 입이 안 열리니 혀를 만져주신 겁니다. 주님이 여러분의 구체적인 문제 하나하나를 이처럼 터치해주시고 만져주시고 해결해주실 것을 믿습니다. 주님께는 못 고치실 병이 아주 없으신 것을 믿으시기 바랍니다.

그리고 복음서를 잘 보면 우리 주님의 질병 치유 기사가 38번 정도 나옵니다. 개인적으로 치료하신 기사와 단체로 치료하신 기사를 다 합해서 그렇습니다. 구약성경 전체에 걸쳐 치유기록이 약 80여 회 나오는데 그것과 비교해보면 예수님은 3년이라는 짧은 기간 동안 엄청나게 많은 치유기록을 남겨놓고 계신 것을 알 수가 있습니다. 그래서 예수님은 "치료자 예수님"이신 것입니다. 우리 영혼의 해결사이며 우리 육신의 해결사이신 예수님을 찬양합니다.

에바다의 은혜

자, 이제 주님은 엄청난 선포를 하십니다.

> ³⁴하늘을 우러러 탄식하시며 그에게 이르시되 에바다 하시니 이는 열리라는 뜻이라 (막 7:34)

주님께선 먼저 하늘을 우러러 탄식하셨습니다. 여기 탄식하다라는 말이 헬라어로 "스테나조(στενάζω)"인데 이 말은 신음에 가까운 소리를 내는 것을 말합니다. 깊은 한숨을 쉰다는 뜻이기도 합니다. 그런데 도대체 뭘 탄식하신 걸까요?

우리 주님은 삼위일체 창조주되신 성자 하나님이십니다. 창조주께서 귀먹고 벙어리 된 병자를 바라보면서 느끼셨을 그 연민과 그 불쌍함은 우리 인간들이 병자를 바라볼 때 느끼는 것보다 훨씬 더 크셨을 거라고 믿습니다. 우리는 겉모습만 불쌍하게 보지만 주님은 그 영혼이 겪어왔을 모든 괴로움과 고통과 눈물을 한순간에 보실 수 있기 때문입니다. 그래서 주님은 그를 위해 탄식하셨던 겁니다.

그런데 놀라운 사실은 이 "스테나조"라는 말이 로마서에 한 번 더 나오는데 거기선 성령의 사역으로 나온다는 사실입니다.

> ²⁶이와 같이 성령도 우리의 연약함을 도우시나니 우리는 마땅히 기도할 바를 알지 못하나, 오직 성령이 말할 수 없는 탄식으로 우리를 위하여 친히 간구하시느니라 (롬 8:26)

우리는 우리가 무얼 위해 기도해야 할지도 모를 정도로 연약하다는 것입니다. 나이가 들수록 이 말씀이 점점 더 잘 이해되는 것은 비단 저뿐만이 아닐 것입니다. 그런데 우리 안에 계신 성령께서 말로 표현할 수 없는 탄식으로 거의 신음에 가까운 소리를 내시면서 우리를 위해 친히 간구하고 계신다는 겁니다. 이 얼마나 감사하고 죄송하고 또 은혜로운 말씀입니까?

그런데 지금은 이 귀먹고 벙어리된 병자를 앞에 놓고 예수님께서 하늘을 우러러보시며 같은 탄식을 하고 계십니다. 그래서 성경에서 여러 번 확실하게 증거하고 있듯이 우리 옆에서 우리를 도와주시고 우리를 위로해주시고 우리를 위해 눈물 흘려주시는 보혜사는 오직 우리 예수님과 성령님 두 분이십니다. 할렐루야.

그런데 주님은 탄식만 하신 것이 아닙니다. 병자에게 선포하셨습니다. 에바다! 에바다는 아람어입니다. 예수님 당시에 갈릴리 지방에서 가장 흔히 사용되던 언어가 바로 아람어입니다. 예수님께서 마가복음 5장에서 백부장의 죽은 딸을 살리실 때도 아람어로 능력의 선포를 하셨던 것을 혹시 기억하시나요? "아이야 일어나라.", "딸아 일어나라." 이런 말인데요 그 아람어는 바로 달리다굼입니다.

그렇습니다. 신약성경에 예수님의 능력과 사랑이 그대로 드러난 귀한 아람어가 두 개 나옵니다. 하나가 "달리다굼"이고 또 하나가 바로 이 "에바다"입니다. 에바다는 열리라는 뜻입니다. 에바다! 열리라! 이 얼마나 속 시원하고 권위 있는 선포인지요.

예수님은 우리 문제를 해결하실 때 에둘러서 애매하게 문제의 주변만 맴도는 그런 식의 해결책을 주시지 않습니다. 직설적으로 바로 문제의 핵심을 찔러서 해결해주시는 분이신 것을 믿으시기 바랍니다. 이 병자도 지금까지 살아오면서 수많은 위로의 말을 들었을 겁니다. 이런저런 도움도 많이 받았을 겁니다. 하지만 누구도 이 말은 못 해줬습니다. "에바다! 귀야 열려라! 혀야 열려라!" 이 말은 누구도 감히 할 수 없는 말이었기 때문입니다. 이 말은 오직 우릴 창조하신 그분만이 하실 수 있는 선포였습니다!

에바다의 능력

> 35그의 귀가 열리고 혀가 맺힌 것이 곧 풀려 말이 분명하여졌더라
> (막 7:35)

주님의 "열리라!"는 명령에 즉시 귀가 열리고 즉시 입이 열렸습니다. 주님이 마가복음 4장에서 성난 갈릴리 바다의 광풍과 파도 앞에 "잠잠하라, 고요하라."라고 하셨을 때도 파도가 즉시 멈추고 바다가 즉시 고요해졌습니다. 제자들은 처음에는 "우리가 죽게 된 것을 돌보지 아니하시나이까?" 하며 엄청난 파도에 얼굴이 사색이 되어 있었지만 주님의 능력을 목도한 뒤에는 도대체 이분이 누구시란 말인가 하며 더 큰 두려움에 빠졌다고 성경은 기록하고 있습니다.

자연이 금방 순종했던 것처럼 우리의 병든 육체도 주님 명령만 있으면 즉시 치유될 것을 믿으시기 바랍니다. 그건 주님 명령에 창조주의 능력이 들어있기 때문이고 주님 명령에 우리 불쌍한 인생을 향한 창조주의 깊은 긍휼이 들어있기 때문입니다.

따라서 우리도 기도하다가 응답이 잘 안 된다고 쉽게 낙심할 일이 전혀 아닙니다. 때가 되면 주님이 "에바다!"라고 선포해주실 겁니다. 그때까지 포기하지 말고 기도하시기 바랍니다.

다만 기도 응답이 자꾸 지체된다고 느껴질 때 세 가지는 점검해보고 그걸 더 기도할지 말지를 결정할 필요가 있습니다. 첫째, 이 기도가 하나님의 뜻에 합당한 것이냐 아니면 내 일방적인 의도의 관철이냐 하는 것이고 둘째, 이 기도가 하나님의 영광을 위한 목적이냐 아니면 나의 부귀영화를 위한 것이 목적이냐 하는 것이고 셋째, 현재 내가 죄 가운데 있는 것이 아닌

가 하는 것입니다.

 하나님의 뜻, 하나님의 영광, 나의 죄. 이 세 가지 중에 하나가 걸리면 먼저 그게 해결되어야 합니다. 만약 이 세 가지에 문제가 없다는 확신이 든다면 기도를 계속하시기 바랍니다. 기도하시는 중에 주님께서 반드시 에바다를 선포해주실 때가 옵니다. 귀가 열려 들리게 되고 맺혔던 혀가 풀려 말이 분명하여지며 막혔던 인생길이 열려지는 귀한 역사가 "반드시" 일어날 것입니다.

모든 것을 잘 하시는 주님

> 36예수께서 그들에게 경고하사 아무에게도 이르지 말라 하시되 경고하실수록 그들이 더욱 널리 전파하니
> 37사람들이 심히 놀라 이르되 그가 모든 것을 잘하였도다 못 듣는 사람도 듣게 하고 말 못하는 사람도 말하게 한다 하니라 (막 7:36,37)

 그런데 주님은 이 이적에 대해 아무에게도 이르지 말라고 경고하셨습니다. 그 이유는 성경에 자세히 나오지는 않습니다. 대부분의 신학자들은 예수님이 메시아이신 것이 너무 일찍 예루살렘의 종교지도자들에게 알려져 주님의 사역에 대한 너무 이른 방해가 있을 것이다, 또는 주님이 자신을 기적적인 질병 치료자로만 알려지는 것을 원치 않으셨을 것이다 등으로 추측을 하고 있습니다.

 그런데 막상 기적을 만난 사람들은 그 감동과 그 감격을 누구에겐가 이야기하지 않고는 못 배깁니다. 그래서 주님이 경고하실수록 역설적으로

주님은 더 널리 전파되셨다고 했습니다. 그런데 여기 보니까 사람들의 반응이 흥미롭습니다. "그가 모든 것을 잘하였도다." 요즘 말로 하면 "폭풍 감동"입니다.

그 이유는 무엇입니까? "못 듣는 사람도 듣게 하고, 말 못 하는 사람도 말하게 한다."가 이유였습니다. 주님은 언제나 "모든 것을 잘하시는 것"을 믿으시기 바랍니다. 그분은 실수가 없으십니다. 그분은 후회가 없으십니다. 그분은 때를 놓치시는 법도 없으십니다. 그러므로 우리가 지금 당장은 상황이 이해가 안 되더라도 나중에 뒤를 돌아보면 반드시 "그가 모든 것을 잘하였도다."라고 고백하게 될 줄 믿습니다.

에바다, 그 은혜 그 능력

사람들은 "에바다" 하면 대개 주님의 능력을 먼저 떠올립니다. 번갯불이 번쩍하듯이 순식간에 한 사람의 인생이 완전히 열리고 완전히 뒤바뀌는 엄청난 능력을 떠올립니다. 맞습니다. 성경에 나오는 모든 선포 가운데 이처럼 속시원하고 강력한 선포가 또 어디 있겠습니까?

하지만 저는 말씀을 준비하며 "에바다"에서 어떻게 주체할 수 없는 주님의 은혜가 더 많이 떠올랐습니다. 이 불쌍한 죄인을 위해 하늘을 우러러 탄식하시고 신음하시며 깊은 한숨을 내쉬며 기도하시는 주님을 떠올리며 얼마나 많이 감사하게 되었는지 모릅니다. 사람들은 내 겉모습밖에 못 봅니다. 하지만 주님은 내 속의 모든 아픔과 눈물을 다 보고 계십니다. 사람들은 지금의 내 모습만 봅니다. 하지만 주님은 지금까지 내가 쓸쓸히 걸어왔던 모든 나그네길을 다 보고 계십니다.

내 모든 것을 다 아시는 주님이십니다. 그 앞에 뭘 억지로 꾸미려고 해도 꾸밀 것이 없습니다. 그저 이 모습 이대로 주님께 나오시면 됩니다. 귀가 안 들리고 입이 안 열리시나요? 그 모습 그대로 주님께 나오시면 됩니다. 어제나 오늘이나 영원토록 동일하신 우리 에바다의 주님 앞에 그저 나오시면 됩니다. 성경에서 주님 만난 사람 중에 문제가 안 풀린 사람이 있었나요? 없었습니다. 한 사람도 없었습니다. 겸손한 마음으로, 진지한 마음으로, 가난한 마음으로 주님께 나오기만 하면 못 풀릴 문제가 없습니다. 안 열릴 문이 없습니다.

에바다, 그 은혜와 그 능력을 간절히 사모하는 모든 주의 백성에게 2,000년 전이나 지금이나 동일한 은혜와 능력을 베풀어주시는 우리 아버지 하나님을 찬양드립니다.

4. 에케 호모 _ Ecce Homo

‖ 요한복음 19:1-6 ‖

[1]이에 빌라도가 예수를 데려다가 채찍질하더라 [2]군인들이 가시나무로 관을 엮어 그의 머리에 씌우고 자색 옷을 입히고 [3]앞에 가서 이르되 유대인의 왕이여 평안할지어다 하며 손으로 때리더라 [4]빌라도가 다시 밖에 나가 말하되 보라 이 사람을 데리고 너희에게 나오나니 이는 내가 그에게서 아무 죄도 찾지 못한 것을 너희로 알게 하려 함이로라 하더라 [5]이에 예수께서 가시관을 쓰고 자색 옷을 입고 나오시니 빌라도가 그들에게 말하되 보라 이 사람이로다 하매 [6]대제사장들과 아랫사람들이 예수를 보고 소리 질러 이르되 십자가에 못 박으소서 십자가에 못 박으소서 하는지라 빌라도가 이르되 너희가 친히 데려다가 십자가에 못 박으라 나는 그에게서 죄를 찾지 못하였노라

잘 나가던 귀족 청년

독일 드레스덴에 살던 한 청년 이야기입니다. 그는 부유한 귀족 집안에서 태어났고 커서는 백작이 되었습니다. 그리고 마틴 루터가 교수로 재직했고 전설적인 95개조 반박문을 학교 교회 문에 내걸어서 더 유명해진 그 유명한 비텐베르크 대학에 들어가서 주위의 부러움을 샀습니다. 그는 거기서 법을 전공했습니다. 그가 나중에 정부의 요직을 맡을 것이라는 것을 의심하는 사람은 없었습니다.

그는 대학 공부를 마칠 때쯤 멋진 유럽 여행을 떠났습니다. 유럽의 주요 도시들을 돌아보며 견문을 넓히기 위해서였습니다. 비록 그의 아버지가 일찍 세상을 떠났지만 그의 앞길은 그야말로 탄탄대로였습니다. 그는 딴 길에 한눈만 팔지 않으면 정말 세상에 부러울 것이 없는 아주 잘 나가는 인생이 되었을 겁니다.

그런데 그가 여행길에 뒤셀도르프라는 도시를 들렀는데 거기서 그의 인생이 바뀌었습니다. 뭔가를 본 겁니다. 그는 무얼 봤을까요? 여러분도 혹시 무언가를 보고 나서 그 충격 때문에 평생을 살아가는 방향이 뒤바뀌어본 적이 있으신가요? 이 청년이 그랬습니다.

그는 뒤셀도르프 미술관에서 도메니코 페티(Domenico Fetti, c1589-1623)가 그린 한 그림 앞에서 전율하며 서 있었습니다. 페티는 유명한 화가가 아니었고 그 그림도 그리 유명한 그림은 아니었습니다. 그저 요한복음 19장에서 채찍에 맞으시고 가시면류관 쓰시고 초라한 모습으로 고개를 떨구고 계신 예수님을 빌라도가 사람들 앞에 끌어낸 뒤 "보라 이 사람이로다(에케 호모)!"라고 말했던 장면을 그린 그림이었습니다. 그림의 이름도 <에케 호모>였습니다.

그런데 그림 밑에 이런 글이 적혀있었습니다. "나는 너를 위해 목숨을 버리건만 너는 나를 위해 무엇을 하느냐(Ego Pro Haec Passvs Svm Tv Vero Qvid Fecisti Pro Me)." 이 젊은 그리스도인은 그 그림과 글귀 앞에서 말 못할 충격을 받았습니다. 오랫동안 크리스천으로 살아오기는 했지만, 그리고 중고등학교 시절에 친구들과 함께 열심히 합심 기도도 하면서 선교의 꿈도 나누며 살았지만 어느새 나이가 들면서 주님보다는 자기 앞가림하기 바쁜 사람이 되었던 것에 대해 큰 자책감이 들었던 것입니다.

혹시 자기 얘기하는 것 같지 않으세요? 그런 분들은 더 귀담아들으시기를 바랍니다. 청년은 이날 평생 변치 않을 큰 결심을 했습니다. "어떤 희생을 치르더라도 평생 주님을 위해 제 삶을 드리겠습니다." 이런 결심을 한 겁니다.

그의 이름은 진젠도르프(Nikolaus Ludwig von Zinzendorf, 1700-1760)입니다. 니콜라우스 루드비히 폰 진젠도르프 백작. 그는 얼마 안 가서 핍박받던 교회공동체를 위해 자신의 사유지를 아낌없이 내놓았고 곧 자신도 목사 안수를 받아 평생을 그들의 지도자로 살았습니다. 이들을 모라비아 교회라고 부릅니다.

이들이 선교를 시작한 첫 20년간 내보낸 선교사 숫자가 그 이전 200년간 세계 개신교 전체에서 보낸 선교사 숫자보다 많았다고 합니다. 교회 교인 1,200명당 1명도 아니고, 120명당 1명도 아니고, 12명당 1명이 선교사로 나갔습니다. 뿐만이 아닙니다. 진젠도르프와 모라비아 교회가 없었다면 요한 웨슬레도 없었을지 모릅니다. 이들이 요한 웨슬레의 회심과 그의 영혼 구령의 열정에 얼마나 지대한 영향을 주었는지 모릅니다. 모라비아 교회는 교인 숫자는 얼마 되지 않았습니다. 하지만 교회 역사상 그 어느 지역교회보다도 더 큰 일을 해낸 교회였습니다.

모라비아 교회는 1732년에 최초로 두 사람의 선교사를 서인도 제도로 파송하게 됩니다. 두 선교사는 한 명은 목수였고 또 한 사람은 토기장이에 불과했습니다. 전문적인 선교 훈련을 받은 사람들이 아니었습니다. 그리고 그들에겐 가는 뱃삯밖에 없었다고 합니다. 앞으로 돌아올 수 있을지에 대한 기약이 전혀 없었던 겁니다.

이들을 실은 배가 부둣가에서 떠날 때 누군가 그들을 향해서 이렇게 외쳤습니다. "우리 죄를 위해 고통당하신 예수 그리스도시여, 당신의 고통이 우리가 드리는 생명과 희생을 통해서 보상되기를 원합니다." 이런 눈물겨운 선교사 파송을 본 적이 있으십니까?

이 모든 것은 그들의 지도자 진젠도르프 백작이 약관 19세의 젊은 나이에 자신을 위해 모든 걸 희생하신 주님 앞에서 주님은 날 위해 모든 것 주셨는데 나는 주님을 위해 무엇을 드렸는가 하면서 가슴을 치며 회개하면서 시작된 일이었습니다.

그래서 저도 "에케 호모"라는 제목으로 은혜를 나누고자 합니다. "에케 호모"라는 그림 한 장이 한 사람의 삶을 바꾸고 결과적으로 수많은 사람들의 삶을 바꾸고 교회 역사를 바꿔 놓았듯이, 이 "에케 호모" 말씀을 통해 나 한 사람이 바뀌고 나로 인해 많은 사람들의 삶이 바뀌는 위대한 역사가 반드시 있을 줄 믿습니다.

빌라도와 채찍질

[1]이에 빌라도가 예수를 데려다가 채찍질하더라 (요 19:1)

"이에"라는 말은 19장 바로 앞에 무슨 일이 있었는지 살펴볼 필요가 있다는 뜻입니다. 18장 끝에 보면 이런 이야기가 나옵니다. 유월절이면 죄수 한 명을 놓아주는 전례가 있었습니다. 요즘 말로 하면 유월절 특사죠. 그래서 빌라도가 예수님과 강도 바라바 중에서 누구를 풀어주면 좋겠냐고 군중들에게 물었습니다. 그때 우리가 잘 아는 바와 같이 무리들은 바라바를 풀어달라고 외쳤습니다.

자신들에게 생명을 주기 위해 오신 분에게선 생명을 빼앗기 원하고 자신들의 생명을 빼앗던 자에게는 생명을 주기 원했던 사람들. 이렇게 무지몽매한 것이 우리 인간입니다.

결국 빌라도는 사람들이 바라바를 원하니까 예수님에게 채찍질을 하기 시작했습니다. 사실 그는 예수님에게 로마법상 사형을 언도할 만한 아무런 죄목도 발견하지 못했습니다. 하지만 군중들을 만족시키기 위해 예수님에게 채찍질을 시작했습니다. 요즘 말로 하면 불법적이고 반인륜적인 공권력 행사였습니다. 빌라도는 어리석고 비열하고 무책임한 사람이었습니다.

로마의 채찍질은 아주 유명합니다. 죄수를 못 움직이게 기둥에 줄로 매달아 놓고 납덩이나 뾰족한 짐승뼈들을 잔뜩 달아놓은 채찍으로 때리는 겁니다. 한 번만 맞아도 살덩어리가 떨어져 나가고 유혈이 낭자해지는 무시무시한 형벌입니다. 어떤 죄수들은 채찍질을 당하는 중에 죽기도 했다고 합니다. 빌라도는 유죄를 입증도 못 한 상태에서 예수님에게 이런 무지

막지한 형벌을 가한 겁니다.

덕택에 빌라도는 세계에서 제일 유명한 로마사람이 되었습니다. 전 세계 기독교인들이 거의 2천 년 동안 매 주일 사도신경을 암송할 때마다 "본디오 빌라도에게 고난을 받으사"라고 고백해왔기 때문입니다.

주님은 자신의 머리에 귀한 향유를 깨뜨려 붓는 여인을 두고 "온 천하에 어디서든지 복음이 전파되는 곳에는 이 여자가 행한 일도 말하여 그를 기억하리라"(막 14:9)고 말씀하신 적이 있었습니다. 그런데 우리는 또한 빌라도의 이름과 그가 행한 일도 매주 암송하면서 그를 질리도록 기억하고 있습니다. 그의 이름은 주님 다시 오시는 날까지 결코 우리 입술에서 떠나지 않을 겁니다.

그런데 사실 예수님께서 채찍에 맞으실 것은 구약성경에 이미 예언되어 있었습니다. 그게 어딘지 아마 다들 아실 겁니다.

> 5그가 찔림은 우리의 허물 때문이요 그가 상함은 우리의 죄악 때문이라 그가 징계를 받으므로 우리는 평화를 누리고 그가 채찍에 맞으므로 우리는 나음을 받았도다
> 6우리는 다 양 같아서 그릇 행하여 각기 제 길로 갔거늘 여호와께서는 우리 모두의 죄악을 그에게 담당시키셨도다 (사 53:5,6)

그가 찔리고 상하고 채찍질 당할 거라고 성경이 수백 년 전에 미리 예언을 한 겁니다. 그런데 중요한 건 이겁니다. 그가 찔리고 상하시는 이유가 그에게 있지 않다는 겁니다. 우리에게 있다는 겁니다. 우리 허물과 우리 죄악이 그를 찔리게 만들고 상하게 만들고 채찍에 맞게 만들 거라는 겁니다. 얼마나 죄송한지 모릅니다. 그리고 그분은 그걸 기꺼이 감수하셨죠.

기가 막힌 사실은 우리 주님이 그 고난 당하는 자리에서 괴로워도 입을 열지 않으실 것까지 다 예언되어 있다는 겁니다.

> ⁷그가 곤욕을 당하여 괴로울 때에도 그의 입을 열지 아니하였음이여 마치 도수장으로 끌려가는 어린 양과 털 깎는 자 앞에서 잠잠한 양 같이 그의 입을 열지 아니 하였도다
> ⁸그는 곤욕과 심문을 당하고 끌려갔으나 그 세대 중에 누가 생각하기를 그가 살아 있는 자들의 땅에서 끊어짐은 마땅히 형벌 받을 내 백성의 허물 때문이라 하였으리요 (사 53:7,8)

도수장으로 끌려가는 어린양이나 털 깎는 자에게 제압당한 양이 비명을 지르고 난리를 치면서 필사적으로 반항했다는 말을 혹시 들어보셨나요? 신기하게도 양들은 대개 온순하게 이런 상황을 맞이합니다. 묵묵히 자기 운명을 받아들이는 느낌마저 줍니다. 하지만 주님은 인간이시잖아요? 억울한 고소와 협박과 형벌에 대해 얼마든지 언성을 높이고 따져 물으실 수도 있었습니다. 하지만 주님은 이 예언의 말씀과 같이 그렇게 하지 않으셨습니다(막 15:4,5).

그리고 더 기가 막힌 것은 고난 당하는 주님을 바라보면서 누구도 그 고난과 그 고통이 내 죄 때문이구나 하는 사실을 제대로 깨닫지 못했다고 하는 것입니다. 그런데 세상에 그런 사실까지 다 예언되어 있고 그대로 이루어졌습니다.

그러므로 우리는 주님 앞에서 아무 소리 못 하고 그저 기어들어 가는 소리로 "주님 죄송합니다. 주님 정말 죄송합니다." 이렇게 고백할 수밖에 없는 겁니다. 우리 가운데 주님 앞에서 빳빳하게 얼굴 쳐들고 있을 수 있는 사람은 단 한 사람도 없습니다.

교회는 빚진 자들의 모임입니다. 교회는 갚을 길 없는 채무자들의 모임입니다. 주님께 무슨 받을 빚이라도 있는 사람처럼 교회에 올 때마다 어깨에 힘 들어가고 목소리가 높아지고 대접받기 원하는 사람이 있다면 그분들은 전혀 교회에 어울리지 않습니다.

그리고 이날 로마 군병들은 주님께 채찍질만 한 것이 아닙니다. 주님께 또 무슨 못된 짓을 했는지 다시 본문으로 돌아오겠습니다.

> ²군인들이 가시나무로 관을 엮어 그의 머리에 씌우고 자색 옷을 입히고
> ³앞에 가서 이르되 유대인의 왕이여 평안할지어다 하며 손으로 때리더라 (요 19:2,3)

왕에게는 왕관이 필요합니다. 하지만 가시관을 머리에 씌운 것은 예수님이 우리의 왕 되심을 비열하게 조롱하는 행위였습니다. 아마 예루살렘 근처의 지지푸스 스피나 크리스티(Ziziphus spina-christi)라는 학명 또는 "그리스도의 가시"로 알려진 가시나무로 가시관을 만들었을 것으로 추정하는데, 그 가시는 흉측한 못처럼 날카롭게 솟아 있습니다. 그런데 놀랍게도 중동 지방의 이 나무에서 만들어지는 시드르(Sidr) 꿀은 항균력을 가진 최고가의 꿀 중에 하나로 알려져 있기도 합니다. "그리스도의 가시"가 최고의 "살리는 꿀"이라는 이 아이러니를 어떻게 설명할 수 있을까요. 어쨌든 가시관으로 인한 고통도 고통이고 주님의 얼굴은 피로 범벅이 되었을 겁니다.

자색 옷도 마찬가지입니다. 원래 자주색은 왕이나 귀족들이 입는 특별한 옷 색깔입니다. 그런데 그걸 지금 채찍에 맞고 가시관을 쓰신 예수님께 입혀놓았습니다. 이것 역시 주님의 왕되심을 조롱하고 능멸하는 행위입니다.

게다가 마태복음 27장의 병행 구절에 보면 그들은 예수님 손에 갈대를 들게 했다고 했습니다. 갈대는 왕권을 상징하는 홀을 대신한 것이고 이 역시 주님의 왕되심을 비꼬는 행위였습니다. 그들은 이런 비열한 행위를 벌이면서도 3절에 보면 "유대인의 왕이여 평안할지어다." 하면서 손으로 주님을 때렸습니다. 마태복음에 보면 침을 뱉고 갈대를 빼앗아 머리를 때려가면서 주님을 희롱했습니다.

주님의 몸은 채찍질에 살이 뜯겨 나가 사방에 피가 낭자했을 겁니다. 주님의 얼굴은 가시관 때문에 피가 흐르고 군병들의 손찌검 때문에 심하게 부풀어 올랐을 겁니다. 아마 주님을 아는 사람들은 더 이상 주님을 쳐다보기 힘들어졌을 겁니다. 너무나 비참했기 때문이죠. 이때 빌라도가 이렇게 말합니다.

> ⁴빌라도가 다시 밖에 나가 말하되 보라 이 사람을 데리고 너희에게 나오나니 이는 내가 그에게서 아무 죄도 찾지 못한 것을 너희로 알게 하려 함이로라 하더라 (요 19:4)

빌라도는 참 비열합니다. 예수님을 군병들에게 잔인한 모욕거리로 만들더니 이제는 수많은 무리들 앞에서 구경거리로 만들려고 하고 있습니다. 그러면서도 말합니다. 내가 그에게서 아무 죄도 찾지 못하였다.

신학자들은 빌라도가 머리를 쓴 것일 가능성을 제기합니다. 우선 아무리 심문해도 예수님의 죄를 찾아내지 못하는 상황에서, 빌라도가 예수님을 유월절 특사로 풀어주려고 했던 첫 번째 시도는 아까 사람들이 바라바를 원하는 바람에 무위로 돌아갔습니다. 하지만 빌라도는 예수님을 죽여야 한다고 외쳐대는 무리들을 앞에 놓고 무작정 예수님에게 죄가 없다고 하면서 풀어줄 수는 없는 상황이었습니다. 그러면 민란이 날 수도 있습니다.

그래서 실컷 주님을 때리고 능욕하고 모욕을 준 다음에 "난 그에게서 죄를 찾지 못했고 이 정도 벌을 줬으니 이제는 풀어주겠노라."라고 말하려고 했던 것으로 신학자들은 보고 있습니다. 유대인들에게 어느 정도 만족감을 주면 풀어줄 수 있을 것으로 생각했다는 겁니다. 충분히 일리가 있죠.

에케 호모 장면 I

그리고 빌라도는 드디어 예수님을 무리들 앞에 잘 보이게 세운 뒤 이렇게 말합니다.

> ⁵이에 예수께서 가시관을 쓰고 자색 옷을 입고 나오시니 빌라도가 그들에게 말하되 보라 이 사람이로다 하매 (요 19:5)

보라 이 사람이로다. "봐라. 이렇게 얻어터지고 피투성이가 된 이 무기력한 죄인이 바로 너희가 고발한 그 사람이다." 이런 의미였을 겁니다. 여기서 "보라 이 사람이로다."라는 문장이 바로 라틴어로 "에케 호모(Ecce Homo)"입니다. 감히 죄송해서 이런 표현을 써도 될지는 모르겠습니다만 예술가들에겐 이게 명장면에 해당하나 봅니다. 그래서 많은 미술가들이 이 장면을 그림으로 남겼고 진젠도르프 백작의 가슴을 강타한 도메니코 페티의 그림도 그중 하나입니다.

무리들 앞에 나타나신 예수님은 어떤 모습이셨습니까? 채찍질을 당하시고 가시관과 자색 옷을 입으시고 온몸엔 피투성이셨던 주님은 아마도 고개를 떨구고 계셨을 겁니다. 머리를 들 힘조차 없으셨을 겁니다. 아마 여러분이었다면 다들 주님을 제대로 쳐다보지도 못했을 겁니다. 저도 가슴을 치면서 눈물만 흘렸을 것 같습니다. 우리가 주님께 진 빚이 이만저만이 아닙니다. 날 위해 모든 것 주신 이분께 도대체 나는 지금까지 무엇을 드렸던 걸까요?

<에케 호모> 그림을 보고 충격을 받은 사람이 한 명 더 있습니다. 프란시스 하버갈(Frances Ridley Havergal, 1836-1879)이라는 영국인이 바로 그 사람입니다. 그녀가 몸이 너무 약해서 독일의 친구 집에 쉬러 왔을 때 그녀도 이 그림을 보고 큰 충격을 받았습니다. 그게 19세기 중엽이었으니까 진젠도르프 백작 이후로 약 100년이 흘렀을 때였습니다.

그녀도 <에케 호모> 그림을 보았고 그림 밑에서 "나는 너를 위해 내 생명을 주건만 너는 날 위해 무엇을 주느냐? (I gave, I gave my life for you, What hast thou given for me?)"라는 글귀를 보고 큰 충격을 받았습니다. 그래서 집에 돌아오자마자 나태하던 신앙생활을 회개하고 정신없이 찬송시를 지었는데 그게 우리 찬송가 311장 "내 너를 위하여(I gave my life for thee)"입니다.

"내 너를 위하여 몸 버려 피 흘려, 네 죄를 속하여 살 길을 주었다.
널 위해 몸을 주건만 너 무엇 주느냐. 널 위해 몸을 주건만 너 무엇 주느냐.

아버지 보좌와 그 영광 떠나서, 밤 같은 세상에 만백성 구하려,
내 몸을 희생했건만 너 무엇 하느냐. 내 몸을 희생했건만 너 무엇 하느냐.
죄 중에 빠져서 영 죽을 인생을, 구하여 주려고 나 피를 흘렸다.
네 죄를 대속했건만 너 무엇 하느냐. 네 죄를 대속했건만 너 무엇 하느냐.

한없는 용서와 참사랑 가지고, 세상에 내려와 값없이 주었다.
이것이 귀중하건만 너 무엇 주느냐. 이것이 귀중하건만 너 무엇 주느냐."

사실 두 사람이 본 것은 같은 그림은 아닙니다. 진젠도르프는 도메니코 페티의 <에케 호모>를 보았고, 프란시스 하버갈은 렘브란트(Rembrandt Harmenszoon van Rijn, 1606-1669)가 그린 <에케 호모>를 본 것이었습니다. 하지만 중요한 건 누구의 그림이냐가 아닙니다. 중요한 건 그 그림 속에 그려진 날 위해 찢기시고 모욕당하시고 능멸당하시고 모든 것 희생하신 그리스도를 바라보면서, 독일과 영국의 젊은이들이 너무나 죄송하고 황송해서 눈물을 흘리며 회개하고 그 은혜를 어떻게 하면 갚을 수 있을까 하고 머리를 싸매고 고민을 하게 되었다는 사실입니다.

하지만 지금부터 2,000년 전에는 "에케 호모"의 상황 속에서 사람들은 그렇게 반응하지 않았습니다.

> 6대제사장들과 아랫사람들이 예수를 보고 소리 질러 이르되 십자가에 못 박으소서 십자가에 못 박으소서 하는지라 빌라도가 이르되 너희가 친히 데려다가 십자가에 못 박으라 나는 그에게서 죄를 찾지 못하였노라 (요 19:6)

사람들이 참 무섭습니다. 그렇게 살이 찢겨지고 유혈이 낭자한 주님을 쳐다보면서 이렇게 외치고 있습니다. "십자가에 못 박으소서. 십자가에 못 박으소서." 그들이 "호산나 다윗의 자손이여 찬송하리로다 주의 이름으로 오시는 이여" 이렇게 외치면서 예루살렘 성으로 들어오시는 예수님을 환영했던 것이 불과 1주일도 되지 않았는데, 그들은 지금 빨리 이 사람을 못 박아 죽여달라고 외치고 있었던 겁니다. 어쩌면 이렇게 사람들이 악합니까?

에케 호모 장면 II

그런데 그 사람들만 악한 걸까요? "보라 이 사람이로다!" 지금 예수님이 찢겨진 살과 피눈물로 범벅된 퉁퉁 부은 얼굴로 지금 우리 앞에 서 계신다면, 그저 죄송한 마음만 가지고 있으면 되는 걸까요? 우리도 그 앞에서 이 독일과 영국의 젊은이들이 했던 고민을 해야 하는 것 아닐까요?

진젠도르프처럼 평생 내 몸을 주를 위해 바치리라 이런 결단을 내릴 때가 이제는 된 것이 아닙니까? 프란시스 하버갈처럼 "널 위해 몸을 주건만 너 무엇 주느냐. 내 몸을 희생했건만 너 무엇 하느냐." 이런 묵상을 하며 내 앞가림만 하고 살았던 인생을 진심으로 회개하며 변화되어야 하는 것 아닙니까?

우리는 "우리"라는 말 뒤에 숨을 때가 많습니다. 예수님이 누구 죄 때문에 피 흘리셨나요? 우리 죄 때문인가요? 맞습니다. 우리 인간의 죄를 대신해 죽으셨습니다. 하지만 구체적으로 내 죄 때문은 아닙니까? 그분이 누구 때문에 그렇게 비참하게 채찍질 당하고 침뱉음을 당하고 뺨을 맞으시고 그리고 결국 십자가를 지셔야 했나요? 지금도 우리 때문인가요? 계속 "우리" 때문이라고 생각하면서 많은 사람들 뒤에 계속 숨으시겠습니까? 결국 "나" 때문 아닙니까?

나 때문에 맞으시고 나 때문에 조롱당하시고 나 때문에 죽으셨는데, 왜 나는 주님께 드리는 것이 없을까요? 아니면 조금 드려놓고 무지 생색내고 있는 건 아닐까요? 애들 표현으로 하면 생색내기 대마왕들이 바로 우리들이 아니었나요?

그것이 수입의 십일조이건, 감사할 일이 생겨서 드리는 감사헌금이건, 바쁜 시간 쪼개서 교회에서 봉사를 하는 것이건, 무슨 큰 물건을 교회에 헌물을 하는 것이건, 휴가를 다른 데 쓰지 않고 선교를 위해서 사용하는 것이건, 내 재능을 주님을 위해 사용하는 것이건 다 좋은 것이지만 그거 조금 드렸다고 어디 가서 인정받으려고 하지 마세요.

세상 모임에선 돈을 많이 낸 사람이 목소리가 크지만 교회에서 많이 드린 사람들은 더 조용히 하고 살아야 됩니다. 뭘 얼마나 드렸다고 그 가소로운 어깨에 힘을 줄 수 있겠습니까? 우리가 무얼 드린다고 주님의 은혜를 조금이라도 갚음이 되겠습니까?

"너는 구제할 때에" 오른손이 하는 것을 왼손이 모르게 하라고 말씀하셨지만(마 6:3), 주님께 "드리실 때에도" 네 오른손이 하는 것을 왼손이 모르게 하시기를 바랍니다. 그리고 주님은 그저 우리에게 많은 것을 주신 분이 아닙니다. 그분이 바로 하나님의 본체시라는 사실을 잊어서는 안 됩니다.

> 6그는 근본 하나님의 본체시나 하나님과 동등됨을 취할 것으로 여기지 아니하시고
> 7오히려 자기를 비워 종의 형체를 가지사 사람들과 같이 되셨고
> 8사람의 모양으로 나타나사 자기를 낮추시고 죽기까지 복종하셨으니 곧 십자가에 죽으심이라
> 9이러므로 하나님이 그를 지극히 높여 모든 이름 위에 뛰어난 이름을 주사
> 10하늘에 있는 자들과 땅에 있는 자들과 땅 아래에 있는 자들로 모든 무릎을 예수의 이름에 꿇게 하시고
> 11모든 입으로 예수 그리스도를 주라 시인하여 하나님 아버지께 영광을 돌리게 하셨느니라 (빌 2:6-11)

얼마나 겸손하신 분입니까? 그는 근본 하나님의 본체이십니다. 하지만 스스로 종의 형체를 가지사 사람으로 이 땅에 오셨고, 그것도 왕궁이 아니라 마구간에서 태어나셨으며, 전혀 화려하게 대접받으시며 살지 않으시고 사람들에게 버림받으며 무시당하고 결국 십자가에 죽기까지 복종하셨습니다. 성자 하나님께서 말이십니다.

그래서 성부께선 예수님에게 땅의 모든 이름 중에 가장 뛰어난 이름을

주셨고, 하늘에 있는 자들과 땅에 있는 자들과 땅 아래에 있는 자들로 모든 무릎을 예수님의 이름에 꿇게 하셨으며, 모든 입으로 예수 그리스도를 주로 시인하게 하셨다는 겁니다.

그런데 어떻습니까? 정말 땅에 있는 모든 자들이 주님 앞에 무릎을 꿇고 있나요? 모든 입술이 예수님을 주님으로 인정하고 있습니까? 아직 아닙니다. 물론 2천 년 전 빌라도 법정에서보다는 상황이 훨씬 나아졌죠. 하지만 예수님은 세계위인전 시리즈에 석가, 공자, 맹자, 간디, 처칠, 에디슨 등과 동급으로 나오는 정도입니다. 그리고 그나마도 요즘은 상황이 다시 나빠지고 있다는 생각도 듭니다.

이제 정말 마지막이 가까웠는지 세상에선 예수님과 기독교와 교회와 그리고 우리 믿는 사람들에 대해서 점점 더 멸시하고 무시하고 심지어 증오하는 풍조가 늘어가고 있습니다. 10년 전과 다르고 20년 전과 다릅니다. 하지만 세상이 아무리 변해도 예수 그리스도가 만주의 주시요 만왕의 왕이신 사실은 변함이 없습니다. 그걸 모든 사람이 인정하게 될 날도 반드시 올 겁니다. 그리고 그날은 왕 되신 주님과 함께 우리가 다 같이 승전가를 부르게 될 것입니다.

> 14그들이 어린 양과 더불어 싸우려니와 어린 양은 만주의 주시요 만왕의 왕이시므로 그들을 이기실 터이요 또 그와 함께 있는 자들 곧 부르심을 받고 택하심을 받은 진실한 자들도 이기리로다 (계 17:14)

할렐루야! 그런데 이런 만왕의 왕 되신 주님께 사람들은 빌라도 법정에서 도대체 무슨 짓을 한 겁니까? 단 한 사람도 주님 편에 서서 얘기하는 사람이 없었습니다. 그리고 단 한 사람도 주님께서 도대체 왜 그런 고통을 참고 계시는지 이해하는 사람이 없었습니다. 우리 마음을 아프게 하는 것은 그것만이 아닙니다.

에케 호모 장면 III

이제 세 번째 <에케 호모> 그림에 대해서 말씀을 드리겠습니다. 아마 뉴스에서 보신 분들도 많으실 겁니다. 스페인의 어떤 작은 마을 성당에 <에케 호모>라는 벽화가 있었는데, 이게 습기 때문에 훼손이 많이 되니까 그걸 안타까워하던 마을의 80세 넘은 할머니가 그걸 자기가 그냥 집에서 붓을 가지고 와서 물감으로 막 덧칠을 해버린 겁니다.

그런데 자기 딴에는 열심히 복원을 했는데 결과물은 완벽한 훼손이었습니다. 예수님 얼굴이 원숭이 얼굴처럼 되었습니다. 원숭이가 스페인어로 모노입니다. 그래서 <에케 호모>가 <에케 모노>가 되어버렸다고 사람들이 비아냥거릴 정도였습니다. 에케 모노. "보라 원숭이로다." 이렇게 된 것이지요.

처음엔 이 할머니에게 징역을 살게 해야 한다는 목소리가 높았습니다. 그런데 인구가 겨우 5천 명에 불과한 마을에 이 그림을 보려고 관광객이 얼마나 오는지 첫해에 4만 명, 다음 해에는 11만 명이 몰려왔습니다. 지역 경제가 살아났고 할머니는 관광객입장료에서 이익을 나눠 가지기로 했으며 그 그림이 인쇄된 티셔츠나 커피잔으로 저작권료도 받게 되었다고 합니다. 그리고 그 그림은 원래는 전혀 유명한 그림이 아니었었다는 말로 기사는 마무리되었습니다.

저는 몇 년 전에 이 뉴스를 듣고 처음엔 굉장히 재미있었습니다. 세상에 별일도 다 있구나 했습니다. 그런데 곰곰이 생각해볼수록 참 착잡했습니다. 나를 위해서 찢기시고 피 흘리신 주님 그림을 누가 우스꽝스럽게 원숭이처럼 덧칠해 놓기 전까지는 아무도 거들떠보지 않았다는 사실 때문입니다.

도대체 어떻게 이 사건이 지역경제 살리기 기사로 둔갑할 수 있단 말입니까? 이 사건은 우리의 관심과 신앙이 주님의 십자가로부터 얼마나 멀어져 있는지를 보여주는 단적인 증거가 아닐까요?

21세기의 에케 호모

2,000년 전 빌라도 법정에서 로마 군병들에게 살인적인 채찍 고문을 당하시고 가시관과 자색옷을 입으신 채로 온갖 모욕을 당하셨던 우리 주님... 빌라도가 사람들에게 이런 주님을 보여주면서 외쳤습니다. "에케 호모!" "보라 이 사람이로다!"

하지만 사람들은 주님을 십자가에 못 박으라고 외쳐댔습니다. 결국 주님은 십자가 위에 죽으심으로 우리를 위한 구속 사역을 완성하셨습니다. 그리고 (요 19:5)에 나오는 이 <에케 호모>라는 말을 제목으로 삼아 지금까지 많은 화가들이 그림을 그렸습니다.

도메니코 페티가 그린 그림은 젊은 독일 청년 진젠도르프를 일깨웠습니다. 렘브란트가 그린 그림은 영국 청년 프란시스 하버갈을 일깨웠습니다. "나는 너를 위해 목숨을 버렸건만 너는 나를 위해 무엇을 하느냐?" 이 한마디에 진젠도르프는 자신의 평생을 주님께 바치리라 결심했고 정말 그렇게 살았습니다. 프란시스 하버갈은 나약한 자신의 삶을 반성하고 최고의 찬송시를 쓰며 회개했습니다.

이제 빌라도가 "에케 호모"라고 외친 지 2,000년이 지났습니다. 그 음성에 진젠도르프가 응답한 것이 300년 전, 하버갈이 응답한 것이 200년 전입니다. 이제는 여러분 차례입니다. 여러분 가운데 제2의 진젠도르프 백작과 제2의 프란시스 하버갈 자매가 숨어있는 것을 믿습니다. "나는 너를 위해 내 생명을 주건만 너는 날 위해 무엇을 주느냐?" 이 도전에 무엇으로 응답하시겠습니까?

5. 무덤, 갈릴리 그리고 역전

_ Tomb, Galilee and the come-from-behind victory

‖ 마태복음 28:1-15 ‖

¹안식일이 다 지나고 안식 후 첫날이 되려는 새벽에 막달라 마리아와 다른 마리아가 무덤을 보려고 갔더니 ²큰 지진이 나며 주의 천사가 하늘로부터 내려와 돌을 굴려 내고 그 위에 앉았는데 ³그 형상이 번개 같고 그 옷은 눈 같이 희거늘 ⁴지키던 자들이 그를 무서워하여 떨며 죽은 사람과 같이 되었더라 ⁵천사가 여자들에게 말하여 이르되 너희는 무서워하지 말라 십자가에 못 박히신 예수를 너희가 찾는 줄을 내가 아노라 ⁶그가 여기 계시지 않고 그가 말씀 하시던 대로 살아나셨느니라 와서 그가 누우셨던 곳을 보라 ⁷또 빨리 가서 그의 제자들에게 이르되 그가 죽은 자 가운데서 살아나셨고 너희보다 먼저 갈릴리로 가시나니 거기서 너희가 뵈오리라 하라 보라 내가 너희에게 일렀느니라 하거늘 ⁸그 여자들이 무서움과 큰 기쁨으로 빨리 무덤을 떠나 제자들에게 알리려고 달음질할새 ⁹예수께서 그들을 만나 이르시되 평안하냐 하시거늘 여자들이 나아가 그 발을 붙잡고 경배하니 ¹⁰이에 예수께서 이르시되 무서워하지 말라 가서 내 형제들에게 갈릴리로 가라 하라 거기서 나를 보리라 하시니라 ¹¹여자들이 갈 때 경비병 중 몇이 성에 들어가 모든 된 일을 대제사장들에게 알리니 ¹²그들이 장로들과 함께 모여 의논하고 군인들에게 돈을 많이 주며 ¹³이르되 너희는 말하기를 그의 제자들이 밤에 와서 우리가 잘 때에 그를 도둑질하여 갔다 하라 ¹⁴만일 이 말이 총독에게 들리면 우리가 권하여 너희로 근심하지 않게 하리라 하니 ¹⁵군인들이 돈을 받고 가르친 대로 하였으니 이 말이 오늘까지 유대인 가운데 두루 퍼지니라

야구 한일전

저는 원래 야구를 그리 좋아하는 편은 아닙니다. 또 요즘은 많이 바빠서 스포츠 중계하는 것을 볼 시간도 없습니다. 하지만 그런 제가 아주 오랫동안 기억하고 있는 야구 경기가 하나 있습니다.

아주 오래전에 제가 중학교 3학년 때인 1982년에 서울 잠실구장에서 열렸

던 세계야구선수권대회입니다.

우리나라와 일본이 나란히 7승 1패였고 그래서 우리나라와 일본이 결승전을 벌이던 날이었습니다. 한일전은 그때나 지금이나 항상 인기죠. 우리나라는 당시 대학교 2학년이었던 선동열 선수가 잘 던지고는 있었지만 아쉽게도 0대2로 지고 있었습니다. 그래서 다들 일본이 우승하는 줄 알았습니다. 8회 초까지는 그랬습니다.

그런데 8회 말에 김재박 선수가 3루 쪽을 흐르는 멋진 번트를 치고 나가면서 2대2 동점을 만들더니 바로 이어서 한대화 선수가 역전 홈런을 때린 겁니다. 그것도 3점 홈런이었죠. 게다가 볼카운트 2-3에서 나온 거라 정말 감동적이었고 충격이었습니다. 이날 결국 우리는 5대2로 이겼습니다.

어린 마음에 그 역전 장면이 얼마나 통쾌했던지 햇수로 35년이나 지났지만 마지막에 담장을 넘어가다가 왼쪽 폴대를 맞고 떨어진 한대화 선수의 그 홈런볼이 아직도 눈에 선합니다. 그 홈런 장면을 기억하는 분들이 아마 저 말고도 많이 있으실 겁니다. 물론 기억나는 분들은 나이가 많이 드셨다는 증거이기도 합니다.

결국 한국은 이날 아시아 국가로는 처음으로 세계야구선수권대회에서 우승하는 기적을 낳았습니다. 그 역전 홈런포는 뉴스에서 100번도 더 보여줬던 것 같습니다. 그리고 아무리 봐도 질리지 않았습니다.

역전이라고 하는 것은 언제나 큰 감동을 줍니다. 제가 오늘 말씀드리려고 하는 이야기도 역전에 관한 이야기입니다. 그것도 인류 역사를 통틀어서 가장 속 시원한 역전 이야기입니다. 이렇게 시원한 역전 드라마는 아마 앞으로도 다시 없을 겁니다. 그게 뭘까요? 그건 바로 지금부터 2,000년 전에 있었던 예수님의 부활 사건입니다.

사실 주님 부활의 신학적 의미를 다 다루려면 시간이 부족할 정도로 양이 많습니다. 그동안 신학자들이 많은 연구를 했기 때문입니다. 오늘은 성경에 나오는 부활절 기사를 하나하나 짚어가면서 설명을 드리되 세 가지 키워드를 중심으로 주님 부활의 의미와 그 은혜를 나누고자 합니다. 특히 부활이 왜 역전 드라마인지 그리고 다 이긴 줄 알았던 경기를 내주게 된 패전팀에서 이 역전승한 팀을 어떻게 악랄한 방법으로 먹칠하려고 했었는지에 대해서 자세하게 말씀드리려고 합니다.

안식 후 첫날 새벽

> [1]안식일이 다 지나고 안식 후 첫날이 되려는 새벽에 막달라 마리아와 다른 마리아가 무덤을 보려고 갔더니 (마 28:1)

안식일은 금요일 저녁부터 토요일 아침까지를 말합니다. 그러니까 안식 후 첫날 새벽이라고 하면 일요일 이른 아침을 말합니다. 우리 주님은 안식 후 첫날 새벽에 부활하셨죠. 그래서 초대교회에서는 예수님의 부활을 기념하기 위해 안식 후 첫날 모여서 계속 예배를 드렸고 그것이 지금까지 전통이 되었습니다. 그리고 그게 바로 오늘날 우리가 지키는 주일입니다.

그럼 부활절은 1년에 몇 번일까요? 사실 이건 산수 문제입니다. 우린 지금 1년에 52번의 부활절을 지키고 있습니다. 그중에 한 번을 오늘처럼 부활주일로 따로 지키고 있습니다만 우리에게는 매 주일이 부활주일입니다. 우리는 매 주일 모여서 주일 새벽에 부활하신 예수님을 기억하고 기념하고 감사하고 그리고 우리도 그렇게 부활할 거라고 격려하면서 살고 있습니다.

그러니까 마태복음 28장 1절에 나오는 이 안식 후 첫날 새벽은 역사상 최초의 부활절이었고 역사상 최초의 주일이었습니다. 주일이 안식일과 어떻게 다르고 어떤 연관을 가지는지 이제 잘 이해되셨으리라 믿습니다. 자 여기 1절에 보니까 두 사람의 여인이 예수님의 무덤을 찾아왔습니다. 과연 이날 무덤에서는 무슨 일이 일어났을까요?

> ^{2}큰 지진이 나며 주의 천사가 하늘로부터 내려와 돌을 굴려 내고 그 위에 앉았는데
> ^{3}그 형상이 번개 같고 그 옷은 눈 같이 희거늘
> ^{4}지키던 자들이 그를 무서워하여 떨며 죽은 사람과 같이 되었더라
> (마 28:2-4)

이날 무덤 앞에서는 큰 지진이 일어났습니다. 그런데 정신을 차리고 보니까 천사가 내려와서 무덤 돌문을 굴려 내고 그 위에 앉아있었다고 했습니다. 그리고 천사의 형상은 번개 같고 옷은 눈같이 희다고 했습니다. 우리가 나중에 천국 가면 맨날 보겠지만, 만약 우리가 이 땅에 살면서 진짜 천사를 마주친다면 아마 심장마비 걸려서 바로 그날로 천국 가시는 분들도 많으실 겁니다.

무덤을 지키던 자들도 무서워서 얼굴이 새파랗게 질렸고 몸은 사시나무 떨듯이 떨면서 꼼짝을 못 했습니다. 오죽했으면 그들이 죽은 사람처럼 보였다고 말할 정도였습니다. 그런데 천사의 메시지는 무엇이었을까요?

1. 무덤(Tomb)

> ⁵천사가 여자들에게 말하여 이르되 너희는 무서워하지 말라 십자가에 못 박히신 예수를 너희가 찾는 줄을 내가 아노라
> ⁶그가 여기 계시지 않고 그가 말씀 하시던 대로 살아나셨느니라 와서 그가 누우셨던 곳을 보라 (마 28:5,6)

천사의 메시지는 한 마디로 "죽으셨던 예수님이 살아나셨다"는 것이었습니다. 그것도 어떻게 하다 보니까 살아나신 게 아니라 생전에 미리 말씀 하셨던 대로 즉 미리 예언하셨던 그대로 다시 살아나셨다는 거였습니다. 그리고 못 믿겠으면 무덤에 들어가서 확인해보라고 했습니다. 여기서 중요한 사실은 죽으면 누구나 무덤에 묻히는 것처럼 예수님에게도 무덤이 있었다는 사실입니다. 예수님에게 무덤이 있었다는 사실은 굉장히 중요합니다. 그건 죽은 게 확실해야 다시 사신 것도 확실해질 수 있기 때문입니다. 그래서 주님 부활의 첫 번째 키워드는 바로 "무덤"입니다.

죽은 사람이 다시 살아났다는 이야기가 가끔씩 해외토픽으로 나옵니다. 여러분도 그런 뉴스 들어보셨을 겁니다. 장례식장에서 관이 흔들리는 것 같아서 이게 뭐야 하고 뚜껑을 열어보니까 죽은 사람이 눈을 뜨고 나오려고 하더라... 이런 얘기들입니다. 신기하죠?

이런 경우를 의학적으로 라자루스 증후군이라고 부릅니다. 라자루스는 나사로의 영어식 표현입니다. 나사로는 죽었다가 주님이 다시 살려주신 사람입니다. 즉 사망진단이 분명히 내려졌는데 다시 살아나는 경우를 말합니다. 이게 그렇게 드물지 않습니다. 1982년부터 지금까지 의학 문헌에만 40번 가까이 등장합니다. 그러니까 1년에 한 번씩은 죽은 사람들이 다시 살아난다는 이야기입니다.

하지만 의학적으로는 그들이 정말 죽었던 것이 아니었다고 판단하고 있습니다. "거의 죽은 사람"을 "죽은 사람"으로 잘못 진단했던 것으로 보는 것입니다. 심폐소생술을 해도 심장이 다시 뛰지 않으면 의사는 사망 선고를 내립니다. 즉 불씨가 아직 완전히 꺼지지 않았던 상태에서 사망 선고를 내린 뒤 불씨가 다시 살아나는 경우가 바로 라자루스 증후군입니다. 가사 상태에 있다가 깨어나는 거죠.

그런데 우린 오늘 라자루스 증후군 이야기를 하려는 것이 아닙니다. 정말 완전히 죽었다가 다시 살아난 사람에 대해서 이야기를 하고 있는 것입니다. 실제로 그가 정말 죽었는지 확인하려고 로마 군병들이 창으로 허리를 찔렀습니다. 그리고 물과 피가 나오는 것을 보고 죽은 것을 확인했습니다.

> 32군인들이 가서 예수와 함께 못 박힌 첫째 사람과 또 그 다른 사람의 다리를 꺾고
> 33예수께 이르러서는 이미 죽으신 것을 보고 다리를 꺾지 아니하고
> 34그 중 한 군인이 창으로 옆구리를 찌르니 곧 피와 물이 나오더라
> (요 19:32-34)

죽었는지 확인하기 위해서 그냥 맥박을 만져보거나 숨 쉬는 것만 확인해도 될 텐데 로마 군인들은 정말 무식하지만 아주 확실한 방법을 택했습니다. 만약 라자루스 증후군 환자였다면 그 통증 때문에 으악 하면서 바로 깨어났거나 최소한 몸이 움찔했을 것입니다.

여기 물과 피가 나왔다고 했습니다. 피는 이해가 되는데 왜 물이 나왔을까요? 이건 의학적으로 저용량성쇼크(hypovolemic shock)라는 현상입니다. 우리 몸의 피가 한 5L 정도 되는데요, 지속적인 출혈이 있으면 우리 몸은 처음에는 혈관들이 수축하면서 혈압을 정상으로 유지하려고 합니다.

그런데 그 20% 이상이 출혈로 빠져나가면 결국 혈관수축으로 못 버티니까 혈관들이 축 늘어지면서 혈압이 갑자기 급강하합니다. 이때 혈관 속의 수분이 다 혈관 밖으로 빠져나가게 되고 결국 마지막에는 배(복강)에 물이 차면서 배가 부풀어 오르게 됩니다. 예수님의 허리를 찔렀을 때 물과 피가 나왔다는 것은 의학적으로 저용량성쇼크가 비가역적으로 심각하게 진행되어 주님이 돌아가셨다는 중요한 증거입니다.

게다가 다른 죄수들은 모두 무릎을 꺾었지만 예수님은 이미 죽은 것을 보고 다리를 꺾는 대신 창으로 옆구리를 찔렀다고 했습니다. 저용량성쇼크에 대한 자세한 의학적 이해가 없었던 2,000년 전에 다른 죄수들과는 달리 주님에게만은 허리에서 물과 피가 나왔다는 기록으로 주님이 쇼크사하셨다는 사실을 분명하게 성경 기록으로 남겨주신 우리 하나님 정말 대단하지 않으신가요? 주님의 죽으심은 저를 비롯해서 21세기를 살아가는 현대 의사들에게 전혀 의심 없이 다가옵니다.

천사의 말은 계속 이어집니다.

> ⁷또 빨리 가서 그의 제자들에게 이르되 그가 죽은 자 가운데서 살아나셨고 너희보다 먼저 갈릴리로 가시나니 거기서 너희가 뵈오리라 하라 보라 내가 너희에게 일렀느니라 하거늘 (마 28:7)

지금 빨리 뛰어가서 제자들에게 알리라는 거였습니다. 두 가지를 알리라고 했는데 첫째는 예수님이 부활하셨다는 것이고 둘째는 주님이 너희보다 먼저 갈릴리로 가시니까 너희도 거기에 가서 주님을 만나라는 것이었습니다. 이게 좀 급한 메시지였습니다. 그래서 빨리 가서 알리라고 했습니다. 사람들은 보통 여기까지 읽습니다.

그런데 천사의 그다음 말이 아주 인상적입니다. "보라. 내가 너희에게 일렀느니라." 현대인의성경이나 공동번역은 이 부분을 "나는 이 말을 전하러 왔다."라고 번역하고 있습니다. 나는 이 말을 전하러 왔다... 다시 말해서 "나는 이 말을 하러 왔고 이제 너희에게 다 말했으니 이제 나는 간다. 난 다 말한 거다. 나중에 못 들었다고 하지 마라." 대략 이런 뜻입니다. 천사는 하나님의 부리시는 영이죠. 부활절 아침에 이 천사는 하나님께서 자신에게 주신 사명을 다 완수했습니다.

오늘은 부활주일입니다. 우리의 죽음과 부활을 앞두고 "나는 이 일을 위해서 왔다."라고 말할 수 있는 귀한 사명이 여러분에게도 있으시기를 바랍니다. 그리고 예수님께서 "다 이루었다."라고 하시며 죽으신 것처럼 여러분도 "내게 주신 이 사명 완수하기까지는 결코 눈을 감을 수 없다."고 말할 일생의 사명을 꼭 발견하고 사시기를 기원합니다.

자, 천사를 만난 여자들은 이제 어떻게 했을까요?

2. 갈릴리(Galilee)

천사들이 빨리 가서 알리라고 그랬죠? 여자들도 빠른 걸음으로 제자들에게 달려갔습니다. 여러분도 주님 일은 신속히 행하시기 바랍니다. 지체할 여유가 없습니다. 그런데 여인들은 뛰어가다가 중간에 또 누구를 만납니다. 이번엔 부활하신 예수님을 만납니다.

> 8그 여자들이 무서움과 큰 기쁨으로 빨리 무덤을 떠나 제자들에게 알리려고 달음질할 새
> 9예수께서 그들을 만나 이르시되 평안하냐 하시거늘 여자들이 나아

> 가 그 발을 붙잡고 경배하니
>
> 10이에 예수께서 이르시되 무서워하지 말라 가서 내 형제들에게 갈릴리로 가라 하라 거기서 나를 보리라 하시니라 (마 28:8-10)

그런데 예수님께선 "평안하냐?" 이렇게 물으시고는 아까 천사가 전한 말과 같이 "내 형제들에게 갈릴리로 가라고 해라. 거기서 나를 볼 것이다." 이렇게 말씀하셨습니다. 왜 자꾸 갈릴리로 가라고 하시는 걸까요? 천사도 그 이야기를 했고 예수님도 같은 말씀을 하셨습니다. 그래서 부활의 두 번째 키워드는 바로 "갈릴리"입니다.

실제로 주님은 죽으시기 전에 자신이 부활하신 뒤 갈릴리로 가실 거라고 말씀하신 적이 있습니다.

> 32그러나 내가 살아난 후에 너희보다 먼저 갈릴리로 가리라 (마 26:32)

왜 부활을 전후한 주님의 중요한 메시지가 "갈릴리"였을까요? 단순히 부활 후에 만날 약속장소를 어딘가로 정해야 했기 때문이었을까요? 그러면 그냥 제자들이 모여있던 예루살렘에서 만나도 되시잖아요? 만약 적들의 시선이 의식된다면 예루살렘에서 가까운 베다니도 있습니다. 게다가 거기는 나사로나 마리아, 마르다와 같이 예수님 편이 많은 곳이었는데 왜 꼭 갈릴리였을까요?

여기엔 두 가지의 중요한 의미가 있다고 봅니다. 첫째는 갈릴리가 "이방의 갈릴리"라고 불릴 정도로 이스라엘의 맨 끝이었으므로 이제 드디어 세계선교가 시작된다고 하는 어떤 상징적인 의미가 있다는 것입니다. 물론 이것도 중요합니다. 하지만 저는 또 다른 중요한 의미를 말씀드립니다. 아마도 이게 더 중요했을 것 같습니다.

다들 잘 아시는 것처럼 갈릴리는 예수님이 제자들과 처음 만나셨던 곳입니다. 즉 갈릴리는 시작점이었습니다. 거기엔 어부 베드로를 부른 갈릴리 호수가 있고, 예수님께서 처음 행하신 표적 즉 물로 포도주를 만드신 가나 혼인 잔칫집이 바로 갈릴리에 있으며, 오병이어라는 듣도 보도 못한 기적을 베푸신 곳도, 바다 위를 걸으신 곳도, 풍랑을 잔잔케 하신 곳도 다 갈릴리에 있습니다.

지금 예수님 제자들의 상황을 한번 생각해보세요. 전쟁으로 말하면 다들 지금 패잔병 신세입니다. 대장은 적에게 잡혀서 죽었고 수제자는 주님을 세 번이나 부인했으며 겟세마네 동산에서 주님이 잡히실 때는 스승 옆에 한 명도 안 남고 다 도망갔습니다. 이런 사실들이 성경에 자세히 기록된 걸 보면 당시에 이런 소문이 모르는 사람이 없을 정도로 널리 퍼져있었다는 얘기입니다. 그들은 얼마나 창피했을까요? 상황은 또 얼마나 최악이었습니까?

따라서 주님께서는 "우리는 이제 다 끝났다... 우리는 이제 아무런 희망이 없다..." 이런 절망 속에서 자신들도 잡혀갈지 모른다고 하는 두려움 속에 남들의 이목을 피해 살아가던 패잔병 같은 제자들에게 우리가 처음에 시작했던 그곳에서, 우리가 처음에 뭉쳤던 그곳에서, 그리고 우리가 처음에 하나 되었던 바로 그곳에서 다시 만나자고 말씀하신 것입니다. 다시 새롭게 시작하기에 처음 출발점만큼 좋은 장소도 없을 것입니다.

여러분도 주님을 따르다가 큰 실패감에 빠져본 적이 있으신가요? 그냥 느낌 말고 실제로도 크게 실패해본 적이 있으신가요? 혹시 지금이 그런 때인가요?

그렇다면 혹시 여러분의 시작점을 기억하십니까? 사람마다 다 다를 수 있는데 거기는 여러분과 주님의 처음 사랑이 시작된 곳입니다. 그 시작점으로 돌아가고 그 처음 사랑을 회복하기에 너무 늦은 사람은 아무도 없습니다. 부활하신 주님이 거기서 기다리고 계십니다. 여러분의 갈릴리로 돌아가셔서 믿음을 회복하고 용기를 회복하고 에너지를 충전하셔서 이 험한 세상에서 주님처럼 승리하시기 바랍니다.

이제 부활의 마지막 키워드를 말씀드립니다.

3-1. 역전(the come-from-behind victory)의 예언

> ¹¹여자들이 갈 때 경비병 중 몇이 성에 들어가 모든 된 일을 대제사장들에게 알리니 (마 28:11)

여자들은 제자들에게 달려갔고 경비병들은 다른 방향으로 달렸습니다. 여자들은 기쁜 소식을 들고 달려갔고 경비병들은 참담한 소식을 들고 달려가고 있었습니다. 둘 다 똑같은 걸 목격했는데 왜 경비병들에게는 신앙이 생기지 않았을까요? 참 안타깝습니다. 사실 경비병들은 밤새도록 무덤에 있었기 때문에 어떻게 보면 여자들보다 기적의 현장을 더 잘 목격한 최고의 증인들이었을 텐데 말입니다.

문제는 이 경비병들의 보고를 받은 대제사장들과 장로들의 대책회의에서 희대의 사기극이 계획되었다는 것입니다.

> ¹²그들이 장로들과 함께 모여 의논하고 군인들에게 돈을 많이 주며
> ¹³이르되 너희는 말하기를 그의 제자들이 밤에 와서 우리가 잘 때에

> 그를 도둑질하여 갔다 하라
>
> 14만일 이 말이 총독에게 들리면 우리가 권하여 너희로 근심하지 않게 하리라 하니 (마 28:12-14)

저는 이 부분을 읽을 때마다 우리 대적 마귀가 지금 굉장히 당황하고 있구나 하는 것을 느낍니다. 하나님의 아들 예수 그리스도를 자기 계획대로 한껏 수모를 주며 완벽하게 사형을 집행했는데 그 기쁨이 며칠 가지 않은 겁니다. 사탄은 급소를 정통으로 얻어맞았고 다 이긴 경기를 역전패당했습니다. 그래서 부활의 세 번째 키워드는 바로 "역전"입니다. 누구에겐 역전승이고 누구에겐 역전패입니다.

사탄이 얼마나 당황했냐면 기껏 생각해낼 수 있는 대응책이 비겁하게 군인들을 돈으로 매수하는 일이었습니다. 사탄은 전능하지 않습니다. 전지하지도 않습니다. 사탄도 다른 천사들처럼 그리고 우리 사람들처럼 그저 인격적인 피조물에 불과합니다. 그러니까 마귀를 너무 무서워할 필요가 없습니다. 정말 무서운 건 끊임없이 우리 안에서 튀어나오는 우리의 옛사람이고 불순종하는 내 자아이지 마귀가 아닙니다.

그런데 놀랍게도 그리스도와 사탄이 원수가 될 것이며 그 싸움에서 그리스도가 완승을 거둔다는 말씀이 성경의 제일 첫 번째 책에 이미 예언되어 있습니다.

> 15내가 너로 여자와 원수가 되게 하고 네 후손도 여자의 후손과 원수가 되게 하리니 여자의 후손은 네 머리를 상하게 할 것이요 너는 그의 발꿈치를 상하게 할 것이니라 하시고 (창 3:15)

이 말씀을 성경에 기록된 최초의 복음이라고 해서 원복음 또는 원시복음이라고 부릅니다. 여기에 보니까 여자의 후손 즉 예수님께서 마귀의 머리를 상하게 하신다고 했습니다. 머리를 상한다는 것은 도저히 회복할 수 없는 치명상을 입는 것을 말합니다.

사탄도 예수님을 공격은 하는데 그게 발꿈치 상처 정도라고 했습니다. 대일밴드 하루 이틀 붙이면 낫는 그런 상처입니다. 그러니까 성자 하나님께 본질적인 진짜 상처를 입히는 것은 아니고 그분의 명성에 일시적인 작은 손상을 주는 정도입니다. 하지만 오히려 하나님은 십자가 사건으로 말미암아 진정한 사랑의 하나님이신 것이 증명되고 모든 피조물의 찬양을 받기에 합당한 분으로 더욱 높아지셨습니다. 따라서 이건 전혀 상처가 아니었습니다.

사탄이 이 창세기 3장 말씀을 몰랐을 리가 없습니다. 그런데 아마도 사탄은 뒤집을 수 있다고 생각했던 것 같습니다. 그냥 추측이 아닙니다. 요한계시록에도 보면, 마귀 세력이 끝까지 하나님을 대항하다가 처절하게 멸망하는 그의 마지막이 아주 자세히 기록되어 있습니다. 우린 그 내용 그대로 될 거라고 믿지만 사탄은 아마도 자기가 노력하면 이걸 뒤집을 수 있다고 생각하는 것이 분명합니다. 그러니 아직 안 일어난 일이 마치 이미 일어난 일처럼 선명하게 예언되어 있는 겁니다. 이게 사탄의 한계입니다.

사탄은 자신의 권세로, 죽음의 권세로 예수님을 무덤 속에 가두어둘 수 있다고 생각했습니다. 라자루스 증후군이 아닌 다음에야 정말 죽었던 자가 다시 살아날 수 있겠냐고 생각했던 것 같습니다. 마귀에게 영적인 능력은 좀 있지만 머리가 생각보다 좋지 않다는 사실이 만천하에 드러났습니다.

이단에 빠진 어떤 사람들이 예수님처럼 며칠 후에 부활하겠다고 말해놓고 죽었다는 뉴스가 가끔 나옵니다. 들어보셨죠? 그런데 이 사람들 어떻게 되었나요? 분명한 건 아직까지 죽어있다는 겁니다. 당연하죠. 이들은 성육신하신 하나님이 아니기 때문입니다. 이들은 나중에 주님이 다시 재림하실 때 의인은 생명의 부활로 악인은 심판의 부활로 다시 깨어날 때까지는 계속 무덤 속에 있을 겁니다. 우리 예수님이 부활하신 것은, 그리고 그분이 무덤 속에 계속 계실 수 없었던 것은 그분은 바로 하나님이시기 때문입니다.

3-2. 역전의 실행

어쨌든 대제사장들은 돈으로 문제를 해결하려고 했습니다. 정말 나쁜 것은 이들이 경비병들에게 제자들이 훔쳐 갔다고 새빨간 거짓말을 하게 시켰다는 것입니다. 경비병들은 그렇게 보고했을 리가 없습니다. 지진과 천사에 대해서 나름대로 정확하게 보고했을 겁니다. 그렇다면 혹시 예수님이 진짜 부활하신 것이 아닐까 하고 더 자세히 진상을 알아보는 것이 순서일 텐데, 이 비겁한 유대의 종교지도자들은 지금 마지막 회개의 기회마저 놓쳐버리고 있었습니다. 정말 못된 사람들이고 못난 사람들입니다.

사실 대제사장들은 예수님께서 생전에 죽은 후 3일 만에 다시 부활하실 것에 대해 말씀하셨던 것을 아주 잘 알고 있었습니다. 그래서 이미 계책까지 써놓은 상태였습니다. 무덤을 아주 확실히 경비하기로 했던 겁니다. 못 훔쳐 가게. 그것도 딱 3일만요. 밤으로 치자면 딱 이틀 밤만 확실히 무덤을 지키면 끝나는 게임이었습니다. 이런 내막이 마태복음 27장에 상세히 나옵니다.

> 62그 이튿날은 준비일 다음 날이라 대제사장들과 바리새인들이 함께 빌라도에게 모여 이르되
> 63주여 저 속이던 자가 살아 있을 때에 말하되 내가 사흘 후에 다시

> 살아나리라 한 것을 우리가 기억하노니
> ⁶⁴그러므로 명령하여 그 무덤을 사흘까지 굳게 지키게 하소서 그의 제자들이 와서 시체를 도둑질하여 가고 백성에게 말하되 그가 죽은 자 가운데서 살아났다 하면 후의 속임이 전보다 더 클까 하나이다 하니
> ⁶⁵빌라도가 이르되 너희에게 경비병이 있으니 가서 힘대로 굳게 지키라 하거늘
> ⁶⁶그들이 경비병과 함께 가서 돌을 인봉하고 무덤을 굳게 지키니라
> (마 27:62-66)

혹시 예수님의 무덤을 지키던 경비병들이 신통치 않은 사람들은 아니었을까요? 그럴 가능성은 절대로 없다고 판단됩니다. 우선 그들은 훈련된 로마 군인들이었을 가능성이 높습니다.

빌라도가 "너희에게 경비병이 있으니"라고 한 말에 대해서 많은 신학자들은 빌라도가 데리고 있는 로마 군인들을 데리고 가라는 의미로 해석합니다. 공동번역이나 표준새번역도 "경비병을 내(어)줄 터이니"라고 번역하고 있습니다.

오늘 본문 (마 28:14)에도 보면 대제사장들이 이렇게 말했습니다. "만일 이 말이 총독에게 들리면 우리가 권하여(잘 말해서) 너희로 근심하지 않게 하리라." 다시 말해서 "예수님의 시체가 없어졌다는 소문이 총독의 귀에 들어가더라도 그에게 손을 잘 써서 너희가 문책당하지 않게 해주겠다" 이런 뜻입니다. 그건 이들이 빌라도의 군병들이었다는 근거가 됩니다.

물론 다른 의견도 있습니다. 이들이 레위인들로 구성된 성전 수비대원들이라는 생각입니다. 이건 "너희에게 경비병이 있으니"라는 말을 "너희에게

있는 경비병들을 동원해라"는 말로 이해하는 경우입니다. 나중에 주님이 부활하신 후에 이 경비병들이 빌라도에게 가지 않고 대제사장들에게 바로 보고하러 갔다는 사실이 그 근거라는 겁니다.

그런데 이들이 어디 소속이냐보다 훨씬 중요한 것은 지금 대제사장들과 바리새인들은, 그리고 이들을 사주한 사탄은 그들이 할 수 있는 한 최고의 노력을 다 기울여서 그 3일 동안 무덤을 사수하려고 했다는 사실입니다.

세상에서도 한참 이기던 팀이 역전당하는 경우는 대개 방심하는 경우입니다. 하지만 이들은 방심하지 않았습니다. 긴장을 풀지도 않았습니다. 사실 이 대제사장들과 바리새인들은 예수님 생전에 주님 때문에 정신적으로 얼마나 힘들었습니까?

그들 입장에서 한번 생각해보세요. 가장 거룩한 체하며 살던 이 사람들에게 주님은 그들이 위선자다, 회칠한 무덤이다, 심지어 독사의 자식들이라고 외치셨습니다. 그런데 이런 예수님을 잡아서 말도 안 되는 죄명을 뒤집어씌워 사형까지 시켰는데, 만약 그의 제자들이 예수님의 시체를 훔쳐가서 부활하셨다는 소문이라도 낸다면 예수님 생전보다 그 후에 더 큰 난리가 날 것은 불을 보듯 뻔한 일이었습니다. 대제사장 옷을 벗어야 할지도 모르는 일이었고 모든 바리새인이 짐 싸서 낙향해야 하는 것은 물론 대규모 민란이 일어날 수도 있는 엄청난 사안이었습니다. 그러니 그 3일 동안 얼마나 극성스럽게 무덤을 지켰겠습니까?

딱 3일만 무덤을 잘 지키면 게임은 끝납니다. 저라면 무덤 주위로 중무장한 병력을 한 100명은 깔아두었을 겁니다. 그리고 밤에 조는 경비병이 있으면 안 되니까 2교대나 3교대로 근무시켰을 겁니다. 그들은 충분히 그러고도 남았을 사람들입니다. 그러고도 마음이 안 놓여 밤에 몇 번씩 불시에

점검을 나왔을 수도 있습니다.

그런데 결국 어떻게 되었나요? 예수님은 아무 어려움 없이 당당하게 부활하셨고 그 무거운 무덤 문을, 그것도 굳게 봉인한 무덤 문을 여유롭게 열고 나오셨습니다. 적들이 실수한 것은 없습니다. 방심한 것도 없습니다. 그저 그동안 마지막 승리를 위해서 도살장으로 끌려가는 양처럼 순순히 십자가에 달리셨던 예수님께서 이제 하나님의 능력으로 모든 죽음의 철장을 파괴하고 죽음의 권세를 이기고 진정한 승리자가 되셨을 뿐입니다. 자기 실력이 월등하다고 생각하던 상대방에게 사정이 있어서 맞기만 하던 선수가 갑자기 주먹을 한 번 휘두르니 상대방은 나가떨어져 KO승하게 된 것이었습니다. 상대방은 방심하지 않았지만 이쪽 주먹의 힘이 절대적으로 강력했던 것입니다.

결국 다 이겼다고 생각하던 사탄은 역전패를 당했습니다. 자기들 뜻대로 다 되었다고 승리의 잔을 부딪치던 대제사장들은 결국 뇌물을 주고 유언비어나 퍼뜨려야 되는 아주 난감한 상황에 빠지게 되었습니다. 그리고 그 씁쓸한 결과가 15절에 나옵니다.

> 15군인들이 돈을 받고 가르친 대로 하였으니 이 말이 오늘날까지 유대인 가운데 두루 퍼지니라 (마 28:15)

결국 매수된 군인들이 여기저기 소문을 퍼뜨렸습니다. 요즘도 흑색선전이 정치인들 선거 때마다 절대로 빠지지 않죠? 그 효과가 대단히 크기 때문입니다. 지금 세계는 가짜 뉴스와의 전쟁을 하고 있습니다. 얼마 전에 있었던 미국 대선도 가짜 뉴스와의 전쟁이 주요 이슈였었는데 지금 우리나라도 대선이 한 달도 안 남은 상태에서 각종 가짜 뉴스들이 여기저기 돌아다니고 있습니다.

그러고 보면 2,000년 전이나 지금이나 유언비어나 가짜 뉴스를 퍼뜨리는 것은 막다른 골목에 몰린 간악한 패거리들의 단골 메뉴입니다. 정말 나쁜 사람들이죠.

여기 "오늘날까지" 이 소문이 두루 퍼졌다는 표현이 있습니다. 마태복음은 주후 65~70년 정도에 기록된 복음서입니다. 그리고 예수님의 부활 사건은 주후 약 30~33년 사이에 일어난 일입니다. 그러니까 마태가 말하는 "오늘날까지"라는 말은 부활 사건 후 약 32~40년 정도 경과된 때를 말합니다. 그때까지 이 소문이 퍼져있었다는 겁니다. 발 없는 말이 천리를 간다지만 이 악랄한 거짓말이 한 세대 이상 계속 퍼지고 있었다는 사실은 매우 씁쓸합니다.

사실 이 가짜 뉴스는 그 후로도 100년 이상 더 지속되었습니다. AD 150년경에 순교자 저스틴이 <트리포와의 대화>라는 책을 남겼는데, 거기에 보면 제자들이 자신들의 스승을 도적질해갔다는 소문을 아직도 믿고 있는 사람들이 있다는 얘기가 나옵니다. 악랄한 거짓 소문, 악랄한 유언비어가 참 오래도 갔습니다.

하지만 예수님의 부활에는 위대한 능력이 있습니다. 지난 2,000년 동안 수많은 사람이 어떤 거짓에도 넘어가지 않고 부활하신 예수님을 구주로 영접하면서 하늘나라 백성들로 거듭나고 있습니다. 사탄의 어떤 방해 공작에도 말입니다.

마귀는 십자가에서 자신이 하나님의 아들을 죽였다고 생각했고 완전히 이겼다고 생각했겠지만, 부활의 새벽에 그는 쥐구멍이나 찾아야 하는 처량한 신세로 전락해버렸습니다. 마귀의 도구로 쓰임 받은 대제사장들 역시, 네 이웃에 대해 거짓 증언하지 말라는 제9계명을 아주 확실하게 의도적으로 어겨가면서 처량한 거짓말쟁이 신세가 되어버렸습니다. 역전의 명수이신 우리 주님을 진심으로 찬양 드립니다. 그리고 우리도 주님처럼 역전의 명수로 살 수 있기를 소망합니다.

위대한 드라마: 무덤, 갈릴리 그리고 역전

우리는 주님의 부활에서 세 가지 중요한 키워드를 통해 위대한 드라마를 보게 되었습니다. 첫째는 "무덤"입니다. 주님은 의학적으로 완전히 죽으셨다가 완전히 다시 살아나셨습니다. 로마 군병들이 창으로 허리를 찔러 물과 피가 나온 것은 21세기 현대 의사들이 주님이 저용량성쇼크로 사망하셨다는 진단을 내리기에 전혀 부족함이 없습니다. 그리고 무덤은 주님이 죽으신 것이 분명하다는 증거이며, 또한 빈 무덤은 주님이 더 이상 죽음에 머물러 계실 수 없다는 증거입니다.

둘째는 "갈릴리"입니다. 한때 잘 나가던 주님의 제자들은 완전히 패잔병 신세였고 뭘 다시 시작하는 것은 불가능해 보였습니다. 그런 그들이 회복되는 길은 갈릴리로 돌아가는 길밖에 없었습니다. 갈릴리는 그들이 처음 시작했던 곳이기 때문입니다. 그래서 주님은 부활 후에 제자들보다 먼저 갈릴리에 가 계실 거라고 죽기 전에 이미 말씀하셨고, 부활 후에 무덤에 나타난 천사들도, 그리고 부활하신 주님도 갈릴리에서 주님이 제자들을 기다리신다고 제자들에게 알리라고 여인들을 재촉하였습니다. 각자의 갈릴리가 어디인지는 여러분이 아실 거라고 믿습니다.

셋째는 "역전"입니다. 우리 주님이 역전의 명수인 것을 믿으시기 바랍니다. 최후에 웃는 자가 진짜 이긴 자입니다. 다 끝나기 전에는 진짜 끝난 게 아닙니다. 너무 일찍 TV 스위치를 꺼버리면 마지막 역전 홈런이 터지는 것을 놓치게 될 것입니다. 마태복음을 27장까지만 읽고 덮어버리면 주님의 통쾌한 역전승과 마귀의 비참한 역전패에 대해 절대로 알 수가 없는 것입니다.

누가 보더라도 완전한 패배자에 불과했던 우리 주님께서 사실은 역전의 명수이신 것처럼, 주님을 따르는 우리도 반드시 역전의 주인공들이 될 것입니다.

지금 여러분의 인생은 어떤가요? 혹시 코너에 몰려있지는 않습니까? 그 어느 때보다도 역전이 필요하지 않은가요? 믿으시기 바랍니다. 우리 인생 최고의 역전은 아직 오지 않았습니다. 이제 역전을 기대하세요.

그리고 지금 여러분의 갈릴리로 돌아가시기를 바랍니다. 주님과 처음 만났던 곳으로, 처음 사랑으로, 처음 초심으로 돌아가시면 진정한 역전이 시작될 줄 믿습니다. 물에 빠진 생쥐 꼴이었던 주님의 제자들도 부활의 주님을 만나러 다시 갈릴리로 돌아가는 것만이 유일한 해결책이었습니다.

오늘은 참으로 귀한 부활주일입니다. 주님과의 첫사랑이 있는 갈릴리로 돌아가 부활이요 생명 되신 주님을 힘입어 인생 최고의 역전을 경험하시는 기적이 모두에게 시작되기를 기도드립니다. 할렐루야.

6. 부활은 역사다 _ The case for the resurrection

‖ 마가복음 16:9-14 ‖

⁹예수께서 안식 후 첫날 이른 아침에 살아나신 후 전에 일곱 귀신을 쫓아내어 주신 막달라 마리아에게 먼저 보이시니 ¹⁰마리아가 가서 예수와 함께 하던 사람들이 슬퍼하며 울고 있는 중에 이 일을 알리매 ¹¹그들은 예수께서 살아나셨다는 것과 마리아에게 보이셨다는 것을 듣고도 믿지 아니하니라 ¹²그 후에 그들 중 두 사람이 걸어서 시골로 갈 때에 예수께서 다른 모양으로 그들에게 나타나시니 ¹³두 사람이 가서 남은 제자들에게 알리었으되 역시 믿지 아니하니라 ¹⁴그 후에 열한 제자가 음식 먹을 때에 예수께서 그들에게 나타나사 그들의 믿음 없는 것과 마음이 완악한 것을 꾸짖으시니 이는 자기가 살아난 것을 본 자들의 말을 믿지 아니함일러라

예수는 역사다 (The Case for Christ)

제가 지금까지 본 많은 감동적인 기독교 영화 중에 한 편을 소개해드릴까 합니다. 2017년에 개봉한 영화이고 제목은 <예수는 역사다>입니다. 영어로는 "The Case for Christ"입니다. 우리말로 직역하면 "그리스도를 위한 변증(옹호론)" 정도 될 겁니다.

미국 10대 신문인 시카고트리뷴 지(紙)에 총망받던 리 스트로벨(Lee Strobel)이라는 기자가 있었습니다. 그는 150년 가까운 장구한 역사를 가진 이 신문사에 최연소로 입사해서 더 유명해졌습니다. 동시에 그는 아주 "독실한" 무신론자였습니다. 예일대 법대를 나온 그는 확실한 증거가 있는 팩트(fact)가 아니라면 진리로 믿을 수 없다고 확신하는 사람이었습니다.

그런데 갑자기 자기 아내 레슬리가 예수님을 믿게 된 겁니다. 충격을 크

게 받았죠. 이전엔 말도 잘 통하고 사이가 아주 좋았는데 이젠 집에 들어가기만 하면 전도를 하니까 그 스트레스가 장난이 아니었습니다. 나중에 아내가 강물에서 침례 받는 것을 목도한 뒤에는 거의 정신을 잃을 정도였습니다. 그래서 어떻게든지 기독교가 엉터리라는 것을 폭로해서 아내가 다시 돌아오게 하려는 오직 그 목적 하나 가지고 기독교를 연구해보기로 작심합니다.

리 스트로벨은 기독교의 어디를 공격하면 한 방에 무너뜨릴 수 있을까 찾다가 예수님의 부활이 기독교의 가장 중요한 기둥이라는 이야기를 듣습니다. 부활이 역사적 사실이 아니라 허구라는 것만 증명하면 깔끔하게 게임 오버였습니다. 기자들이 원래 사실확인이 장기잖아요? 갑자기 기자 본능까지 발휘되면서 이 주인공은 "부활이 없었다는 것이 팩트다"라는 것을 증명하기 위해 거의 2년 동안 고군분투하게 됩니다. 엄청난 자료들을 모으고 많은 학자들을 만났습니다. 그런 이야기가 이 영화의 줄거리입니다. 어떻게 되었을까요?

혹시 여러분 주위에도 그런 분들 계시지 않나요? 머리가 너무 논리적이고 합리적이어서 도저히 성경이나 부활 같은 기적 이야기를 믿을 수 없다는 분들 말입니다. 이 영화는 딱 그런 분들을 위한 영화입니다. 특히 예수님의 부활이 근거 없는 허무맹랑한 이야기라고 딱 잘라 말하는 사람들 앞에서 여러분의 말문이 막힌다면 이 영화는 또한 여러분들을 위한 영화입니다.

왼쪽에 있는 것이 영화 포스터입니다. 가운데에 주인공 즉 신문기자가 서 있는데 부활에 대해 수집한 많은 자료를 칠판에 붙여놓고 들여다보고 있습니다. 어떤 복잡한 사건에 집중하며 자료들을 찬찬히 살펴보는 형사나 신문기자의 바로 그 모습입니다. 그런데 제가 이 영화를 보다가 갑자기 어떤 기억이 떠올랐습니다. 몇 년 전에 서점에서 제목이 인상적이어서 산 책이 하나 있었는데 우연히도 그게 이 영화의 원작이었습니다. 오른쪽에 있는 책 표지가 바로 그때 샀던 책입니다. 알고 보니 굉장한 베스트셀러였 습니다.

부활은 역사다 (The Case for the Resurrection)

그래서 오늘은 "부활은 역사다."라는 제목으로 은혜를 나누려고 합니다. 영화 제목하고 비슷하죠. 부활은 역사다. 오늘 우리는 부활 사건을 접한 제 자들의 반응을 기자의 심정으로 자세하게 뒤쫓아가 보려고 합니다. 부활 의 증거를 예수님이나 빈무덤이 아닌 제자들의 반응에서 찾아보려는 시도 입니다. 이는 그들의 반응들에서 부활 사건이 분명한 역사적 사실이었던 충분한 증거를 발견할 수 있다고 믿기 때문입니다.

우리는 절대로 역사에서 일어나지도 않은 일을 맹목적으로 믿는 사람들이 아닙니다. 또한 동시에 성경은 단순히 역사적 사실들을 시간 순서대로 나열한 역사책이 아닙니다. 분명한 역사적 사실들을 토대로 하되 거기엔 인간이 스스로는 알 수 없는 하나님의 특별한 메시지가 들어있습니다. 이걸 특별계시라고 합니다.

특히 부활을 통해서는 예수님이 죽음을 이기심으로 우리를 구원할 능력이 있는 하나님이신 것을 보여주셨고, 우리도 죽음으로 끝나는 것이 아니라 부활하여 영원한 천국 잔치에 참여할 것이라고 하는 엄청난 특별계시를 주셨습니다. 그리고 이 계시의 진실성은 주님 부활의 역사성에 달려있습니다. 부활은 역사인 것입니다.

증인 1. 막달라 마리아와 여인들

> 9예수께서 안식 후 첫날 이른 아침에 살아나신 후 전에 일곱 귀신을 쫓아내어 주신 막달라 마리아에게 먼저 보이시니 (막 16:9)

예수님은 안식 후 첫날 새벽에 부활하셨습니다. 여기서 질문을 하나 드리겠습니다. 부활하신 예수님을 제일 처음 본 사람은 누구였을까요? 사실 4복음서를 보면 부활절 기록들의 내용과 순서에 조금씩 차이가 있어서 그걸 하나로 재구성을 해야 전체를 볼 수가 있습니다. 그걸 다 종합해보면 이 날 아침 빈 무덤을 확인한 사람들은 여러 명이었습니다. 그런데 여기 9절에 보니까 부활하신 주님은 막달라 마리아에게 제일 먼저 나타나셨다고 했습니다.

사실 이것부터가 부활의 역사성을 증명합니다. 1세기 중동 지방에서 여성은 사람 수를 셀 때 거기서 빠졌습니다. 그만큼 여성은 사회적으로 중요한 역할을 하기가 힘들었고, 따라서 중요한 일의 증인이 여성이라는 것은 그 증언의 신뢰성에 마이너스 요인이 됩니다. 그러니까 부활같이 그 중요성이 엄청난 사건의 최초의 증인은 상식적으로 남자인 것이 훨씬 유리합니다.

만약 기독교가 인간이 만든 종교라면, 그리고 기독교의 가장 핵심인 그리스도의 부활이 사기였다면 당연히 부활의 최초의 증인으로 남성을 내세웠을 겁니다. 그것도 유명한 종교지도자나 고위 관리 또는 로마 장교가 좋았겠지요. 하지만 성경에 기록된 부활의 최초의 증인은 막달라 마리아와 같은 여성이며 이것은 역설적으로 부활이 인간이 만든 이야기가 아닌 증거가 됩니다.

> [1]안식일이 지나매 막달라 마리아와 야고보의 어머니 마리아와 또 살로메가 가서 예수께 바르기 위하여 향품을 사다 두었다가
> [2]안식 후 첫날 매우 일찍이 해 돋을 때에 그 무덤으로 가며 (막 16:1-2)

주님 시신에 향품을 바르기 위해서 이날 세 여인이 나섰습니다. 막달라 마리아, 야고보의 어머니 마리아, 그리고 살로메 이렇게 세 여인이 안식 후 첫날에 새벽같이 집을 나왔습니다. 그리고 이들의 주 대화는 누가 자기들을 위해 무덤 돌문을 굴려줄 것인가 하는 것이었습니다. 그런데 다들 아시는 것처럼 이 세 여인이 발견한 것은 주님의 시신이 아니고 빈 무덤이었습니다.

> [3]서로 말하되 누가 우리를 위하여 무덤 문에서 돌을 굴려 주리요 하더니

> ⁴눈을 들어본즉 벌써 돌이 굴려져 있는데 그 돌이 심히 크더라 (막 16:3-4)

여인들은 무거운 돌문을 열어줄 사람을 찾을 필요가 없어졌습니다. 그리고 무덤 속에서 천사가 이렇게 말하는 것을 듣게 됩니다.

> ⁵무덤에 들어가서 흰 옷을 입은 한 청년이 우편에 앉은 것을 보고 놀라매
> ⁶청년이 이르되 놀라지 말라 너희가 십자가에 못 박히신 나사렛 예수를 찾는구나 그가 살아나셨고 여기 계시지 아니하니라 보라 그를 두었던 곳이니라
> ⁷가서 그의 제자들과 베드로에게 이르기를 예수께서 너희보다 먼저 갈릴리로 가시나니 전에 너희에게 말씀하신 대로 너희가 거기서 뵈오리라 하라 하는지라 (막 16:5-7)

우리가 잘 아는 내용입니다. 그런데 8절에 나오는 여자들의 반응을 한번 잘 보시기 바랍니다.

> ⁸여자들이 몹시 놀라 떨며 나와 무덤에서 도망하고 무서워하여 아무에게 아무 말도 하지 못하더라 (막 16:8)

그녀들은 몹시 놀랐고, 떨었고, 도망쳤고, 무서워했고 그래서 아무에게 아무 말도 못 꺼냈다고 했습니다. 이게 그녀들의 첫 반응이었습니다. 여러분이라면 달랐을까요?

여러분 가족이 죽어서 장사지내고 3일 만에 무덤에 다시 가봤는데 관뚜껑이 열려있어요. 엄청나게 놀라시겠죠? 게다가 그 옆에 하얀 옷을 입은

청년이 앉아있는데 말하기를 그 사람이 다시 살아났다는 겁니다. 그러면 이 여인들보다 더했으면 더했지, "그래요? 그렇게 건강하시더니 결국 살아나셨네요." 그렇게 말할 사람이 누가 있겠습니까? 다들 뒤로 나자빠지고 어디 실려 가지 않겠습니까?

이 여인들은 평생 별의별 기적을 주님 때문에 다 경험해봤고 심지어 주님이 죽은 자를 다시 살리시는 것도 여러 번 보고 들은 사람들입니다. 하지만 정작 주님이, 그것도 채찍질에 살갗은 다 찢겨지고 십자가에서 그렇게 끔찍하게 피 흘리며 죽으신 주님이 다시 부활하실 거라고는 전혀 생각도 못했던 겁니다. 이날 무덤에 가면서 누구한테 돌 굴려달라고 해야 하나 하는 걱정은 했지만 혹시 살아나셔서 지금 무덤에 안 계시면 어쩌지 하는 걱정은 아무도 안 했다는 겁니다. 그러니 여인들의 이런 반응이 충분히 이해는 됩니다.

그런데 여자들 중에 특별히 막달라 마리아에게는 부활하신 주님이 직접 나타나셨습니다. 다른 여인들도 함께 만났을 수 있지만 어쨌든 성경은 그녀를 부활의 최초의 증인으로 지목합니다. 그래서 막달라 마리아는 더 이상 무서워 숨지 않았습니다. 오히려 이젠 너무 기뻐서 제자들에게 이 사실을 알리려고 출발했습니다. 아마도 뛰어갔을 겁니다.

원래 너무 기쁜 소식은 천천히 걸으면서 알리는 법이 없습니다. 낮잠 한숨 자고 알리는 사람은 아무도 없습니다. 요즘 같으면 여기저기 전화하느라 전화기에 불이 나고 여기저기 문자 보내느라 핸드폰 자판이 뜨거워졌을 겁니다. 이날 마리아는 제자들에게 복된 소식을 알리느라 앉아있을 틈도 없었을 겁니다.

이와 관련된 4복음서의 기록들을 종합해보면, 결국 다른 여인들은 제자들에게 가서 부활에 대한 천사의 말을 전하면서도 자신들이 무덤에서 시체를 발견하지 못했다는 말을 할 수 있었을 뿐이었던 것 같습니다. 나중에 부활하신 주님을 직접 뵙게 될 때까지는 그녀들조차도 부활에 대한 확신이 아직 완전하지는 않았던 것이고 또 그런 말을 함부로 떠들 수 있는 상황도 아니었습니다. 패잔병 같던 제자들에게 전한 부활 소식이 거짓으로 판명 날 경우 도저히 뒷감당할 수가 없을 것이었기 때문입니다.

막달라 마리아도 처음에는 다른 여인들처럼 두렵고 떠는 가운데 천사의 메시지와 빈무덤에 대해서만 말할 수 있었을 겁니다. 하지만 부활하신 주님을 직접 만난 다음에는 확신과 자신감을 가지고 "내가 (부활하신) 주를 보았다"면서 주님이 분명히 부활하셨다고 사람들 앞에 외치기 시작했습니다(요 20:1-2, 15-18).

무엇이 그녀를 이렇게 바꾸어놓았을까요? 아까 그 몹시 놀라고, 떨고, 도망치고, 무서워하고 그래서 아무에게 아무 말도 못 꺼냈던 세 여인 중에 하나가 바로 막달라 마리아였는데 무엇이 그녀를 이처럼 정신없이 제자들에게 뛰어가게 만들었을까요? 만약에 그녀가 부활하신 주님을 직접 본 것이 아니었다면, 부활하신 예수님의 음성을 직접 들은 게 아니었다면 그녀에게 생긴 이 변화를 무엇으로 설명할 수 있을까요?

그녀는 부활하신 주님을 직접 만난 것이 분명합니다. 주님의 부활은 그럴듯한 기독교 이론이 아니고 실제로 일어난 객관적이고 역사적인 사실이라는 말입니다. 그게 아니라면 무서워서 말 한마디 벙긋 못하던 여인이, 기껏해야 빈무덤만 보고 왔다며 혼란에 빠져있던 여인이 이렇게 부활의 강력한 전령으로 변화된 걸 설명할 길이 없습니다.

멀리서 예수님 비슷하게 생긴 사람을 보고 착각하면 이런 일이 생길 수 있을까요? 아니면 사람이 너무 놀라면 정신이 좀 어떻게 되는 걸까요? 그게 아니죠. 그런 걸로 절대 설명되지 않는 일이 지금 발생한 겁니다. 자 이제 어떻게 되었을까요?

> ¹⁰마리아가 가서 예수와 함께 하던 사람들이 슬퍼하며 울고 있는 중에 이 일을 알리매
> ¹¹그들은 예수께서 살아나셨다는 것과 마리아에게 보이셨다는 것을 듣고도 믿지 아니하니라 (막 16:10,11)

예수님을 따르던 자들이 울고 있었다고 했습니다. 주님은 사실상 그들의 전부였기 때문입니다. 그들은 다 자기 직장도 그만뒀잖아요? 심지어 자기 가족까지 떠나서 오직 주님만을 좇고 있었잖아요? 지난 3년 동안 주님은 그들의 모든 것이었습니다.

그런데 영원히 함께하실 것만 같았던 주님이 너무나 어이없이 너무나 허무하게 예루살렘에 입성한 지 1주일도 안 되어서 처형당하셨습니다. 이제 뭔가 엄청난 일을 하실 줄 알았는데 갑자기 그냥 모든 것이 끝나버렸던 겁니다. 이 제자들의 슬픔과 탄식을 누가 위로할 수 있었겠습니까? 그래서 다 큰 사람들이 모여서 함께 울고 있었습니다. 혹시 누가 주님이 다시 사셨다고 말해주면 얼굴이 밝아질까요?

그런데 그들은 막상 막달라 마리아가 뛰어 들어오면서 주님이 부활하셨다고 외쳐댔을 때 믿지 않았습니다. 마리아가 빈무덤만 본 게 아니고 부활하신 주님을 직접 만나고 왔다고 해도 그들은 믿지 않았습니다. 누가복음에 보면 그래도 베드로는 여인들의 증언을 듣고 무덤에 달려가서 빈 무덤을 확인하고 돌아온 것으로 되어있습니다만, 어쨌든 제자들의 전체적인 반응은 부활은 말도 안 된다는 거였습니다. 그리고 계속 울었겠죠. 드디어

우리 중에 미친 사람도 나왔구나 하면서 말입니다.

증인 2. 엠마오로 가던 제자들

> ¹²그 후에 그들 중 두 사람이 걸어서 시골로 갈 때에 예수께서 다른 모양으로 그들에게 나타나시니
> ¹³두 사람이 가서 남은 제자들에게 알리었으되 역시 믿지 아니하니라 (막 16:12,13)

그 일 후에 그들 중 두 사람이 시골 즉 엠마오로 낙향을 합니다. 이들이 마리아의 말을 듣고 주님의 부활을 확신했더라면 아마 엠마오로 돌아가지 않았을 겁니다. 혹시 여러분이 엠마오로 향하는 이 제자들의 발자국 소리를 들으셨다면 그 소리가 터벅터벅이었을까요 아니면 사뿐사뿐이었을까요? 터벅터벅 아니면 절벽절벽이었을 겁니다. 그건 실패자의 발걸음입니다. 그리고 도망자의 발걸음이었습니다. 루저도 이런 루저가 없죠. 그리고 (눅 24)에 따르면 그들의 얼굴은 슬픈 빛을 띠고 있었습니다.

그런데 그들이 엠마오 가는 길에 부활하신 예수님이 동행하셨습니다. 왜 예수님이 처음부터 예루살렘에 모여있던 제자들 모임에 바로 나타나지 않으시고 자꾸 이렇게 조금씩 조금씩, 처음에는 막달라 마리아에게 나타나시고 그리고 이번에는 그 모임에서 나와서 시골로 향하던 두 제자에게 나타나셨는지는 미스터리입니다. 저도 잘 모르겠습니다. 나중에 천국 가시면 주님께 꼭 여쭤보시기 바랍니다.

게다가 주님은 엠마오 가는 이 두 제자에게 처음엔 다른 사람인 것처럼 느껴지게 나타나셨습니다. 그래서 처음에는 힘없이 시골길을 걷던 제

자들에게 그저 좋은 길동무가 되시는 듯했습니다. 그런데 이 두 사람이 아직 예수님이 예수님이신 줄 모를 때 주님이 그들에게 이런 말씀을 하십니다.

> 25이르시되 미련하고 선지자들이 말한 모든 것을 마음에 더디 믿는 자들이여 (눅 24:25)

지금 이 사람들의 가장 큰 문제는 뭘까요? 그건 주님이 부활하실 거라고 구약 선지자들이 예언했고 주님도 죽기 전에 말씀하셨고 그리고 결정적으로 무덤에 다녀온 여인들이 거기가 빈무덤일 뿐이었고 그리고 내가 부활하신 주님을 만났노라고 증언을 했을 때 그걸 믿지 않았다는 겁니다.

그래서 이 두 제자는 주님께 따끔한 책망을 듣습니다. "이 미련한 자들아!" "이 미련 곰탱이들아!" 결국 그들은 저녁 식사 자리에서 주님이 떡을 떼실 때에야 눈이 밝아졌고 지금 자기들 앞에 바로 부활하신 주님이 앉아 계신다는 사실을 깨닫습니다(눅 24:30,31). 아마 소스라치게 놀랐을 겁니다. 심장이 약했다면 기절했을 겁니다.

부활하신 주님을 만난 뒤 그들은 어떻게 했을까요? 평생 그 감격과 놀라움을 간직하고 엠마오에서 땅 파고 농사짓고 살다가 죽었을까요? 아닙니다. 누가복음에 의하면, "곧 그 때로 일어나 예루살렘"으로 돌아갔다고 했습니다(눅 24:33). 바로 그 시로 돌아갔다는 겁니다. 방금 막 시작했던 저녁 식사도 아마 제대로 못 끝내고 식당을 뛰쳐나왔을 겁니다. (눅 24:13)에 따르면 엠마오는 예루살렘에서 25리 떨어진 곳입니다. 25리, 헬라어로는 60 스타디온인데 이게 지금의 단위로는 11.2km입니다.

게다가 시간도 저녁때였죠. 11.2km는 저녁 시간에 걸어가기에 절대로 가까운 거리가 아닙니다. 제가 재보니까 수원 경희대 정문에서 에버랜드까지의 거리입니다. 1세기 시골길에 불빛도 별로 없었을 테니 위험하기도 했습니다. 하지만 두 사람은 아까는 터벅터벅 절벅적벅 또 어깨는 다 늘어지고 얼굴엔 슬픈 빛이 가득해서 걸어왔지만, 이제는 깜깜한 밤중이지만 빠르고 가뿐한 걸음으로 아마도 어깨는 들썩이면서 그리고 얼굴은 꼭 로또에라도 당첨된 얼굴로 예루살렘을 향해 열심히 뛰어갔을 겁니다. 정말 전격적인 변화 아닌가요? 그들은 10분 전의 그들이 아니었습니다. 그들은 아까 점심 먹을 때의 그들이 전혀 아니었다는 겁니다.

밤에 걸어가기 쉬운 길이 전혀 아니었으니 일단 날이 밝을 때까지 기다렸다가 새벽에 출발해도 되는 거였습니다. 그런데 도대체 이 사람들은 왜 저녁밥 먹다 말고 "곧 그때로 일어나" 뛰쳐나간 걸까요? 이 미련곰탱이 같은 사람들이 어떻게 이렇게 갑자기 바뀐 겁니까? 그건 하나로밖에는 절대로 설명이 안 됩니다. 우린 이들이 부활하신 주님을 정말 만났다고밖에 믿을 수 없습니다. 부활은 소문이 아니라 진짜 사실이었던 겁니다.

우리는 "부활 교리"가 아니라 "부활"을 믿는 사람들입니다. 우리는 누군가 정교하게 창작해놓은 종교 서적을 성경이라고 믿고 있는 사람들이 아니라 실제로 일어난 역사적 사건들을 토대로 기록된 하나님의 계시를 성경으로 믿는 사람들입니다.

증인 3. 베드로와 다른 제자들

자, 그런데 또 문제가 생겼습니다. 아까 여인들 특별히 막달라 마리아가 직접 주님을 만났다는 증언을 했을 때도 믿지 않았던 제자들이 이번엔 엠마오로 가다가 돌아온 이 두 사람의 증언도 받아들이지 않은 겁니다.

사실 누가복음에 따르면 이날 두 제자가 엠마오로 갔다 오는 사이에 시몬 베드로가 부활하신 주님을 직접 만난 것으로 나옵니다. 그리고 그걸 이 자리에서 함께 증언했습니다. 그러니 다들 이제는 분위기상 주님 부활이 좀 더 더 사실인 것 같다는 느낌은 받았겠죠. 하지만 아직 진정한 확신은 없는 상태였습니다. 그들에게는 좀 더 확실한 증거가 필요했습니다. 그건 바로 자기들도 막달라 마리아처럼 그리고 엠마오에서 돌아온 두 제자들처럼 부활하신 주님을 직접 만나는 거였습니다.

> 14그 후에 열한 제자가 음식 먹을 때에 예수께서 그들에게 나타나사 그들의 믿음 없는 것과 마음이 완악한 것을 꾸짖으시니 이는 자기가 살아난 것을 본 자들의 말을 믿지 아니함일러라 (막 16:14)

결국 주님은 전체가 다 모여있는 식사 장소에 나타나셨습니다. 그리고 꾸짖으셨습니다. "왜 이렇게 믿음이 없느냐! 왜 이렇게 너희 마음이 완고하냐!" 주님 부활의 증인들이 하나둘씩 늘어나고 있는 상황에서 "내가 직접 보기 전에는 못 믿겠다. 내가 직접 주님의 못 박혔던 손을 만져보고 내가 직접 주님 옆구리에 창자국 난 것을 보기 전까지는 못 믿겠다." 이러고 있었으니 야단을 맞아도 쌉니다.

하지만 이 사람들을 너무 미워하지는 마세요. 우리라고 별수 있었겠습니까? 우리라고 처음에 막달라 마리아의 증언을 듣자마자 바로 부활을 사실로 믿었을까요? 우리라고 엠마오 제자들의 증언을 듣자마자 부활에 더 이상 아무 의심의 여지도 남지 않게 되었을까요? 우리도 그게 어려웠을 겁니다. 부활이 무슨 애들 장난도 아니고요. 게다가 이들에겐 '심한 두려움'이 엄습한 상태였습니다.

> 19이 날 곧 안식 후 첫날 저녁 때에 제자들이 유대인들을 두려워하여

> 모인 곳의 문들을 닫았더니 예수께서 오사 가운데 서서 이르시되 너희에게 평강이 있을지어다 (요 20:19)

여기 모인 곳의 문들을 닫았다고 그랬죠? 3년이나 주님을 따라다니던 제자들이 문이라는 문을 다 닫아놓고 꼭꼭 숨어있었습니다. 자기들도 잡힐까 봐 그랬겠죠. 얼마나 불쌍합니까? 다들 처음에는 베드로가 대제사장 집 뜰에서 주님을 세 번이나 부인했던 것 가지고 뭐라고 했을 텐데, 이젠 자기들도 다들 사람들이 "너도 예수님과 함께 있었지?"하고 물어보면 세 번이 아니라 열 번씩은 주님을 모른다고 부인할 상황이 된 겁니다. 이제 모두가 겁쟁이가 된 것이고 이제 모두가 속된 말로 잠수를 타고 있었습니다.

하지만 결국 이들에게도 부활하신 주님을 다시 만나는 기쁨이 찾아왔습니다. 빈무덤만 확인한 게 아니고 부활하신 주님을 진짜 만나게 된 겁니다. 게다가 주님은 승천하시기 전에 무려 40일간이나 그들에게 부활의 많은 증거들을 보여주신 뒤 올라가셨습니다.

> ³그가 고난 받으신 후에 또한 그들에게 확실한 많은 증거로 친히 살아 계심을 나타내사 사십 일 동안 그들에게 보이시며 하나님 나라의 일을 말씀하시니라 (행 1:3)

그래서 결국 그렇게 겁쟁이가 되고 마음은 마음대로 완악해져 부활 증언을 제대로 믿지 못했던 그들이 이제는 제대로 변하게 됩니다. 이제는 어제의 그들이 더 이상 아니고, 이제는 문이란 문은 다 꼭꼭 닫고 숨어 살던 그들이 더 이상 아니었습니다. 사도행전 전체가 그 증거인데 특별히 (행 2)에 보면 이들이 얼마나 대단한 부활의 증인들이 되었는지 잘 나옵니다.

> ¹⁴베드로가 열한 사도와 함께 서서 소리를 높여 이르되 유대인들과

> 예루살렘에 사는 모든 사람들아 이 일을 너희로 알게 할 것이니 내 말에 귀를 기울이라 (행 2:14)

> 32이 예수를 하나님이 살리신지라 우리가 다 이 일에 증인이로다 (행 2:32)

> 41그 말을 받은 사람들은 세례를 받으매 이 날에 신도의 수가 삼천이나 더하더라 (행 2:41)

그리고 (행 4)에 보면 이전에 그들이 그렇게 두려워하던 일이 마침내 발생한 것을 알 수 있습니다. 그들의 주님처럼 그들도 대제사장과 유대인들에게 붙잡힌 것입니다. 그들은 그들이 성전 미문 앞에서 구걸하던 앉은뱅이를 일으켜 세운 것을 가지고 심문을 받습니다.

> 7사도들을 가운데 세우고 묻되 너희가 무슨 권세와 누구의 이름으로 이 일을 행하였느냐
> 8이에 베드로가 성령이 충만하여 이르되 백성의 관리들과 장로들아
> 9만일 병자에게 행한 착한 일에 대하여 이 사람이 어떻게 구원을 받았느냐고 오늘 우리에게 질문한다면
> 10너희와 모든 이스라엘 백성들은 알라 너희가 십자가에 못 박고 하나님이 죽은 자 가운데서 살리신 나사렛 예수 그리스도의 이름으로 이 사람이 건강하게 되어 너희 앞에 섰느니라 (행 4:7-10)

우와. 이 사람들이 (막 16:14)에서 주님이 왜 이렇게 믿음이 없냐고 왜 이렇게 마음이 완악하냐고 꾸짖으셨던 그 제자들이 맞나요? 도대체 이런 담대함과 이런 확신이 어떻게 생기게 된 걸까요? 방금 읽었듯이 10절에 그 해답이 나옵니다.

이들은 "너희가 십자가에 못 박은 나사렛 예수 그리스도의 이름"이라고 하지 않고, "너희가 십자가에 못 박고 하나님이 죽은 자 가운데서 살리신 나사렛 예수 그리스도의 이름"으로 이 사람이 병 고침을 받은 거라고 담대하게 외치고 있었습니다.

그렇습니다. 주님의 부활이 제자들을 완전히 바꿔놓았던 겁니다. 그리고 바로 그 부활의 능력으로 이 앉은뱅이가 일어나게 되었다는 것이 그 겁많던 제자들이 이 서슬 퍼런 유대인 관리들 앞에서 외친 고백이었습니다. 세상에. 만약 부활하신 예수님을 이들이 진짜로 만난 것이 아니었다면 그 겁많던 제자들이 이렇게까지 변한 것을 도대체 무엇으로 설명할 수 있겠습니까? 제가 아는 한 어떤 방법도 없습니다.

결국 이 제자들은 어떻게 되었을까요?

> [18]그들을 불러 경고하여 도무지 예수의 이름으로 말하지도 말고 가르치지도 말라 하니
> [19]베드로와 요한이 대답하여 이르되 하나님 앞에서 너희의 말을 듣는 것이 하나님의 말씀을 듣는 것보다 옳은가 판단하라
> [20]우리는 보고 들은 것을 말하지 아니할 수 없다 하니 (행 4:18-20)

이들은 앞으로 전도를 절대로 금지하라는 경고를 듣습니다. 하지만 그 경고 앞에서 베드로와 요한이 하는 말을 자세히 들어보세요. "하나님 앞에서 우리가 너희 말 듣는 것이 하나님 말씀 듣는 것보다 더 옳다는 말이냐. 우리에게 보고 들은 것을 말하지 말라고 하는 것이냐. 그게 옳으냐." 정말 속이 다 시원한 말입니다. 이게 영화였다면 가장 기억에 남는 명대사에 뽑혔을 겁니다.

그런데... 문이란 문은 다 닫아놓고 숨어서 훌쩍거리기만 하던 그 사람들은 도대체 다 어디로 간 겁니까? 그들이 부활하신 주님을 정말 만난 것이 아니었다면 또 다른 무엇으로 이들의 변화를 설명할 수 있겠습니까?

부활이 사실이 아니었다면 설명되지 못하는 일들

다시 한번 정리해보겠습니다. 오늘 우리는 부활이 진짜 사실이 아니었다면 도저히 일어날 수 없었던 사람들의 변화를 목격했습니다. 첫째로 빈무덤에서 뛰쳐나와 너무 놀랍고 두려워 아무에게 아무 말도 제대로 못 꺼내던 여인들이 있었습니다. 그런데 부활하신 주님을 막달라 마리아가 진짜 만났을 때 이들은 최초의 부활절 메신저가 되어서 날아갈 듯이 제자들에게 달려갔습니다. 떨면서 도망가던 여인들이 어떻게 이렇게 바뀌게 된 겁니까? 부활하신 주님을 진짜 만난 게 아니라면 말입니다.

두 번째로, 이 여인들의 증언을 믿지 않고 엠마오로 낙향하던 두 제자들이 있었습니다. 얼굴에는 슬픈 빛이 가득했고 어깨는 축 늘어진 실패자요, 루저들이었습니다. 이젠 다 끝났다고 생각했겠죠. 그런데 그들이 엠마오에서 저녁을 먹다 말고 갑자기 예루살렘으로 돌아왔습니다. 수원 경희대 정문에서 에버랜드 정문까지 한밤중에 달려왔습니다. 예루살렘에서 아무 소망이 없어 낙향하던 자들이 갑자기 왜 이렇게 바뀌었을까요? 그들이 부활하신 주님을 진짜 만났기 때문이 아니라면 도대체 이 상황을 무엇으로 설명할 수 있겠습니까?

세 번째로, 주님의 다른 제자들입니다. 어떻게 보면 가장 유명한 제자들이었습니다. 자기들도 잡혀갈까 봐 문이란 문은 다 걸어 잠갔던 이 사람들. 그런데 막달라 마리아와 엠마오에서 돌아온 제자들이 아무리 부활하신 주님을 진짜 만났노라고 증언해도 그걸 온전히 믿을 수 없었던 이들이 하루 아침에 완전히 바뀌어버렸습니다. 부활의 주님을 직접 만난 다음에 말입니다.

이들은 얼마 뒤에는 자기들을 잡으러 온 자들에게 "하나님 앞에서 너희 말 듣는 것이 하나님 말씀 듣는 것보다 더 옳다는 말이냐."라고 따졌고, 자기들은 "보고 들은 것을 말하지 아니할 수 없다."라고 외쳤으며, "너희가 십자가에 못 박고 하나님이 죽은 자 가운데서 살리신 나사렛 예수 그리스도의 이름으로" 앉은뱅이를 고쳤다고 선포하는 자가 되었습니다. 이제는 아무리 옥에 가두고 생명을 위협해도 끄떡없는 믿음의 용사들이 되었습니다. 그리고 당당히 순교했습니다. 도대체 그 겁 많고 믿음 없던 사람들이 왜 이렇게 바뀐 거죠? 주님의 부활이 정말 사실이 아니었다면 말입니다.

부활은 역사다

아까 "예수는 역사다."라는 영화 이야기를 해드렸습니다. 영화의 끝에 가면 주인공이 붙여놓은 자료들로 가득 찬 칠판을 들여다보는 장면이 나옵니다. 그 칠판에는 특히 신약성경 사본들이 지금까지 얼마나 완벽하게 보존되어왔는지, 그리고 신약성경이 얼마나 믿을만한 부활 증언으로 가득 차 있는지를 입증하는 수많은 증거들이 붙어있었습니다. 이제 더 이상 증거를 수집하는 것이 의미 없을 정도로 증거들로 꽉 차버린 칠판. 아무런 선입견이 없다면 이 모든 것에 대한 가장 논리적이고 합리적인 결론은 "예수는 역사다."일 수밖에 없다는 것을 이 독실한 무신론자가 깨닫고 있었습니다.

저도 오늘 "부활은 역사다."라는 말씀을 통해 주님의 부활이 역사적 사실이 아니었다면 도저히 일어날 수 없었던 사람들의 변화를 부활의 중요한 증거들로 여러분에게 제시했습니다. 우리에겐 증거가 부족한 것이 아닙니다. 부활의 증거는 칠판에 더 붙일 곳이 없을 정도로 넘쳐납니다.

그런데 "뜻밖에" 리 스트로벨이 결국 예수님을 믿기로 결심한 이유는 그런 증거들 때문이 아니었습니다.

반전이죠. 증거들은 보조적인 이유에 불과했습니다. 그가 정말 궁금해진 것은 이겁니다. 만약 이 많은 증거대로 하나님의 아들이 이 땅에서 사셨던 것이 정말 분명하다면, 그렇다면 그가 왜 죽으셔야 했는가 하는 것이었습니다.

그리고 그는 그것이 "사랑" 때문이었다는 사실을 깨닫습니다. 그걸 깨닫는 데까지 2년이나 걸린 겁니다. 그리고 그 사랑 때문에 자기 아내가 지금까지 자기를 참아줬다는 것도 깨닫습니다. 그리고 칠판에 붙어있는 이 모든 증거들이 바로 다름 아닌 사랑의 증거들이라는 것을 깨닫습니다. 그리고 그는 주님 앞에 털썩 무릎을 꿇고 외칩니다. You Win. 당신이 이기셨습니다.

나중에 어떻게 되었을까요? 리 스트로벨은 결국 목사님이 되었습니다. 그리고 많은 베스트셀러 신앙 서적들을 써서 사람들을 주님께 이끌고 있습니다. 이분이 쓴 책이 우리나라에만 20권 넘게 번역되어 있습니다. 얼마나 귀한 일입니까? 뿐만이 아닙니다. 그의 딸은 아버지의 변화를 보며 6개월 후 기독교 신자가 되었고 지금은 기독교 작가로 활동하고 있으며 그의 아들은 신학교수가 되었습니다.

그렇습니다. 우리에겐 증거가 부족한 것이 아닙니다. 나는 팩트가 아니면 믿지 않겠다는 사람들을 만족시킬 수 있는 많은 고고학적, 문서학적, 정황적 증거들이 우리에겐 넘쳐납니다. 예수는 역사입니다. 부활은 역사입니다.

하지만 우리는 증거가 많기 때문에 믿는 것은 아닙니다. 우리가 예수님을 믿고 십자가와 부활을 믿는 것은 우리에 대한 주님의 "사랑" 때문입니다. 그걸 깨달으면 모든 것이 믿어집니다. 하지만 그걸 모르면 아무리 증거들을 몇 트럭을 갖다 부어줘도 믿지 않습니다.

오늘은 2019년 부활주일입니다. 오늘 우리는 우리에 대한 주님의 사랑을 다시 한번 깨달았으며 또한 주님의 부활이 분명한 역사적 사실이었음도 다시 한번 깨달았습니다. 만약 우리가 믿는 것이 역사적 사실이 아닌 가상의 스토리에 불과한 것이라면 그 믿음은 모래 위에 집을 짓는 것이고 아무 능력도 발휘할 수 없을 겁니다.

하지만 주님의 부활이 진짜였기에 지난 2천 년간 수많은 사람들의 인생이 변화되었고 저와 여러분도 그들 중의 한 명입니다. 이제 모두 부활의 증인이 되어, 또 한 사람의 막달라 마리아가 되고 엠마오 제자가 되고 사도행전의 그 담대한 제자들이 되어, 주님 다시 오시는 그날까지 "보고 들은 것을 증거"하는 일에 모든 것을 걸고 사는 분들이 다 되시기를 기원합니다.

7. 간구하시는 성령님 _ The Spirit who intercedes

‖ 로마서 8:26-28 ‖

²⁶이와 같이 성령도 우리의 연약함을 도우시나니 우리는 마땅히 기도할 바를 알지 못하나 오직 성령이 말할 수 없는 탄식으로 우리를 위하여 친히 간구하시느니라 ²⁷마음을 살피시는 이가 성령의 생각을 아시나니 이는 성령이 하나님의 뜻대로 성도를 위하여 간구하심이니라 ²⁸우리가 알거니와 하나님을 사랑하는 자 곧 그의 뜻대로 부르심을 입은 자들에게는 모든 것이 합력하여 선을 이루느니라

통장을 발견하다

어떤 남편이 최근 들어서 자기가 물어보는 말에 아내가 대답을 안 할 때가 많다는 사실을 깨달았습니다. 그러던 어느 날 퇴근을 하고 방에서 옷을 갈아입는데 주방에서 맛있는 냄새가 나길래 큰소리로 외쳤습니다. "여보, 오늘 저녁 뭐지?" 그런데 아무 대답이 없었습니다.

그래서 방문을 열고 나와서 다시 외쳤습니다. "여보, 오늘 저녁 메뉴가 뭐지?" 이번에도 아무 대답이 없었습니다. 순간 남편은 자기 아내가 젊었을 때가 떠오르면서 그동안 고생을 많이 하더니 이젠 늙으면서 귀까지 멀어가는구나 생각하며 눈물이 날 지경이었습니다.

이번엔 식탁 바로 앞에까지 가서 외쳤습니다. "여보, 오늘 저녁 뭐야?" 역시 대답이 없었습니다. 아, 여기서도 안 들린다니. 결국 아내 뒤로 바짝 다가가서 뒤에서 안아주면서 귀에다 대고 마지막으로 다정하게 물었습니다. "여보, 오늘 저녁 뭐지?"

그런데 갑자기 아내가 뒤를 확 돌아서더니 그러는 거였습니다. "칼국수라니까요. 도대체 칼국수라고 몇 번을 말해야 알아듣겠어요?" 알고 보니까 아내가 아니라 자기가 귀가 먹은 거였습니다. 정말 불쌍한 건 자기였는데 그것도 모르고 아내 걱정만 하고 있었습니다.

우린 이렇게 다른 사람 문제에는 예민한데 정작 자기 문제에 대해서는 둔감합니다. 1분 후면 차에 치여서 응급실 신세가 될 상황에서도 우린 스마트폰만 만지작거리며 길을 건넙니다. 충치 때문에 밤새 시달리고 괴로우면 치과에 아침 일찍 달려가서 직장에 늦지 않을 생각은 하지만, 정작 우리 속에 암 덩어리가 커지고 있어도 심각한 증세가 나타날 때까지는 잘 모릅니다.

톨스토이의 <사람은 무엇으로 사는가>라는 소설이 있습니다. 거기에 보면 곧 죽을 운명인데도 1년을 신어도 끄떡없는 튼튼한 구두를 만들어 달라고 하면서 만약 튼튼하게 만들지 않으면 잡아 가두겠다는 협박까지 하는 어떤 귀족이 나옵니다. 하지만 그 귀족은 집에 돌아가는 마차 안에서 죽습니다. 그래서 그의 하인은 허겁지겁 달려와서 구두 말고 수의로 사용할 슬리퍼를 만들어달라고 부탁하는 장면이 나옵니다.

이런 게 인생입니다. 나한테 정말 필요한 것이 1년을 버티는 튼튼한 구두가 아니라 기껏해야 수의로 사용할 부드러운 슬리퍼인 줄도 모르고 사는 게 우리 인생입니다. 우리는 정말로 내게 필요한 게 뭔지 알지도 못하고 살고 있고, 1년은 물론 한 치 앞도 제대로 내다보고 살 수도 없다고 하는 것이 우리 인생의 비극입니다.

이런 말 들으니까 갑자기 없던 염려근심이 막 생기시나요? 이렇게 불안한 인생을 어떻게 헤쳐나갈지 걱정이 되시나요? 하지만 염려 마세요. 지금부터 여러분들에게 정말 큰 위로와 힘이 되는 말씀을 드리겠습니다.

한 번 이런 걸 생각해보세요. 갑자기 큰돈이 필요한데 어디서 나올 구멍은 없고... 그런데 여기저기 뒤지다가 서랍 속에서 오랫동안 잊고 있던 통장을 하나 발견했는데 그 안에 꽤 많은 돈이 들어있는 경우가 있습니다. 신기하고 놀랍죠. 혹시 그런 통장 발견해본 적 있으신가요? 저는 있습니다. 상당히 오래전 일인데 그게 아직도 기억나는 걸 보니 정말 감격스러웠고 큰 힘이 되었던 것 같습니다.

그런데 오늘 본문 말씀은 그것과 비교도 안 될 정도로 큰 힘이 여러분에게 되어드릴 겁니다. 우리가 죽는 날까지 정말 큰 힘이 될 말씀입니다. 오랫동안 잊고 있던 정말 기가 막힌 이 통장을 성경에서 꼭 발견하시기를 바랍니다.

특별히 오늘은 성령강림주일입니다. 그리고 오늘 말씀의 제목은 "간구하시는 성령님"입니다. 예수님 믿는 자들에게 한 명도 빠짐없이 강림하여 계신 우리 성령님께서 오늘 우리들을 위해 행하시는 이 기가 막힌 사역의 의미를 제대로 깨닫는다면, 세상 살아가며 쓸데없는 외로움에 시달릴 자가 한 분도 없으실 줄 믿습니다.

1. 우리의 연약함을 도우시는 성령님의 간구

> 26이와 같이 성령도 우리의 연약함을 도우시나니 우리는 마땅히 기도할 바를 알지 못하나 오직 성령이 말할 수 없는 탄식으로 우리를 위하여 친히 간구하시느니라 (롬 8:26)

여기에 우리의 연약함을 도우신다는 말의 헬라어 원형은 "쉬난틸람바노마이 (συναντιλαμβάνομαι)"입니다. 이 단어는 쉰(σύν, together(함께)), 안티(ἀντί, opposite(맞은 편)), 그리고 람바노(λαμβάνω, take hold of(잡다))의 세 단어로 이루어진 합성어입니다. 그러니까 여기서 도와준다는 말의 정확한 의미는 "함께 맞은 편을 잡는다(to take hold of opposite together)"는 것입니다. 즉 쉬난틸람바노마이는 나는 자고 있어도 성령님이 다 하신다, 나는 기도 안 하고 있어도 성령님이 나를 위해 다 기도하신다, 그런 의미의 도움을 말하는 게 아닙니다. 나와 성령님이 함께 맞은편을 붙잡고 일하는 것이 이 도움의 정확한 의미입니다. 즉 협력(cooperation)의 의미입니다. 이 헬라어가 성경에 딱 한 번 더 나오는데 그 본문을 보면 이 단어의 의미가 더 분명해집니다.

> 40마르다는 준비하는 일이 많아 마음이 분주한지라 예수께 나아가 이르되 주여 내 동생이 나 혼자 일하게 두는 것을 생각하지 아니하시나이까 그를 명하사 나를 도와 주라 하소서 (눅 10:40)

마르다는 자기 동생 마리아가 자기가 음식 준비하는 것을 도와주기를 바라고 있었습니다. 물론 주님은 마리아가 주님 말씀을 경청하는 더 좋은 쪽을 택했다고 하시면서 그걸 거부하십니다. 하지만 어쨌든 여기서 도와준다는 말이 바로 쉬난틸람바노마이입니다. 즉, 마르다는 혼자 일하는 것이 너무 버거우니 동생이 그와 함께 그 무거운 일의 맞은편을 붙잡고 그녀를 도와주기를 원했던 것입니다.

이게 바로 성령께서 우리 연약함을 도우신다는 의미입니다. 우리가 연약할 때, 우리가 혼자 힘으로는 도저히 이겨낼 수 없을 때 우리와 함께 맞은편을 붙잡고 함께 일하시는 분이 계심을 절대 잊지 않으시기를 바랍니다.

그런데 "곁에서 도와주시는 분"이라는 뜻의 헬라어가 따로 있습니다. 성령님의 또 다른 이름이기도 하신데요 그게 뭘까요? 아주 유명한 단어입니다. 그건 바로 "파라클레토스(παράκλητος)"입니다. 혹시 이 헬라어를 못 들어보셨다고 해도 아마 우리 말로는 잘 아시는 단어일 겁니다. 그건 바로 "보혜사"입니다. 성령님은 파라클레토스 즉 보혜사이십니다.

보혜사는 옆에서 돕는 자라는 뜻입니다. 성령님은 우리를 옆에서 도우시기 위해 우리에게 오신 분입니다. 그건 우리가 연약하기 때문이고, 오늘 본문 26절에 보면 심지어 우리가 마땅히 기도할 바를 알지도 못하고 살고 있기 때문입니다. 우리 연약함이 하늘을 찌릅니다. 그래서 성령님이 말할 수 없는 탄식으로 우리를 위해 친히 간구하고 계시는 겁니다. 혹시 여러분은 여러분이 기도해야만 할 것들을 빠짐없이 다 기도하고 계신가요?

우린 기도할 때 대개 기도 제목들을 하나하나 또박또박 나열해가며 기도하기 시작합니다. 그런데 한참 동안을 가족과 교회와 선교사들과 그리고 자신을 위해 간절히 기도하다가 보면 결국 끝에는 하나님 도와주세요, 하나님 살려주세요, 하나님 절 불쌍히 여겨주세요, 하나님, 하나님... 그저 이런 신음같은 기도 소리만 나올 때가 있습니다. 엘리 제사장 앞에서 축 늘어져 그저 입술만 움직이던 한나와 같이 말입니다. 그리고 "나의 눈물을 주의 병에 담으소서"(시 56:8)라는 다윗의 고백과 같이 그저 눈물만 하염없이 쏟으며 아무 말도 더 못할 때가 있습니다.

우리가 기도제목 1, 2, 3을 유창하게 나열하며 기도하는 순간이 아니라, 내가 무엇을 위해 기도해야 할지 솔직히 잘 모르겠고 내가 그저 한없는 연약에 싸인 존재일 뿐이라는 사실을 진심으로 깨닫게 될 때, 그래서 입에서 그저 신음 같은 소리밖에는 나오지 않게 될 때 그때부터 우리는 진짜 기도를 시작하고 있는 것인지도 모릅니다. 그리고 바로 그때 성령님이 우리를 위하여 간구하며 돕고 계신다는 걸 느낄 수 있습니다.

우린 우리에게 필요한 걸 마트에서 사오거나 앱으로 쉽게 주문할 수 있다고 생각합니다. 하지만 우리에게 정말 필요한 것이 무엇인지 우리는 잘 모릅니다. 아내가 귀먹어간다고 착각했던 아까 그 불쌍한 남편처럼 우리의 귀가 한참을 먹어갈 때까지 우리는 우리 문제가 무엇인지도 잘 알 수가 없습니다. 그러니 연약한 나를 위해 "쉬난틸람바노마이" 해주시는, 나와 맞은 편을 함께 붙잡고 나를 위해 간절히 기도해주시는 우리 성령님의 은혜에 그저 눈물 나게 감사할 뿐입니다. 그분은 피곤해하시지도 않습니다. 365일 24시간 우리 자신보다 우리를 위해 더 간절히 쉬지 않고 기도하십니다. 우리가 어디서 이런 중보기도자를 구할 수 있을 것입니까? 억만금을 준다고 구할 수 있는 분입니까?

더구나 그분의 중보기도는 대충 대충이 없습니다. 정말 간절합니다. 그분은 "말할 수 없는 탄식"으로 기도하신다고 했습니다. "말할 수 없는 탄식", 이건 언어로 표현할 수 없는 신음 소리라는 뜻입니다. 왜 성령께서 언어를 못 쓰시겠습니까? 하지만 우리 연약함이 얼마나 심각하고 우리가 얼마나 마땅히 기도해야 할 것도 기도하지 못하던 자들이었는지, 성령께서는 우리를 위해서 간구하실 때 마치 인간의 신음처럼 탄식하시면서 간구하신다고 하신 겁니다. 얼마나 죄송하고 또 얼마나 감사한 일인지 모릅니다.

"누군가 널 위해 기도하네", 이 찬양 다들 좋아하시죠? 그 누군가가 누굴까요? 다른 사람이 아닙니다. 그 누군가는 우선 하나님 우편에 앉아서 우리를 위해 간구하시는 우리 주님을 말하는 겁니다. 그리고 또한 우리 안에 내주하시면서 평생 우리를 돕는 자로 사시는 우리 성령님을 말하는 겁니다.

성령님의 간구가 아니었다면, 성령님의 말할 수 없는 탄식이 아니었다면 우리 중 오늘 이 순간까지 올 수 없었던 사람이 대부분일 겁니다. 다들 살면서 여러 번 큰 위기를 잘 넘기셨습니다. 차에 치일 뻔했었고, 너무 아파서 죽을 뻔했었고, 큰 봉변을 당할 상황에서 누군가를 만났고… 그게 다 성령님의 간구 덕택인 걸 믿으시기 바랍니다.

저도 십여 년 전에 전속력으로 달리던 버스가 제 차 옆을 정면으로 들이받은 적이 있습니다. 제 차가 도로에서 몇 바퀴를 빙글빙글 돌았는지 모릅니다. 차 수리비만 2천만 원이 넘게 나왔으니 말 다 했습니다. 그런데 저는 털끝 하나 다치지 않았습니다. 허리도 안 아팠고 목도 잡을 일이 없었습니다.

이게 다 운이었을까요? 1분 앞도 못 내다보는 저를 위해 탄식하며 기도하시는 우리 성령님의 그 간구가 아니었다면, 제가 거기서 어떻게 살아날 수 있었겠습니까? 사고 다음 날 아침 차를 정비공장에 입고시키는데, 거기 지나가던 모든 공장직원이 일렬로 서서 제 차를 한참 쳐다보는 걸 봤습니다. 어떤 직원은 이렇게 심하게 부서진 차가 공장에 들어오는 걸 처음 봤다고 했습니다. 이런 크고 작은 기적들이 우리에게 얼마나 많은지 모릅니다.

보혜사 성령

그래서 성령님은 진정한 보혜사이십니다. 우리 옆에서 우리를 돕기 위해 오신 분입니다. 오리지널 보혜사 되신 우리 예수님께서 그러셨죠. "내가 가면 또 다른 보혜사를 보내주겠다."라고 말입니다.

> 16내가 아버지께 구하겠으니 그가 또 다른 보혜사를 너희에게 주사 영원토록 너희와 함께 있게 하리니 (요 14:16)

그리고 이 약속대로 인류역사상 처음으로 하나님의 영이 인간과 함께 영원히 거하기 위하여 이 땅에 내려오셨습니다. 그날이 오순절이고 그걸 대대로 기념하는 날이 성령강림절이며 그 증거는 바로 지금 우리 안에 계시는 성령님이십니다. 세상은 그분을 알지도 못하지만 성령께선 예수님 믿는 자의 심령 안에 영원히 거하기 위해 오셨습니다.

> ¹⁷그는 진리의 영이라 세상은 능히 그를 받지 못하나니 이는 그를 보지도 못하고 알지도 못함이라 그러나 너희는 그를 아나니 그는 너희와 함께 거하심이요 또 너희 속에 계시겠음이라 (요 14:17)

여기 보면, 성령님은 "너희와 함께(παρ' ὑμῖν(파라 휘민), with you)", 그리고 "너희 속에(ἐν ὑμῖν(엔 휘민), in you)" 거하신다고 했습니다. 그러니 여러분. 세상에 두려울 것이 무엇입니까?

> ¹⁸내가 너희를 고아와 같이 버려두지 아니하고 너희에게로 오리라 ¹⁹조금 있으면 세상은 다시 나를 보지 못할 것이로되 너희는 나를 보리니 이는 내가 살아 있고 너희도 살아 있겠음이라 (요 14:18,19)

18절에서는 갑자기 주어가 예수님으로 바뀝니다. "내가 너희를 고아처럼 내버려 두지 않고 너희에게로 오리라." 이 얼마나 귀한 약속입니까? 그런데 여기 "내가 너희에게로 오리라."라는 약속은 무엇을 말씀하시는 걸까요? 예수님의 재림을 말씀하시는 것 같기도 하죠. 그렇게 생각하는 것이 불가능한 것은 아닙니다. 하지만 많은 신학자들은 이 말씀을 재림보다는 성령강림으로 이해합니다. 거기엔 이유가 있습니다.

19절에 보면 "조금 있으면"이라고 했죠. 재림은 시간적으로 상당히 한참 후에 있을 일입니다. 주님은 아직 십자가에서 죽지도 않으셨고 부활하지도 않으셨고 승천하지도 않으신 상태입니다. 그래서 이 "조금 있으면"이라는 말은 시간적으로 주님의 재림과 어울리지 않습니다. 그리고 "세상은 다시 나를 보지 못할 것이로되 너희는 나를 보리라."라고 하셨죠. 이게 만약 주님의 재림이 맞다면 재림은 모든 사람이 다 볼 수 있게 임하신다는 다른 성경 말씀들과 일치하지 않습니다.

> 27번개가 동편에서 나서 서편까지 번쩍임 같이 인자의 임함도 그러하리라 (마 24:27)

번개가 하늘 이편에서 쳐서 저편까지 번쩍이면 누구나 다 볼 수 있잖아요? 예수님의 재림도 그런 식으로 모든 사람이 다 볼 수 있게 일어날 것이라는 겁니다. "나는 못 봤는데…" 할 사람이 아무도 없을 거라는 뜻입니다.

> 7볼지어다 그가 구름을 타고 오시리라 각 사람의 눈이 그를 보겠고 그를 찌른 자들도 볼 것이요 땅에 있는 모든 족속이 그로 말미암아 애곡하리니 그러하리라 아멘 (계 1:7)

각 사람의 눈이 재림주를 보게 될 것입니다. 그리고 심지어 주님을 반대하고 핍박하던 자들도 다 보게 될 것입니다. 그 결과 땅에 있는 모든 족속이 주님의 재림으로 인해 애곡하게 될 것이라고 했습니다. 예수님의 재림은 온 지구적인 그리고 온 우주적인 사건이기 때문입니다.

요즘 여기저기서 자기가 재림 예수라면서 말하는 이단들이 횡횡합니다. 성경에서 말하는 재림은 그렇게 지구의 어느 조그만 한 구석에서 일어나는 작은 사건이 아닙니다. 재림은 그런 초라한 로컬 버전이 아니라는 겁니다. 그런데 지금 우리나라에 자기가 재림예수라고 말하는 자들이 50명 정도 있다고 합니다. 세상에. 엉터리도 이런 엉터리들이 없죠. 그리고 그걸 믿는 것처럼 멍텅구리 짓도 없을 것입니다. 영혼의 보이스피싱에 당하지 마시기 바랍니다.

따라서 여기 (요 14:18,19)은 예수님의 재림을 말하는 것은 아닌 것으로 보입니다. 그렇다면 "내가 너희에게로 오리라."라는 말씀은 무슨 뜻일까요? 그건 바로 그 앞 절에 보면, 우리와 함께 그리고 우리 안에 거하시게 하려고 성령님을 보내주신다고 하셨죠? 이 18절 말씀은 바로 그 성령강림을 말한다고 보는 것이 가장 정통적인 해석입니다.

조금 더 신학적인 문장으로 표현하자면, 삼위일체 되신 성자 하나님께서 삼위일체 되신 성령 하나님이 우리 속에 들어오시는 것을 통하여 우리에게로 오신다고 약속하신 것입니다. 그래서 결코 우리를 고아처럼 내버려두지 않으신다는 주님의 약속은 이미 성취되기 시작한 것입니다. 그리고 그 약속은 우리 주님이 다시 이 땅에 재림하시는 날 최종 완성될 것입니다.

그런데 우리에게 오신 성령께서 보시기에 우리가 너무 연약한 겁니다. 우린 우리가 무궁화 다섯 개짜리 호텔인 것처럼 성령이여 내게 오소서 이렇게 떠벌였는데, 사실은 다 쓰러져가는 여인숙보다도 못한 곳에 성령님을 모신 것이었습니다. 거룩한 분을 모시고 보니 여기는 전혀 그분께 어울리는 곳이 아니었던 겁니다.

하지만 약속대로 성령님은 우리 안에 오셨고 좌정하셨으며 우리가 주님 나라에 들어가는 그날까지 우리를 떠나지 않으실 것입니다. 이제 성령께선 이 연약한 심령을 위해 신음하듯이 탄식하시면서 간구하고 계십니다. 그리고 그분의 간구는 반드시 응답될 것입니다. 왜냐하면 그분은 100% 하나님의 뜻대로 구하시는 분이기 때문입니다.

2. 하나님의 뜻대로 구하시는 성령님의 간구

> ²⁷마음을 살피시는 이가 성령의 생각을 아시나니 이는 성령이 하나님의 뜻대로 성도를 위하여 간구하심이니라 (롬 8:27)

성령께서는 언제나 하나님의 뜻대로 간구하십니다. 그래서 성령님의 간구는 위력적인 것입니다. 하지만 우리 인간은 안 그렇죠. 하나님의 뜻을 100% 이해하고 기도하는 사람은 아무도 없습니다. 게다가 솔직히 우리 대부분은 우리에게 하나님의 뜻이 이루어지는 것보다 하나님께 우리의 뜻을 관철시키는 데 더 관심이 많은 것 같습니다. 특히 개인주의가 심한 현대사회에 사는 현대 그리스도인들에게 이런 이기적인 기도가 적지 않습니다. 그러다 보니 정말 황당무계한 기도도 천연덕스럽게 드리게 되고 그리고 그러다 보니 기도 응답도 잘 안 됩니다.

우린 기도 응답이 안 되면 믿음이 없었다는 자책을 많이 합니다. 하지만 내 기도가 하나님 뜻에 합당한 것이었는지에 대해서는 심각하게 따져보지 않는 경우가 많습니다. 쉬운 예를 하나 들어볼까요?

예를 들어서 여러분 다들 축구 좋아하시죠. 우리나라가 다른 나라와 시합을 하는 날이면 전 국민이 응원단이 됩니다. 특히 일본하고 시합을 하는 날이면 단군 이래로 전 국민이 가장 단합이 잘 되는 날이 됩니다. 거기엔 여야도 없습니다. 그렇게 싸우던 사람들도 이날만은 휴전하고 함께 목이 터져라고 응원합니다. 그리고 이렇게 기도하기도 합니다. "주여 우리나라가 꼭 이기게 도와주시옵소서! 도와주시옵소서!" 다들 간절히 기도합니다. 그런데 우리가 이기면 "할렐루야"겠지만 만약에 지면 기도에 응답하지 않으신 하나님을 원망하실 건가요?

한번 이런 생각도 해보세요. 우리와 싸운 상대편 나라에도 많은 크리스천이 있겠죠. 기독교가 굉장히 미약하다는 일본조차도 인구의 0.8% 정도는 크리스천입니다. 그들도 한국과의 국가대항전이 있을 때 기도하지 않을까요? 반드시 우리 일본이 이기게 해달라고 말입니다. 그럼 하나님은 도대체 누구의 손을 들어주셔야 하는 걸까요?

또 예를 들어 서로 모르는 김 집사와 박 집사가 어떤 사업을 따내기 위해 경쟁적으로 노력하고 있습니다. 그리고 서로 간절히 기도하고 있습니다. 둘 다 신실하고 경건한 성도일 때 하나님은 누구 손을 들어주셔야 할까요? 잘 모르시겠죠? 그런 의미에서 우리는 기도할 때 "주여, 주시옵소서." 하는 기도를 조금 조심스럽게 할 필요가 있습니다. 나의 소원보다는 하나님의 뜻이 이루어지기를 원한다는 기도가 반드시 그 속에 들어있어야 합니다. 형식적으로가 아니라 진심으로 말입니다.

마틴 루터가 이런 말을 했습니다. "기도는 하나님이 싫어하시는 걸 극복하는 게 아니라 그분이 좋아하시는 걸 붙잡는 것이다." 하나님이 좋아하시는 것을 붙잡고 그걸 기도하시기 바랍니다. 만약 하나님의 뜻을 알 수 없는 상황이라면 아예 이렇게 기도하세요. "오직 하나님의 뜻이 이루어지기를 원하나이다. 만약 나의 뜻이 아버지의 뜻에 어긋난다면 아버지의 원대로 되기를 원하나이다."

예수님도 그렇게 기도하셨죠.

> 36이 잔을 내게서 옮기시옵소서 그러나 나의 원대로 마시옵고 아버지의 원대로 하옵소서 (막 14:36)

주님이 가르쳐주신 기도에도 분명히 나옵니다.

> 10나라가 임하시오며 뜻이 하늘에서 이루어진 것 같이 땅에서도 이루어지이다 (마 6:10)

그러니 우리는 믿음의 기도만 강조하지 말고 하나님 뜻에 합당한 기도를 강조해야 합니다. 믿음이 없어서만 응답되지 않는 것이 아닙니다. 우리가 하나님의 뜻대로 간구하지 못했기에 응답되지 않을 수 있다는 사실을 꼭 기억해야 합니다.

그리고 우리는 좀 전에 성령님이 우리를 위해 말할 수 없는 탄식으로 간구하고 계신다는 사실을 알고 감사했었습니다. 그런데 그뿐만이 아니라 그분은 항상 아버지 하나님의 뜻대로만 간구하신다는 겁니다. 우와. 이렇게 위로가 되는 말씀이 또 있을까요? 얼마나 감사합니까? 성령님 감사합니다. 우리를 위한 그분의 기도는 반드시 100% 응답될 줄 믿습니다. 할렐루야.

3. 모든 것이 합력하여 선을 이루게 되는 성령님의 간구

> 28우리가 알거니와 하나님을 사랑하는 자 곧 그의 뜻대로 부르심을 입은 자들에게는 모든 것이 합력하여 선을 이루느니라 (롬 8:28)

굉장히 유명한 말씀입니다. 하나님을 사랑하는 자에게는 모든 것이 합력하여 선을 이루는 은혜가 있을 것이라는 것인데, 그걸 싫어할 사람이 누가 있겠습니까? 그래서 다들 이 말씀을 너무나 사랑합니다.

그런데 그게 어떻게 가능할까요? 그 원동력은 뭘까요? 그냥 28절만 떼어놓고 생각하면 막연합니다. 하지만 바로 앞, 즉 26, 27절에 기가 막힌 성령님의 사역이 소개되었었던 것을 다시 한 번 기억해보세요. 그건 바로 성령님이 우리 연약함을 돕기 위해서 간구하시며 그리고 그 간구가 하나님의 뜻에 합하는 간구이므로 반드시 다 이루어질 것이라는 것입니다.

이제 아시겠죠? 그래서 우리 믿는 자들에게는 모든 것이 합력하여 선을 이루는 기적이 반드시 발생하게 되어있는 것입니다. "물밑에서" 성령님이 기가 막힌 중보기도 사역을 하고 계시기 때문입니다. 그리고 사실 믿는 자들을 위한 간구는 원조 보혜사 되신 예수님의 귀중한 사역이기도 합니다. 누가복음에 잘 나옵니다.

> 31시몬아, 시몬아, 보라 사탄이 너희를 밀 까부르듯 하려고 요구하였으나 (눅 22:31)

시몬 베드로 본인은 잘 몰랐겠지만 지금 그에게 아주 큰 위기가 닥쳤습니다. "물밑에서" 사탄 마귀가 그에게 치명상을 입혀 넘어뜨리려고 시도하고 있었기 때문입니다.

> 32그러나 내가 너를 위하여 네 믿음이 떨어지지 않기를 기도하였노니 너는 돌이킨 후에 네 형제를 굳게 하라 (눅 22:32)

하지만 베드로가 넘어지지 않도록 주님이 기도하셨다는 겁니다. 얼마나 감사합니까? 그런데 놀라운 사실이 있습니다. 주님이 베드로를 위해서 기도하신 것은 맞지만 주님은 그가 실패할 것도 알고 계셨다는 겁니다. 그래서 여기 보면 "너는 돌이킨 후에"라는 표현이 나옵니다. 그러니까 실패한 뒤에 다시 돌이켜서 이러이러한 일을 하라고 지금 주님은 말씀하고 계신 겁니다. 베드로는 무얼 실패하게 되는 것이었을까요?

> 33그가 말하되 주여 내가 주와 함께 옥에도, 죽는 데에도 가기를 각

> 오하였나이다
> **34**이르시되 베드로야 내가 네게 말하노니 오늘 닭 울기 전에 네가 세 번 나를 모른다고 부인하리라 하시니라 (눅 22:33,34)

베드로는 닭 울기 전에 예수님을 무려 세 차례나 부인할 것을 주님이 알고 계셨습니다. 또 실제로 그 일이 일어난 것이 성경에 기록되어 있습니다. 잘 아시는 내용이죠?

그런데 놀랍지 않으세요? 베드로의 믿음이 약해지지 않기를 위해 주님이 분명히 기도하셨건만 주님은 또한 베드로가 자신을 부인할 것을 이미 알고 계셨다는 겁니다. 그리고 실제로 그 일이 일어났습니다. 그렇다면 예수님의 기도도 응답이 안 될 수 있다는 걸까요? 그건 아니겠죠. 그렇다면 우리는 시야를 넓힐 필요가 있습니다.

예수님의 기도는 넓은 시야로 보면 철저하게 응답되었습니다. 왜냐하면 베드로는 그 실패 이후 정말 돌이켰잖아요? 그래서 그 믿음이 이전보다 더욱 굳건해졌고 결국 그는 초대교회에서 가장 중요한 사도로 쓰임 받게 되었습니다. 대제사장 집뜰에서 주님을 부인한 것만 보지 마시고 전체를 보시기 바랍니다.

그러니 우리도, 일희일비할 필요가 없습니다. 당장은 실패한 것 같아도, 당장은 시궁창에 내던져진 것 같아도 전체를 보면 우리 주님의 기도는 그리고 우리 성령님의 간구는 반드시 응답됩니다. 반드시 모든 것을 합력시켜서 우리 삶에 큰 선을 이루실 겁니다.

예수님과 성령님의 간구는 우리를 보호합니다. 하지만 많은 경우에 그 간구는 오늘 내가 넘어지지 않게 되는 것이 아니라, 내일 회복되어 일어날 것을 위한 간구인 것을 믿으시기 바랍니다.

그리고 예수님은 2,000년 전에만 기도하셨던 분이 아닙니다. 바로 지금 이 시각에도 우리를 위해서 하늘에서 기도하고 계십니다. 그냥 드리는 말씀이 아닙니다.

> 34누가 정죄하리요 죽으실 뿐 아니라 다시 살아나신 이는 그리스도 예수시니 그는 하나님 우편에 계신 자요 우리를 위하여 간구하시는 자시니라 (롬 8:34)

이제 아시겠죠? 삼위일체 되신 성자 하나님은 저 하늘에서 지금도 우릴 위해 간구하고 계십니다. 그리고 삼위일체 되신 성령 하나님은 우리 속에 내주하사 연약한 우릴 위해 탄식하며 간구하고 계십니다. 그리고 삼위일체 되신 성부 하나님 곧 우리 아버지 하나님은 그 간구에 철저하게 응답하고 계십니다.

그래서 우리가 지금 지켜지고 있는 것입니다. 그래서 우리가 하나님 나라에 들어갈 때까지 보호되고 보존되는 것입니다. 그리고 그래서 모든 것이 합력해서 반드시 선을 이루게 되어있는 것입니다. 이건 누구도 흔들 수 없는 만고의 진리입니다. 내가 잘 나서가 아닙니다. 처음부터 끝까지 하나님의 은혜입니다.

간구하시는 보혜사

오늘은 성령강림주일입니다. 구약시대에는 특별한 시기에, 특별한 사람에게, 특별한 사역을 위해서 잠깐만 머물다가 떠나셨던 분이 바로 성령님이십니다. 그런데 그분이 인간 역사상 처음으로 인간과 영원히 함께 거하시기 위해 2천 년 전에 이 땅에 오셨습니다. 그래서 모든 그리스도인은 그가 예수님을 구주로 고백하는 순간부터 이 땅을 하직할 때까지, 영원토록 하나님의 영을 그 속에 모시고 살게 되었습니다. 드디어 임마누엘의 약속이 성취가 된 겁니다.

여러분은 임마누엘이라는 말을 어디서 처음 들어보셨나요? 마태복음 1장에서 처음 들어본 분들이 많을 겁니다. 거기 보면 주의 사자가 마리아에게 나타나서 (사 7:14)을 인용하면서 이렇게 말합니다.

> 23보라 처녀가 잉태하여 아들을 낳을 것이요 그의 이름은 임마누엘이라 하리라 하셨으니 이를 번역한즉 하나님이 우리와 함께 계시다 함이라 (마 1:23)

그래서 예수님의 또 다른 이름은 임마누엘입니다. 임마누엘은 "하나님이 우리와 함께 계신다."라는 뜻입니다. 그리고 마태복음의 제일 마지막 구절에서 다시 한번 임마누엘이 약속됩니다.

> 20내가 너희에게 분부한 모든 것을 가르쳐 지키게 하라 볼지어다 내가 세상 끝날까지 너희와 항상 함께 있으리라 하시니라 (마 28:20)

그래서 마태복음은 임마누엘로 시작해서 임마누엘로 끝나는 책입니다. 하지만 주님은 결국 승천하셨잖아요? 재림의 약속은 남아있지만 그럼 지금 당장 임마누엘의 약속은 어떻게 된 걸까요?

바로 그래서 주님이 "또 다른 보혜사"를 보낸다고 약속하셨던 겁니다. 그리고 그 보혜사께선 지금 우리들 안에 내주하고 계시는 성령님이십니다.

성령께선 자기를 위해 무엇을 기도해야 할지도 모르는 연약한 우리들을 위해 지금 이 시각도 인간의 말로 표현할 수 없는 탄식과 신음소리를 내시며 아버지 하나님께 간구를 드리고 계십니다. 게다가 완전히 하나님의 뜻에 합당한 간구만 하고 계십니다. 이 얼마나 감사하고 또 얼마나 죄송한 일입니까?

그러니 성령강림절은 기쁜 경축일이면서 동시에 우리가 우리 연약함을 다시 한번 깨닫는 날입니다. 오늘도 내 영혼과 내 육체가 이렇게 안전하게 숨 쉬고 살아갈 수 있는 것이 보혜사 성령님의 간구 덕분임을 깨닫고 감사하는 날입니다.

오늘 하나님은 이 엄청난 위로와 용기의 말씀을 우리에게 주셨습니다. 언젠가 들어본 적은 있지만 오랫동안 잊고 살았던 이 말씀을 우리가 서랍 속에서, 금고 속에서 다시 한번 발견하게 해주신 하나님께 감사드립니다. 이 귀한 말씀이 바로 우리 인생 최고의 통장입니다. 이제 우리는 믿는 구석이 확실하게 생긴 것이 아닙니까? 그리고 이제 이 험난한 세상에서 용기 내어 살아갈 이유가 충분해진 것 아닙니까? 할렐루야.

Chapter 2

하나님을 위하는 우리
(We for God)

8. 천국을 소망하며 _ Wishing for heaven

‖ 요한복음 14:1-3 ‖

^{1}너희는 마음에 근심하지 말라 하나님을 믿으니 또 나를 믿으라 ^{2}내 아버지 집에 거할 곳이 많도다 그렇지 않으면 너희에게 일렀으리라 내가 너희를 위하여 거처를 예비하러 가노니 ^{3}가서 너희를 위하여 거처를 예비하면 내가 다시 와서 너희를 내게로 영접하여 나 있는 곳에 너희도 있게 하리라

부자의 실수

어디서 읽은 재미있는 글입니다. 한 부자가 죽을 때가 되자 간절히 기도했습니다. "하나님, 제가 정말 고생고생해서 이렇게 많은 재산을 모았는데, 이거 다 놓고 가면 제 인생 너무 불쌍하잖아요? 그러니 조금만 가져가게 해주세요. 하나님 제발요." 물론 하나님께선 허락을 안 하셨죠. 그런데 그 부자가 하도 졸라대니까 결국 가방 하나만 가져가는 걸로 하고 허락해주셨습니다.

부자는 신이 났죠. 그래서 전 재산을 다 팔아 엄청난 양의 금으로 바꾸고 여행 가방도 특대를 주문해서 거기에 잔뜩 집어넣고 나서는 드디어 하늘나라로 출발했습니다. 그런데 그가 금가방을 들고 낑낑대면서 천국문에 도착하자 거기 서 있던 천사가 말했습니다. "여기는 지상에서 가져온 물건은 가지고 못 들어갑니다." 부자가 말했습니다. "아, 이건 하나님이 특별히 허락해주신 거예요. 그러니 내게서 빼앗을 생각 마세요." 그러자 천사가 그럼 어쩔 수 없다는 표정을 짓더니 그 안에 도대체 뭐가 들어있냐고 물었습니다.

부자는 그 안에 금덩이들이 잔뜩 들었다고 했죠. 그랬더니 천국문에 모여있던 천사들이 다 같이 낄낄대고 배를 잡고 웃는 거였습니다. 부자는 너무 당황스러웠죠. 그래서 왜 웃냐고 묻자 이런 대답이 돌아왔습니다. "아니 도로포장 재료들은 왜 그렇게 잔뜩 싸가지고 오신 거예요?"

아뿔싸! 부자는 그때서야 천국이 금으로 된 성이고 그 길도 금으로 깔려있다는 말씀을 교회학교 때 배운 것이 기억났습니다.

> 18그 성곽(wall)은 벽옥(jasper)으로 쌓였고 그 성은 정금인데 맑은 유리 같더라
> 19그 성의 성곽의 기초석은 각색 보석으로 꾸몄는데 첫째 기초석은 벽옥이요 둘째는 남보석이요 셋째는 옥수요 넷째는 녹보석이요
> 20다섯째는 홍마노요 여섯째는 홍보석이요 일곱째는 황옥이요 여덟째는 녹옥이요 아홉째는 담황옥이요 열째는 비취옥이요 열한째는 청옥이요 열두째는 자수정이라
> 21그 열두 문은 열두 진주니 각 문마다 한 개의 진주로 되어 있고 성의 길은 맑은 유리 같은 정금(pure gold)이더라 (계 21:18-21)

진짜 좋은 보석들은 다 어디 있을까요? 그게 뉴욕 크리스티 경매장이 아니라 천국에 있는 것을 믿으시기 바랍니다. 이 세상 살면서 자기 목걸이 진주가 다른 사람들 것보다 더 크다고 좋아하실 것도 없고 더 작다고 주눅 드실 필요도 없습니다. 다 도토리 키재기입니다. 어차피 세상에서 제일 큰 진주는 여기 없고 천국에 있습니다.

게다가 21절에 보니까 천국에 열두 문이 있고 그 문 한 개가 하나의 거대한 진주(a single pearl)로 되어있다고 말씀하셨잖아요? 다들 나중에 천국 안에는 안 들어가고 문 앞에서만 서성대실 것 같아서 여기까지 하겠습니다

만, 천국문이 얼마나 화려하고 아름다울지 상상만 해도 황홀합니다.

어쨌든 정말 한심한 사람들이 누군지 이제 아시겠죠? 잠깐 몇십 년 살다 가는 이 땅에서 좀 부자로 살았다고 우쭐대는 사람도 한심하고, 남들보다 좀 가난하게 살았다고 우울해하는 사람도 한심합니다. 우리의 영원한 삶이 정금으로 된 천국 성에서, 정금으로 깔린 천국 길 위에서 살게 될 것임을 믿으시기 바랍니다.

그리고 무엇보다 거기엔 우리의 모든 것 되시는 주님이 계십니다. 빨리 가보고 싶으시죠? 이 천국 소망이 마음에 가득 찬 분들이 다들 되시기를 주님의 이름으로 축원합니다. 그리고 천국 도로포장 재료 같은 것에 목숨 바치고 살지 마시기를 간곡히 부탁드립니다.

그래서 오늘은 "천국을 소망하며"라는 제목으로 함께 은혜를 나누고자 합니다. 천국 설교는 오랜만이실 겁니다. 다들 오늘 천국 설명회에 잘 오셨습니다. 여러분이 하와이나 호주 여행설명회에 왔다고 생각해보세요. 설명회 끝나자마자 다들 호텔 예약하고 비행기표 예매하고 난리가 날 겁니다. 물론 지금은 코로나 때문에 그게 쉽지 않습니다만.

그런데 천국은 그런 세상의 휴양지하고 비할 바가 아닙니다. 코로나하고도 아무 상관이 없습니다. 백신 안 맞아도 갈 수 있습니다. 자가격리도 필요 없습니다. 다들 오늘 설교가 끝나면 그 나라에 가고 싶은 소망들로 가득 차고, 그 나라 소식이 자꾸 더 궁금해지고, 내가 세상에서 지금까지 별것도 아닌 거 갖고 아웅다웅하며 살았구나 하는 것을 깨닫게 되시기를 진심으로 바랍니다.

근심에 싸인 제자들에게 진정한 희망을 알리시다

오늘 본문을 보면 제자들에게 근심이 생겼습니다. 왜냐하면 요한복음 13장에 보면 예수님이 자꾸 그들을 떠나서 어디론가 가실 것처럼 말씀하셨기 때문입니다. 너희들은 지금은 거기를 따라올 수 없다고도 하셨고, 또 내가 아직 잠시만 너희와 함께 있는 것이라고 계속 말씀하시니 제자들이 불안해지고 근심이 생기는 것이 당연했습니다.

> 1너희는 마음에 근심하지 말라 하나님을 믿으니 또 나를 믿으라 (요 14:1)

이건 우리도 마찬가지입니다. 우리도 우리가 그 사람만 바라보고 사는 어떤 중요한 사람이 있는데 그가 언제부턴가 자기가 이제 떠날 거라고 반복해서 말하면 불안해지겠죠. 게다가 언제 갈 건지, 어디로 갈 건지, 아니 돌아오기는 할 건지 그런 말이 없으면 우린 모두 근심에 휩싸이게 될 겁니다. 주님 제자들도 마찬가지였습니다. 그래서 주님은 말씀하십니다. "너희는 마음에 근심하지 말라. 하나님을 믿으니 또 나를 믿으라." 그리고는 기가 막힌 희망의 메시지를 선포하십니다.

> 2내 아버지 집에 거할 곳이 많도다 그렇지 않으면 너희에게 일렀으리라 내가 너희를 위하여 거처를 예비하러 가노니
> 3가서 너희를 위하여 거처를 예비하면 내가 다시 와서 너희를 내게로 영접하여 나 있는 곳에 너희도 있게 하리라 (요 14:2,3)

여기서 천국에 대한 세 가지 사실이 나옵니다. 이 세 가지는 절대로 잊으시면 안 됩니다. 사실 제가 신학대학에서 학생들을 주로 가르치는 과목이 종말론입니다. 인간의 죽음, 그리스도의 재림, 최후의 심판, 천국, 지옥

이런 것들입니다. 그러니 천국에 대해서 드릴 말씀이 아주 많습니다. 우선 오늘은 특별히 (요 14:1-3)에 나오는 주님 말씀을 중심으로 세 가지의 사실(fact)만 말씀드리겠습니다.

사실 1. 천국은 분명히 실재한다.

첫째, 천국은 분명히 실재한다는 겁니다. 주님이 말씀하셨습니다. "내 아버지 집에 거할 곳이 많도다. 그렇지 않으면 너희에게 일렀으리라." 천국은 분명히 실재합니다. 물론 여러분 중에 천국이 없다고 생각하시는 분은 아무도 없겠죠. 그런 분이 이 설교를 듣고 계실 리도 없습니다. 그런데 불행하게도 우리 중 많은 사람들이 한 "병"에 걸려 있습니다.

그건 바로 천국기억상실증입니다. 천국기억상실증. 이건 제가 만든 말은 아니고 어떤 유명한 신학자가 쓴 책에 나오는 표현입니다. 그런데 그게 얼마나 적절한 표현인지 모릅니다. 분명히 천국을 믿고는 있는데, 분명히 천국을 향해서 출발은 했는데, 세상사에 분주하다 보니 어느새 내가 지금 어디로 가고 있었는지 깜빡하게 된 겁니다. 분명히 천국을 믿기는 믿는데 그의 삶 속에 천국이 거의 영향을 주고 있지 않은 겁니다. 심지어 천국 자체에 대한 관심도 거의 없고 그저 이 땅에서 천국 도로포장 재료나 모으며 사는 일에 푹 빠져있는 겁니다.

정신 차려야 합니다. 천국 신앙이 분명한 사람은 세상을 보는 법이 다르고 세상을 사는 법이 다릅니다. 천국에 대해 희미한 상상만 가진 사람들과는 전혀 다릅니다. 천국 신앙이 분명한 사람은 특히 돈과 명예와 권력을 위해 살지 않습니다. 물론 하나님이 주신다면 감사함으로 받습니다. 하지만 받은 그것을 다시 주님을 위해 드립니다. 절대로 그걸 위해 살지 않습니다.

하지만 천국 신앙이 불분명한 사람은 뭔가 분명한 것을 손에 쥐고 살아야만 안심이 됩니다. 그래서 돈과 명예와 권력을 손에 쥐려고 큰 노력을 기울입니다. 그런데 그게 불에 탄 동아줄 같습니다. 안심을 주는 건 잠깐이요, 이게 언제 끊어질까 하는 또 다른 불안감의 연속일 뿐입니다. 불안해서 돈과 명예와 권력을 추구했는데, 그렇게 얻은 돈과 명예와 권력만으로는 불안하니까 더 많은 돈과 더 높은 명예와 더 강한 권력을 추구하게 되고. 이게 끝없는 악순환입니다. 하루라도 빨리 거기서 빠져나오시기를 바랍니다. 그런데 그게 그냥 되는 게 아닙니다. 천국 신앙이 바로 그 해법입니다.

그렇다면, 이처럼 분명하게 실재하는 천국은 도대체 어디에 있는 걸까요? 하늘나라는 말 그대로 저 하늘 높이 올라가면 거기에 있을까요?

1961년에 러시아의 유리 가가린이 보스토크 1호를 타고 지구 궤도에 올라갔습니다. 그는 인류 최초의 우주비행사로 기록되었습니다.

이 사건이 얼마나 유명했냐면 미국 최고의 시사주간지 뉴스위크와 타임지에 모두 표지사진으로 실렸을 정도입니다.

가가린이 그 높은 데서 아주 유명한 말 두 마디를 남겼습니다. 하나는 "The earth is blue." 즉 "지구는 푸른 빛이다."였습니다. 참 멋진 말이죠. 그리고 또 하나의 유명한 말은 "I see no God up here." 즉 "이 위에서 보니까 신이 안 보인다."는 말이었습니다. 그런데 이 두 번째 말 때문에 시험 드신 분들이 있었습니다. "아니, 저 높은 하늘에, 거기에 하나님이 안 계신다니... 세상에 이럴 수가." 했던 거죠.

나중에 흐루쇼프 서기장도 가가린이 한 말을 "그것 봐라, 종교는 다 가짜다."라면서 종교탄압의 도구로 이용할 정도였습니다. 하지만 사실 당연합니다. 가가린이 그 높은 데서 하나님을 봤다면, 거기서 천사들이 진짜 날아다니는 걸 봤다면, 그게 더 이상한 겁니다. 그럼 천국이 겨우 지구 대기권 바로 위에 있다고 하는 굉장히 초라하고 우스꽝스러운 이단이 탄생하는 겁니다. 거기서 하나님을 못 봤다고 한 것이 얼마나 감사한 일인지 모릅니다.

그러니 꼭 기억하시기 바랍니다. 우리가 주님과 영원히 함께 할 그곳을 "천국"이나 "하늘나라"라고 말은 하지만, 그게 진짜 저 물리적인 하늘을 말하는 건 아니라는 겁니다. 그리고 우리가 "하늘에 계신 우리 아버지여." 하고 기도는 하지만, 그 "하늘"이 땅에서 우주선을 타고 계속 위로 올라가다 보면 결국 도착하게 되는 그런 곳은 절대로 아니라는 겁니다.

하늘나라가 정말 "저 하늘"에 있는 걸로 생각하는 사람은 나중에 또 다른 가가린이 지구에서 수백 광년 떨어진 엄청나게 먼 별로 날아가서 "여기서도 신이 안 보인다."라고 말했을 때 그 당연한 말을 듣고 또 엄청난 시험에 빠지게 될 겁니다.

그리고 보면 인간은 참 교만합니다. 이 위에서 보니까 신이 안 보인다니요. 제가 인터넷에서 유리 가가린이 한 말을 패러디한 어떤 사진을 찾았는데 그걸 보고 한참을 웃었습니다. NASA라고 쓰인 옷을 입은 한 우주인이 우주에 올라가서는 "이 위에서 보니까 신이 안 보인다."라는 가가린이 했던 말을 그대로 써 들고 있는 사진이었습니다. 그런데 그 옆에는 이렇게 쓰여있었습니다. "걱정 마세요. 결국 보게 될 겁니다. 산소탱크가 바닥나면요." 그렇죠. 죽으면 결국은 하나님을 보게 될 겁니다.

그렇습니다. 천국은 분명히 실제로 존재합니다. 하지만 거기는 물리적인 세계를 초월해있는 곳임을 또한 믿으시기 바랍니다. 예수님도 누가복음 17장에서 "하나님의 나라는 여기 있다 저기 있다."라고 말할 수 있는 것이 아니라고 하셨습니다. 즉 천국은 구원받은 자들이 "모여서 사는 곳"인 것은 맞지만 거기는 어떤 시공간에도 구속받지 않는 곳이라는 말입니다.

그래서 신학자들은 천국이나 하늘나라 대신 "하나님의 나라"라는 말을 쓰기를 더 좋아합니다. 하나님의 나라는 하나님의 통치가 온전히 이루어지는 곳이라는 뜻입니다. 그 나라는 주님도 말씀하셨듯이 이미 우리 안에 이루어지기 시작했습니다. 하지만 100% 온전한 형태의 그 나라는 주님이 다시 재림하실 때 임하게 될 것이라고 또한 성경에 약속되어 있습니다.

그런데 저도 신학자이지만 "하늘나라"나 "천국"이라는 말을 여전히 좋아합니다. 물리적인 저 하늘과 혼동만 일으키지 않는다면 그게 성경에 많이 나오는 말이기 때문이죠. 그리고 사실 우리가 하늘나라 그리고 하늘에 계신 아버지 하나님을 떠올릴 때마다 우린 저 하늘을 쳐다보면서 저 우주의 모든 광활한 것들을 다 창조하신 우리 아버지 하나님의 스케일이 장난이 아니신 것을 보며 하나님을 찬양하지 않을 수 없습니다. 그래서 저는 하늘나라라는 말, 천국이라는 이 은혜로운 말을 정말 사랑합니다.

자 그런데 천국에는 누가 갈까요? 다들 이렇게 쉬운 문제는 정말 오랜만이시죠?

> **16**하나님이 세상을 이처럼 사랑하사 독생자를 주셨으니 이는 그를 믿는 자마다 멸망하지 않고 영생을 얻게 하려 하심이라 (요 3:16)

그렇습니다. 예수님을 믿는 자마다 영생을 누리게 될 것입니다. 사실 성경 66권 중에 어떤 책은 아예 그 책을 쓴 목적이 예수님 믿는 자들에게 그들이 영생을 가지고 있음을 말해주려고 썼다고 말합니다. 그게 무슨 책일까요? 다음 말씀에 나옵니다.

> **13**내가 하나님의 아들의 이름을 믿는 너희에게 이것(*즉 요한일서)을 쓰는 것은 너희로 하여금 너희에게 영생이 있음을 알게 하려 함이라
> (요일 5:13)

네, 바로 요한일서였습니다. 그런데 여러분은 이 좋은 영생 얻기 위해서, 그 좋은 천국 가기 위해서 다들 얼마를 지불하셨나요? 아 돈 내는 게 아니었나요? 맞습니다. 구원은 믿는 자들에게 거저 주신 선물입니다. 그런데요, 내가 돈 주고 산 게 아니라고 그걸 값싼 선물로 생각하면 천벌 받습니다. 솔직히 세상에서는 거저 주는 것치고 비싼 게 없습니다. 하지만 하나님은 돈으로 살 수 없고 금으로도 살 수 없는 말도 안 되게 비싼 선물을 여러분에게 그냥 주신 겁니다.

그럼 그 값은 누군가가 "대신" 지불을 한 걸까요? 맞습니다. 그 비싼 값을 예수님이 십자가 위에서 우리 대신 다 치러주셨습니다. 주님의 십자가 보혈로 말미암아 우리는 억만금을 주고도 살 수 없는 영생을 얻었고, 억만금을 주고도 갈 수 없는 곳을 가게 된 것입니다. 할렐루야. 우리는 우리 예산

으로 도저히 갈 수 없는 정말 아름다운 집을 은혜로 분양받았습니다. 비록 지금은 빗물 새고 녹물 나오는 낡은 집에서 가난하게 살고 있지만 새집으로 이사갈 계획으로, 그 황금길 걸을 생각으로 우리 마음은 부자처럼 항상 풍성합니다.

사실 2. 천국이 우리를 위해 준비되고 있다.

두 번째 희망의 메시지는 천국이 지금 우리를 위해서 준비되고 있다는 겁니다. "내가 너희를 위하여 거처를 예비하러" 간다고 하셨기 때문입니다. 물론 이 말이 지금 문자적으로 천국이 공사 중(under construction)이라는 뜻은 아닙니다. 하지만 우리를 위해서 더없이 아름답고 행복한 환상적인 나라가 준비되고 있다는 사실은 분명합니다. 제가 장담하지만 거기 가서 실망할 분은 절대로 없으신 겁니다.

제가 대학생 때의 이야기입니다. 하루는 친구들과 함께 TV로 영화를 보고 있었습니다. 솔직히 제목도 기억이 안 나고 내용도 잘 기억이 안 납니다만 그래도 지금까지 계속 기억나는 장면이 하나 있습니다. 영화 속에서 천국 장면 같은 것이 나왔는데, 사람들이 아주 깨끗한 옷을 입고 아주 말쑥한 차림으로 아주 거룩하게 웃으면서 모두가 친절하고 모두가 여유롭게 그저 밝게 웃고 있었습니다.

제가 그 장면을 잊지 못하는 이유는 같이 보던 친구가 혼잣말처럼 지껄인 말 때문입니다. 뭐라고 했냐면 "야, 저게 천국이면, 천국 참 재미없겠다." 그러는 거였습니다. 굉장히 따분해 보였나 봅니다. 사실 그 친구도 교회 다니는 친구였는데 말이죠. 그래서 그게 아니라고 뭐라고 말은 해주고는 싶었는데 그때는 저도 천국에 대해 별로 아는 게 없어서 그냥 눈치만 줄 뿐이었습니다.

제가 여러분께 진심으로 묻습니다. 천국이 정말 따분한 곳일까요? 너무 평화롭다 못해서 한가하고 너무 거룩하다 못해서 지루한 곳일까요? 정말 그렇게 생각하세요? 하지만 성경은 완전히 그 반대라고 말합니다. 성경이 말하는 천국은 완전히 잔칫집 분위기입니다.

> 2천국은 마치 자기 아들을 위하여 혼인 잔치를 베푼 어떤 임금과 같으니 (마 22:2)

> 4다시 다른 종들을 보내며 이르되 청한 사람들에게 이르기를 내가 오찬(dinner)을 준비하되 나의 소와 살진 짐승을 잡고 모든 것을 갖추었으니 혼인 잔치에 오소서 하라 하였더니 (마 22:4)

> 29사람들이 동서남북으로부터 와서 하나님의 나라 잔치에 참여하리니 (눅 13:29)

> 9천사가 내게 말하기를 기록하라 어린 양의 혼인 잔치에 청함을 받은 자들은 복이 있도다 하고 또 내게 말하되 이것은 하나님의 참되신 말씀이라 하기로 (계 19:9)

아무리 영화여도 그렇지 이런 성대하고 기쁜 잔칫집을 어쩌면 그렇게 지루하고 따분한 장소로 묘사할 수가 있었을까요. 게다가 천국은 단순히 먹고 마시는 일차원적인 기쁨의 장소가 아닙니다.

> 17하나님의 나라는 먹는 것과 마시는 것이 아니요 오직 성령 안에 있는 의(righteousness)와 평강(peace)과 희락(joy)이라 (롬 14:17)

굉장한 말씀이죠? 천국이 먹고 마시는 것이 아니라 의와 평강과 희락으로 가득한 곳이라는 겁니다. 이게 왜 굉장한 말씀일까요? 사실 먹는 것과 마시는 것은 우리가 이 땅에서 누리는 행복과 기쁨과 즐거움의 중요한 원천 아닙니까?

그런데 여러분, 정말 맛집 한번 다녀오면 일생이 행복해지던가요? 맛있는 거 먹고, 마시고 싶었던 거 마시고, 갖고 싶었던 거 가지면 정말 참 행복이 오던가요? 잠깐은 기분이 좋고 그래서 SNS에 거기 강추한다고 글을 남기기도 하지만 그 행복감이 얼마나 지속되던가요? 다음날이면 우린 또 다른 맛집을 검색하고 있지 않았던가요?

그것은 우선, 세상에 불의와 부조리가 가득 차 있어서 그렇습니다. 그래서 우리 심령은 항상 고통과 스트레스 가운데 있습니다. 먹는 것, 마시는 것, 노는 것, 가지는 것... 이런 것들은 고통과 스트레스를 잠깐 잊게 만들어 주는데 인간 현실을 근본적으로 바꾸어주지는 못합니다. 불의한 세상에 참 행복은 없습니다. 그래서 천국이 의의 나라인 것이 그렇게 중요한 겁니다. 천국에는 의만 존재합니다. 거기는 더 이상 불의와 부조리가 없습니다. 그러니 우리의 상한 심령이 천국에서 느끼는 행복감은 영원히 지속되는 겁니다.

뿐만이 아닙니다. 천국이 평강의 나라인 것은 왜 또 그렇게 중요한 걸까요? 그건 왜 그렇게 많은 사람이 수면제를 찾고 두통약을 찾을까를 생각해보면 답이 나옵니다. 저는 정신과가 아니고 피부과 의사입니다. 그런데 저에게도 수면제 처방을 해달라는 분들이 적지 않을 정도입니다. 세상이 우리에게 주는 불안과 근심은 우리를 못 자게 하고 못 쉬게 하고 두통과 불면증만 안겨줍니다.

하지만 여러분 기뻐하세요. 천국은 평강의 나라입니다. 세상이 줄 수 없는 진짜 평화가 거기에 있습니다. 거기엔 내게 강같은 평화가 넘치는 것을 믿으시 바랍니다. 그리고 기대하시기 바랍니다.

그리고 더 좋은 건 천국이 희락의 나라라는 사실입니다. 천국은 진짜 희락이 뭔지 진짜 기쁨이 뭔지 우리에게 깨닫게 해줄 곳입니다. 더 이상 세상에서처럼 말초적인 쾌락을 추구할 필요가 없습니다. 내가 기쁘기 위해선 누군가 슬퍼야만 되는 그런 수준 낮고 이기적인 희락도 더 이상 추구할 필요가 없습니다. 이 세상에선 단조의 음악이 우리를 감동시키지만 천국에선 장조의 음악들이 우리 심령을 시원케 할 것입니다.

이처럼 의와 평강과 희락이 넘치는 환상적인 천국을 오늘도 우리를 위해서 준비해주고 계시는 주님께 진심으로 감사하시기 바랍니다. 할렐루야.

사실 3. 천국이 준비되면 주님은 반드시 다시 오신다.

마지막으로 세 번째는 천국이 준비되면 주님이 반드시 다시 오신다는 겁니다. 그런데 이 말씀은 아까 얘기해드린 대로 천국 공사가 다 끝나면 그때서야 오신다는 말씀이라기보다는 오히려 이 땅에서 땅끝까지 복음이 전파되면 그때 오신다는 말씀으로 이해하는 것이 맞습니다. 언제 오실지가 우리에게 달려있다는 말로도 들릴 정도입니다.

> 14이 천국 복음이 모든 민족에게 증언되기 위하여 온 세상에 전파되리니 그제야 끝이 오리라 (마 24:14)

어쨌든 결론은 주님이 반드시 다시 오신다는 겁니다. 사실 구약시대에도 많은 사람들이 약속하신 메시아의 초림을 수백 년 이상 간절히 기다렸습니다. 그때는 유대인들만 기다렸죠. 하지만 지금은 전 세계의 수많은 크리스천들이 무려 2,000년 동안이나 주님의 재림을 간절히 기다려왔습니다. 사실 천국 시민이라면 이 땅으로의 자기 나라 왕의 귀환을 당연히 기다려야죠.

> 20그러나 우리의 시민권은 하늘에 있는지라 거기로부터 구원하는 자 곧 주 예수 그리스도를 기다리노니 (빌 3:20)

그런데 생각해보면 이게 굉장히 신기한 일입니다. 다시 온다고 약속하고 떠난 분을 한두 달은 밤에도 불 켜놓고 기다릴 수 있습니다. 아니면 한 1~2년은 혹시나 하고 계속 문 쪽을 쳐다볼 수도 있습니다. 하지만 그게 10년이 되고 20년이 되고, 100년이 되고 200년이 되고, 아니 1,000년이 지나고 2,000년이 지났는데도 여전히 그 다시 오신다는 약속 붙잡고 계속 기다리며 살아가는 우리 크리스천들이야말로 "세상에 이런 일이" 프로그램에 나올 정말 신기한 종족들입니다.

주님은 어떤 모습으로 다시 오실까요? 확실한 것 한 가지는, 처음 오실 때는 아기로 오셨지만 다시 오실 때는 왕으로 오실 거라는 사실입니다. 그리고 초림 때는 마구간의 냄새 나는 말구유 위에 태어나셨고 당시의 종교 지도자 중 아무도 주님 오신 것에 관심을 두지 않았습니다. 무시당하셨습니다.

하지만 재림 때는 엄청난 큰 소리와 트럼펫 나팔소리가 울려 퍼지는 가운데 오실 거라는 겁니다. 게다가 죽었던 성도들은 부활할 것이고 그때 살아있던 성도들은 하늘로 휴거될 거라고 했습니다. 정말 엄청난 우주적 사건들이 정말 엄청난 스케일로 그날 일어날 것이라는 겁니다.

> ¹⁶주께서 호령과 천사장의 소리와 하나님의 나팔 소리로 친히 하늘로부터 강림하시리니 그리스도 안에서 죽은 자들이 먼저 일어나고 ¹⁷그 후에 우리 살아 남은 자들도 그들과 함께 구름 속으로 끌어 올려 공중에서 주를 영접하게 하시리니 그리하여 우리가 항상 주와 함께 있으리라 (살전 4:16,17)

그런데 그거 아세요? 이 말씀에서 제일 중요한 부분은 제일 마지막 부분입니다. "그리하여 우리가 항상 주와 함께 있으리라." 맞습니다. 이게 중요합니다. 이게 정말 중요합니다. 이게 바로 오늘 설교 제목인 "천국을 소망하며"의 진짜 이유입니다.

여러분, 우리가 왜 천국을 소망해야 될까요? 그 성이 금으로 되어 있어서요? 그 성문은 진주문이고 도로도 다 정금으로 깔려있어서요? 게다가 거기엔 이 땅에서 상상도 못 했던 의와 평강과 희락이 강같이 흐르기 때문에 그런 것일까요? 네, 부분적으로는 그런 이유도 맞습니다.

하지만 우리가 천국을 소망하며 사는 진짜 이유는 그런 것이 아닙니다. 가장 중요한 이유는 바로 이겁니다. "그리하여 우리가 항상 주와 함께 있으리라." 우리가 영원히 주와 함께 있을 것이라는 이 소망 하나 붙들고, 우리는 오늘도 공부를 하고 일을 하고 청소를 하고 설거지를 하며 살아가는 것입니다. 오늘 말씀의 본문 3절을 다시 한번 함께 읽어보겠습니다.

> ³가서 너희를 위하여 거처를 예비하면 내가 다시 와서 너희를 내게로 영접하여 나 있는 곳에 너희도 있게 하리라 (요 14:3)

여러분 혹시 그런 이미지가 떠오르지 않으세요? 정말 어렵게 살던 시절에 아버지가 "내가 먼저 가서 서울에 터를 닦고 살 곳을 마련하면 반드시 다시 와서 너희를 데려가겠다."라고 약속하시고 새벽에 우리를 훌쩍 떠나시는 그런 아버지 이미지 말입니다.

물론 주님이 서울 가서 고생하는 아버지 이미지와 같을 수는 없죠. 하지만 우리가 살 곳을 마련하기 위해 먼저 가시고 정말 살 만하게 그곳을 다 꾸미면 반드시 다시 와서 우리를 주님 계신 곳으로 영접하여 데려가시겠다는 이 말씀은, 생각하면 생각할수록 눈물겹도록 고맙습니다.

여러분도 힘내세요. 이제 2,000년이 지났습니다. 주님 약속 이루어질 날이 1세기 성도들보다 우리가 훨씬 더 가까워졌습니다. 힘내세요. 주님이 여러분 눈에서 눈물 닦아주실 날이 이제 진짜 멀지 않았습니다. 할렐루야.

천국을 소망하며

우리는 이제 곧 떠나신다는 주님 말씀에 근심하는 제자들에게 선포된 희망의 메시지에서 천국에 대한 세 가지 교훈을 얻었습니다.

첫째, 천국은 분명히 실재합니다. 주님은 "내 아버지 집에 거할 곳이 많도다 그렇지 않으면 너희에게 일렀으리라."라고 말씀하셨습니다. 물론 우리 중에 천국이 진짜 있다는 거 모르는 사람은 없습니다. 하지만 그걸 까먹고 사는 사람은 많습니다. 세상은 우리를 정신없게 만들면서 자꾸 천국기억상실증에 빠지게 만듭니다. 그 무기력증에서 하루빨리 빠져나와 분명한 천국 신앙 갖고 당당한 천국 백성으로서의 삶을 살아가시기를 바랍니다.

둘째, 아름다운 천국이 우리를 위해서 준비되고 있습니다. 주님은 "내가 너희를 위하여 거처를 예비하러" 간다고 하셨습니다. 그러니 우리에게는 이 땅이 끝이 아닙니다. 그 나라는 이미 우리 안에서 시작이 되었으며 그 완성된 나라에 들어갈 날이 이제 멀지 않았습니다. 그 나라는 세상이 줄 수 없는 의와 평강과 희락이 넘치는 곳입니다. 불의와 부조리가 없고 내게 강 같은 평화가 넘치며, 너희는 항상 기뻐하라고 하셨건만 차마 그렇게 살 수 없었던 우리가 생애 처음으로 진짜 기쁨과 웃음 속에 매일을 살아갈 곳입니다.

셋째, 주님은 반드시 다시 오십니다. 주님은 "가서 너희를 위하여 거처를 예비하면 내가 다시 와서 너희를 내게로 영접하여 나 있는 곳에 너희도 있게 하리라."고 분명히 약속하고 가셨습니다. 그리고 우린 벌써 2,000년이나 기다렸습니다. 이제 진짜 얼마 안 남았습니다. 조금만 힘을 내세요. 호령과 천사장의 소리와 하나님의 나팔소리와 함께 임하실 주님을 간절히 사모하시기 바랍니다. "그리하여" 우리가 항상 주와 함께 있게 될 것을 믿습니다. 아멘!

어느 책에서 읽은 글입니다. 하루는 할아버지하고 나이 어린 손자가 나란히 호숫가에 앉아 있었습니다. 꼬마는 할아버지한테 물어보고 싶은 것이 많았습니다. 겨울에 호수가 얼면 그 많던 물고기들은 다 어디로 가는지, 왜 여자들은 지렁이를 싫어하는지, 왜 단 음식만 먹으면 안 되는지 등을 물어봤습니다. 그리고 마침내 손자는 할아버지를 쳐다보며 물었습니다. "할아버지, 하나님을 본 사람이 있나요?" 그 노인은 호수 건너편을 바라보며 대답했습니다. "애야. 나는 이제 점점 하나님 이외엔 아무것도 보이지 않는구나."

한번 생각해보세요. 세상은 지금까지 우리에게 천국은 의지가 약한 사람들이나 상상하는 곳이라고 우리를 가르쳤습니다. 그러면서 불의와 부조리로 계속 우리 심령에 고통을 주었습니다. 그리고 그러면서도 세상의 값싼 즐거움으로 그런 고통을 해결하라고 유혹했습니다. 하지만 우리도 이 노인처럼 점점 깨닫고 있지 않습니까? 이제 하나님 이외엔 아무것도 보이지 않기 시작하지 않았습니까? 이제 천국 신앙이 아니면 다 헛것임을 깨닫기 시작하지 않았습니까?

물론 이 땅에서 우리 각자에게 주신 사명이 있습니다. 그거 다 팽개치고 지금 당장 천국 가겠다고 하시면 정말 곤란합니다. 주신 사명을 잘 완수하시는 게 먼저입니다.

하지만 천국을 소망하면서 사명 감당하셔야 그게 힘들지 않고 즐겁습니다. "그리하여 우리가 항상 주와 함께 있으리라."고 하신 그 약속 생각하면서, 그날을 꿈꾸시면서, 오늘도 기쁘게 사명 감당하며 살아가는 모든 귀한 성도님들 되시기를 진심으로 기원합니다.

9. 도미네 쿼바디스 _ Domine Quo Vadis

‖ 요한복음 13:36-38 ‖

36시몬 베드로가 이르되 주여 어디로 가시나이까 예수께서 대답하시되 내가 가는 곳에 네가 지금은 따라올 수 없으나 후에는 따라오리라 37베드로가 이르되 주여 내가 지금은 어찌하여 따라갈 수 없나이까 주를 위하여 내 목숨을 버리겠나이다 38예수께서 대답하시되 네가 나를 위하여 네 목숨을 버리겠느냐 내가 진실로 진실로 네게 이르노니 닭 울기 전에 네가 세 번 나를 부인하리라

쿼바디스의 전설

폴란드의 작가 헨릭 시엔키에비치(Henryk Sienkiewicz, 1846~ 1916)가 쓴 <쿼바디스>라는 소설이 있습니다. 그는 이 소설로 1905년에 노벨문학상을 받았습니다. 쿼바디스. 많이 들어보셨죠? 이 소설은 AD64년에 있었던 로마 대화재 사건을 배경으로 하고 있습니다.

그게 얼마나 큰 화재였냐면, 당시 로마에 14개의 행정구가 있었는데 그 중에 3개가 전소되고 7개 구가 반소되었다고 합니다. 지금 서울의 거의 절반이 불에 다 탔다고 생각해보세요. 엄청난 난리가 났겠죠? 민심도 아주 안 좋았을 겁니다. 그래서 네로 황제는 이게 다 기독교인들이 벌인 짓이라고 뒤집어씌우고 그들을 잡아서 학살하기 시작했습니다. 여기까지는 역사적 사실입니다.

그런데 여기에 전설이 하나 있습니다. 그 박해가 하도 심해서 로마에서 도망치던 한 유명한 크리스천이 있었으니 그가 바로 사도 베드로였습니다. 사실 베드로는 로마 교회의 가장 중요한 지도자였죠. 그런데 그 베

드로가 지금 야반도주를 하고 있었으니 자기가 보기에도 참 궁색했을 겁니다. 그런데 그가 도망하는 길에 자신과 반대 방향으로 가시던 예수님을 만납니다. 너무 놀란 그는 이렇게 외칩니다. "쿼바디스 도미네(Quo Vadis Domine)."

쿼바디스는 "어디로 가시나이까", 도미네는 "주여"라는 뜻의 라틴어입니다. 그러니까 "어디로 가시나이까 주여"라고 외친 겁니다. 그러자 주님은 "나는 다시 십자가에 못 박히러 로마로 간다."라고 대답하셨고, 그 말에 충격을 받은 베드로가 회개하고 다시 용기를 내어 로마로 돌아가서 자신의 사명을 완수한다는 것이 전설의 내용입니다. 자기는 안 죽으려고 로마에서 도망쳐 나오고 있었는데 주님은 로마로 죽으려고 들어가고 계셨으니 베드로가 얼마나 놀랐을까요?

시엔키에비치가 이 전설을 토대로 해서 한 크리스천 여인과 젊은 로마 귀족의 러브스토리를 중심으로 소설을 쓴 것이 바로 <쿼바디스>입니다. 이게 영화로도 여러 번 나왔습니다. 그중 1951년에 나온 미국 영화 <쿼바디스>가 제일 유명합니다. 1세기 크리스천들이 죽음을 무릅쓰고 믿음을 지키는 내용들을 보면 정말 눈물겹습니다. 아마 연세가 지긋하신 분들은 최고의 기독교 영화로 쿼바디스, 벤허, 십계 대개 이렇게 세 개를 꼽으실 겁니다. 아직 안 보신 분들은 꼭 보시기를 바랍니다.

그런데 그거 아세요? 쿼바디스라는 말이 원래 성경에 나오는 말입니다. 요한복음 13장에 보면 베드로가 주님께 "도미네 쿼바디스" 이렇게 외치는 장면이 나옵니다. 그런데 단어 순서에 차이가 있죠? 소설이나 영화에는 "쿼바디스 도미네" 즉 "어디로 가시나이까 주여" 이렇게 나오고, 성경에는 "도미네 쿼바디스" 즉 "주여 어디로 가시나이까" 이렇게 나옵니다. 제가 시엔키에비치의 소설 원본을 구해서 확인해봤는데 거기에도 "쿼바디스 도미네"라고 나옵니다. 왜 소설 속에 나오는 단어의 순서와 성경의 순서가 다른 걸까요?

이에 대한 설명은 어디서도 듣기 어려웠습니다. 다만 전설 속의 베드로는 도망치다가 갑자기 만난 주님 앞에서 너무나 당황하여 차마 "주님"이라는 호칭이 먼저 안 나오고 "어디로 가십니까"라는 말이 먼저 나온 것으로 작가가 의도를 가지고 기술한 것은 아닐까 생각해 봅니다. 우리도 사춘기 자녀들이 전혀 뜻밖의 장소에서 부모를 맞닥뜨렸을 때를 떠올려보면 쉽게 이해되실 겁니다. 또 하나는 베드로의 죽음과 관련된 의미를 생각해볼 수 있는데 이건 설교 끝부분에서 말씀드리겠습니다.

그래서 우리는 오늘 요한복음에 나오는 "도미네 쿼바디스" 말씀을 통해 주님이 주시는 귀한 메시지를 받고자 합니다. 사실 지난주에 "천국을 소망하며"라는 제목의 말씀을 드리면서 주님이 어디론가 가신다는 말씀을 자꾸 하셔서 제자들이 근심에 싸였다고 했었죠.

오늘은 주님이 어디로 가시려고 했던 것인지 그 내용에 대해서 좀 더 파고들겠습니다. 오늘 베드로의 질문과 주님의 답변을 통해서 여러분 인생의 방향이 다시 한번 확정되고 힘든 인생길 살아갈 용기가 다시 한번 회복되는 귀한 은혜가 있으시기를 바랍니다.

1. 물어보세요. 주님이 어디로 가시는지.

> 36시몬 베드로가 이르되 주여 어디로 가시나이까 예수께서 대답하시되 내가 가는 곳에 네가 지금은 따라올 수 없으나 후에는 따라오리라 (요 13:36)

베드로가 "주여 어디로 가시나이까"하고 물었습니다. 이게 라틴어로 "Domine, Quo Vadis?"입니다. 영어로는 "Lord, Where are you going?"이죠. 베드로는 갑자기 왜 이런 질문을 한 걸까요?

오늘 본문이 주는 세 가지 교훈의 첫 번째가 바로 이것입니다. "물어보라"는 겁니다. 주님이 어디로 가시는지 말입니다. 어디로 가시는지, 이 땅에 왜 오셨는지 알 때까지 물어보라는 겁니다. 주님이 어디론가 간다고 심각하게 말씀하실 때 오늘 본문에 보면 다른 제자들은 꿰다놓은 보릿자루처럼 아무도 도대체 어디로 가시는 거냐고 묻지 않았습니다. 하지만 모르면 물어봐야죠. 베드로처럼 말입니다.

그것도 궁금할 때마다 계속 물어봐야 합니다. 그래서 분명히 지금 요한복음 13장에서 베드로가 주님께 어디로 가시냐고 물어보는 장면이 나왔지만 뒤의 16장에 보면 주님께서 "왜 나한테 지금 어디로 가느냐고 아무도 묻지 않느냐."고 반문하시는 기록이 나옵니다.

> 5지금 내가 나를 보내신 이에게로 가는데 너희 중에서 나더러 어디로 가는지(Quo vadis) 묻는 자가 없고 (요 16:5)

여기 나오는 "어디로 가는지"라는 말도 라틴어로 쿼바디스입니다. 그러니까 주님은 사람들이 자꾸 자신에게 묻기를 원하셨던 겁니다. 이 질문은 자주 할수록 좋습니다. 학교에서도 선생님께 자꾸 물어보는 학생이 좋은 학생이 됩니다. 교회에서도 아무 생각 없이 교회를 정말 "출석"만 해서는 좋은 크리스천이 될 수 없습니다. 자꾸 주님께 물어보는 자가 성장합니다.

그렇다면 주님은 도대체 어디로 가시는 거였을까요? 오늘 본문에 보면 주님은 "내가 가는 곳에 네가 지금은 따라올 수 없으나 후에는 따라오리라."라고 대답하십니다. 여기에는 두 가지 의미가 있습니다. 첫 번째는 주님은 곧 붙잡히셔서 십자가에서 죽으실 예정이었는데 그 고난의 길을 네가 지금은 따라올 수 없다고 말씀하신 겁니다.

두 번째는 죽으시고 부활하신 뒤에 지난주에 말씀드린 것처럼 우리 처소를 예비하러 하늘로 올라가실 예정이셨습니다. 이것도 지금은 제자들이 따라올 수 없는 길이었습니다. 이 뒷부분의 의미는 지난주에 자세히 말씀을 드렸으니 오늘은 앞부분의 내용을 말씀드리겠습니다.

맞습니다. 도미네 쿼바디스, "주여 어디로 가시나이까"에 대한 주님의 대답은 "이제 너희를 위해 죽으러 간다."였습니다. 사실 이것이 주님이 이 땅에 오신 가장 중요한 이유였죠. 어디로 가시는지 묻는 건 곧 왜 오셨는지를 묻는 것과 같습니다. 성경에 보면 주님이 "내가 이것 때문에 세상에 왔다."라고 말씀하신 기록이 여러 번 나오는데 그중 으뜸이 되는 목적이 바로 이겁니다. 우리를 대신하여 죽으시는 것 말입니다.

> 10도둑이 오는 것은 도둑질하고 죽이고 멸망시키려는 것뿐이요 내가 온 것은 양으로 생명을 얻게 하고 더 풍성히 얻게 하려는 것이라 11나는 선한 목자라 선한 목자는 양들을 위하여 목숨을 버리거니와 (요 10:10,11)

특히 11절 말씀이 우리 가슴을 후벼팝니다. 세상에 아무리 양을 사랑해도 그렇지, 어떤 목자가 자기 양들을 위해서 대신 죽겠습니까? 만약 그게 선한 목자의 조건이라면 세상에 선한 목자는 주님 말고 단 한 사람도 없습니다. 그래서 빌라도가 성난 무리들을 향해 "내가 이 예수를 어떻게 하랴?"라고 묻고 무리들이 "십자가에 못 박아라 십자가에 못 박아라."라고 했을 때, 주님은 아무 변명도 하지 않으시고 죽음을 받아들이셨던 겁니다. 죽기 위해 오셨기 때문에 구차하게 자신의 죄 없음을 변명하느라 시간을 낭비하지 않으셨습니다. 주님은 이걸 위해 오셨고, 이걸 위해 가셨던 겁니다.

그런데 어떤 정신없는 학자들은 주님이 이 땅에 오신 이유가 우리의 도덕적 스승이 되는 것에 있었다고 말합니다. 예를 들어 자유주의 신학자들이 그렇게 말합니다. 물론 주님은 우리 도덕적 삶의 완벽한 모델이십니다. 하지만 그것이 십자가에서 우리 죄를 대속하여 죽으시는 것보다 더 중요하다고 말할 수는 없습니다. 주님은 이 세상에서의 삶 정도가 아니라 우리의 영원한 삶을 위해서 오셨기 때문입니다.

또 어떤 사람들은 주님이 이 땅에 오신 것이 가난한 자와 억압받는 자들을 해방시켜 주시기 위함이었다고 말합니다. 이런 신학을 해방신학이라고 부르고, 여기엔 남미 해방신학, 북미 흑인신학, 여성신학, 그리고 한국의 민중신학 같은 것이 포함됩니다. 다 주님 사역의 한 특성들이긴 합니다. 하지만 그것이 주님의 십자가 대속과 천국 소망을 강조하는 것이 아니라면 그런 신학은 결코 성경적이지 않습니다.

한번 저를 따라 해보시기 바랍니다. "도미네 쿼바디스." 그렇게 무덤덤하게 읽지 마시고 이번에는 주님이 지금 여러분 앞에 서 계신다고 생각하고 베드로처럼 진지하게 한번 진짜처럼 물어보세요. "도미네 쿼바디스." "주여 어디로 가시나이까."

주님은 어떻게 대답하십니까? 주님은 우리 죄를 대신하여 죽으시기 위해 십자가를 지러 가신다고, 그리고 이를 위해 오셨다고 베드로에게 그리고 우리에게 대답하고 계십니다. 그리고 이를 다 완수하신 뒤에는 우리가 있을 처소를 예비하기 위하여 하늘로 올라가실 것이었습니다. 주님이 왜 오셨는지, 그리고 어디로 가시려고 했는지는 결코 잊으시면 안 됩니다.

2. 결심하세요. 주님이 가신 길 따르기로.

> 37베드로가 이르되 주여 내가 지금은 어찌하여 따라갈 수 없나이까 주를 위하여 내 목숨을 버리겠나이다 (요 13:37)

오늘 주시는 두 번째 교훈은 "결심하라"는 겁니다. 주님 가시는 길이 어디인지 알았으면 나도 그 길을 끝까지 따라가리라고 결심하라는 겁니다. 한번 베드로를 보세요. 베드로는 주님이 지금 내가 가는 길을 네가 따라올 수 없다고 하시니까 왜 내가 지금 주님을 따라갈 수 없냐고 말합니다. 그리고 자기가 주님을 위해서 목숨도 버릴 각오가 되어있다고 비장한 태도를 보였습니다.

사실 이 본문에 대해서 베드로가 너무 감정적이었다, 베드로가 주님 사역에 오히려 방해가 될 말을 했다 이런 식으로 부정적으로 이해할 수도 있습니다. 물론 다 일리가 있습니다. 베드로는 이전에도 비슷한 상황에서 나름대로 좋은 의도로 말을 했다가 주님께 호되게 야단을 맞은 적이 있습니다.

> 21이 때로부터 예수 그리스도께서 자기가 예루살렘에 올라가 장로들과 대제사장들과 서기관들에게 많은 고난을 받고 죽임을 당하고 제삼일에 살아나야 할 것을 제자들에게 비로소 나타내시니
> 22베드로가 예수를 붙들고 항변하여 이르되 주여 그리 마옵소서 이 일이 결코 주께 미치지 아니하리이다
> 23예수께서 돌이키시며 베드로에게 이르시되 사탄아 내 뒤로 물러가라 너는 나를 넘어지게 하는 자로다 네가 하나님의 일을 생각하지 아니하고 도리어 사람의 일을 생각하는도다 하시고 (마 16:21-23)

예수님은 광야에서 40일 금식 기도하신 뒤 자신을 유혹하는 사탄에게

"사탄아 물러가라."라고 명령하신 적이 있었습니다. 그런데 지금은 누구에게 "사탄아 내 뒤로 물러가라"고 하셨나요? 베드로였습니다. 그는 잠시 사탄의 도구로 사용되었던 겁니다. 주님이 우리를 위해 죽으시고 부활하시는 것이 가장 중요한 사역이신데 그걸 말리려고 하니 이건 사탄의 간계에 이용당하는 것이었던 겁니다.

그런데 놀랍게도 마태복음 16장의 이 내용은 베드로가 "주는 그리스도시요 살아계신 하나님의 아들이시니이다"(마 16:16)라고 고백해서 주님께 너는 교회의 반석이라는 칭찬도 듣고 천국 열쇠를 네게 주겠다는 엄청난 약속을 받은 직후에 벌어진 사건입니다. 베드로는 완전히 천국과 지옥을 오갔고 완전히 롤러코스터를 탔던 겁니다.

하지만 그럼에도 저는 베드로가 다른 제자들보다 배울 점이 더 많으면 많았지 적지 않다고 생각합니다. 비록 생각보다 말이 먼저 나오고 기도보다 행동이 먼저 나오는 타입이었지만, 그에겐 장점이 두 가지 있었습니다. 하나는 그의 적극성이고 또 다른 하나는 순수성입니다.

오늘 본문에 보면 베드로는 주님을 위해 자기 목숨까지도 바치겠다고 말했습니다. 적어도 복음서의 기록에 따르면, 주님 제자들 중에서 오직 베드로만 했던 말입니다. 비록 베드로는 실수가 많은 좌충우돌 형의 인간이었지만 그는 놀랍게도 자기를 위해 살기를 원치 않았습니다. 다들 하는 것처럼 돈이나 명예를 위해 살기도 원치 않았습니다. 오히려 주님을 위해서라면 자기 목숨도 아깝지 않다고 말했습니다. 그에겐 주님이 가장 소중했기 때문입니다. 여러분에겐 가장 소중한 것이 무엇인가요?

어떤 가게 주인이 죽을 때가 되었습니다. 그래서 그의 임종을 지켜보기 위해 식구들이 하나둘씩 모여들었습니다. 다들 슬픔에 가득 찬 얼굴들이었습니다. 가게 주인은 가냘픈 목소리로 식구들의 이름을 하나하나 부릅니다. "여보, 당신 어디 있소?" "네 저 여기 있어요." "딸아, 너는 어디 있니?" "예 아빠 저도 여기 있어요." "아들아, 너는 어디 있니?" "네 아빠 저도 왔어요." 그러자 가게 주인이 혼신의 힘을 다해 한마디 하고는 죽었습니다. "그러면, 가게는 누가 보고 있단 말이냐?"

탈무드에 나오는 이야기였습니다. 혹시 여러분도 이 가게 주인처럼 죽을 때까지 물질에만 마음 두고 살다가 가고 싶으신 건 아니시겠죠? 여러분도 베드로처럼 주님 가신 길 따라가기를 간절히 소망하시는 분들인 줄 믿습니다. 그 길이 영광의 길이건, 고난의 길이건, 심지어 그 길이 돈도 명예도 다 없어지고 세상에서 수치와 멸시를 받게 되는 길일지라도 그게 주님 가신 길이라면 끝까지 따를 준비가 되어 있으신 줄 믿습니다.

물론 그 길이 쉽지 않고 중도에 포기하는 사람도 적지 않습니다. 하지만 다른 사람 다 포기하더라도 그래도 나는 끝까지 내 십자가 지고 주님 따를 결단이 되어있으십니까? 분명한 결단이 있어야 성령께서 도와주십니다. 그리고 주님을 따르되 비겁하게 따르지 마시기 바랍니다. 주님과 세상을 다 얻을 수는 없습니다.

그리고 사실 결단은 기독교에서만 유별나게 요구하는 게 아닙니다. 세상에서도 결단 속에 사는 사람들이 우리에게 감동을 줍니다. 한 이탈리아 청년 이야기를 들려드리겠습니다.

도박 중독에 빠져있던 한 청년이 자신의 잘못을 깊이 뉘우치고 새로운 삶을 살기로 결단했습니다. 그런데 그 마을에 큰 행사가 열렸는데 거기 초청되어온 마술사가 앞줄에 앉아 있던 이 청년에게 잠깐 자기를 도와줄 수 있겠냐고 부탁했습니다. 청년은 흔쾌히 승낙했고 무대 위로 올라갔습니다.

아 그런데 마술사가 주머니에서 카드 한 벌을 꺼내더니 이것 좀 잡고 있으라고 주려고 한 겁니다. 마술사들이 흔히 사용하는 방법이죠.

그런데 청년의 대답이 너무 뜻밖이었습니다. "안 됩니다. 저는 다시는 카드를 만지지 않기로 했습니다." 이번엔 마술사가 더 당황했습니다. 아니 황당했죠. 카드놀이를 하자는 게 아니라 그냥 잠깐 들고만 있으라고 한 건데 말입니다. 그런데 아무리 설명을 해도 청년은 많은 사람 앞에서 끝내 결심을 굽히지 않았습니다. 그리고 말했습니다. "아무리 뭐라고 해도 저는 카드를 만지지 않겠습니다. 그게 내 인생을 엉망진창으로 만들었기 때문입니다."

맞습니다. 이 이야기가 실화인지 아닌지는 저는 잘 모르겠습니다만, 이 정도 결단은 있어야 세상에서도 성공할 수 있습니다. 하물며 주님을 따르는 사람에게 베드로처럼 "내가 주를 위해 목숨까지도 바치겠나이다." 하는 정도의 각오가 없다면 이 어찌 제대로 된 크리스천이라고 부를 수 있을까요? 우리가 오직 은혜로 구원받았고 오직 은혜로 인도함 받는 것이 맞습니다만, 또한 우리는 그리스도의 군사로 부름 받은 사람들인 것도 맞지 않습니까? 나중에 실패할 때는 실패하더라도 이런 결심 자체가 불분명한 상태로는 주님을 제대로 따르기가 어렵습니다.

그러니 "상황이 아무리 나빠져도 나는 주님 가신 길만 따라간다." 이런 결심하고 사시기 바랍니다. 만약 여러분에게 지금 그 결심이 있다면 다들 마음속으로 오른손을 들어 표해주시기 바랍니다. 감사합니다. 제 눈엔 안 보이지만 주님은 다 보셨을 줄 믿습니다. 여러분을 주님이 축복해주실 겁니다.

3. 용기를 내세요. 주님이 내 부족함 다 아시니.

> 38예수께서 대답하시되 네가 나를 위하여 네 목숨을 버리겠느냐 내가 진실로 진실로 네게 이르노니 닭 울기 전에 네가 세 번 나를 부인하리라 (요 13:38)

갑자기 분위기가 너무 썰렁해지는 말씀이죠. 하지만 오늘의 세 번째 교훈은 "용기를 내라."라는 교훈입니다. 주님이 내 부족함을 다 아시니 말입니다. 혹시 이 38절을 읽고 역시 베드로는 말만 앞서는 사람이었고 결국 위기가 닥쳤을 때 주님을 배신하는 사람이었을 뿐이라고 정죄하지 마시기를 바랍니다. 주님이 지금 베드로를 정죄하려고 이 말씀을 하신 걸까요? 앞으로 있을 그의 배신을 내다보시면서 "그러니까 너는 안 돼" 이런 말씀을 하신 걸까요?

절대로 그렇지 않습니다. 아까 주님이 베드로에게 "사탄아 내 뒤로 물러가라"고 하셨던 (마 16:23)도 그 바로 다음 구절인 24절에 보면 주님 말씀의 목적이 베드로의 정죄가 아니었음을 알 수 있습니다.

> 24이에 예수께서 제자들에게 이르시되 누구든지 나를 따라오려거든 자기를 부인하고 자기 십자가를 지고 나를 따를 것이니라 (마 16:24)

맞습니다. "사탄아 내 뒤로 물러가라"는 충격적인 말씀을 하셨던 것은 이를 통해 베드로가 "주님이 못 죽으시게 막는 게 중요한 게 아니라, 오히려 나도 내 십자가 지고 주님 십자가를 따라가야 하는 것이구나."라는 일생일대의 교훈을 깨닫게 하시려는 것이었다는 겁니다. 깜냥이 안 되는 사람이었다면 사탄 소리 들었을 때 당장 짐 싸서 떠났을 겁니다. 하지만 베드로가 교회의 반석이 될 믿음을 가진 자임을 주님이 아셨기 때문에 그를 강하게 훈련시키셨던 겁니다.

그리고 그래서, 베드로는 결국 성장했습니다. 나중에 예루살렘에 입성해서 요한복음 13장의 배경이 된 저녁 식사 자리에서 주님이 내가 너희가 따라올 수 없는 곳을 간다고 하셨을 때 베드로가 또 "주님은 절대로 죽으시면 안 됩니다."라고 했나요? 아닙니다. 이번에는 오히려 "왜 제가 지금은 못 따라간다고 하십니까? 저는 목숨을 걸고 주님을 따르겠습니다."라고 마태복음 16장의 갈릴리 시절보다 훨씬 성숙한 모습을 보여주었습니다. 주님은 결국은 부족한 자를 성장시키시는 걸 믿으시기 바랍니다.

따라서 오늘 본문 (요 13:38)에서도 주님이 베드로의 결단을 비꼬거나 빈정거리신 것이 아닙니다. 그를 정죄하신 것이 아닙니다. "네가 닭 울기 전에 나를 세 번이나 부인할 것이다."라고 말씀하셨으면, 당연히 그다음 구절에는 배신하는 자의 최후와 그 비참한 말로 같은 것을 말씀해주셔야 상식적입니다. 하지만 뜻밖에 그 바로 다음 구절은 요한복음 14:1-3입니다. 우리가 지난주에 "천국을 소망하며"라는 제목의 은혜를 나눴던 바로 그 말씀입니다. 그게 어떤 말씀이었나요? 자신이 떠나신다는 말을 듣고 근심하는 제자들에게 주님이 천국 소망을 주시며 위로하시는 말씀이었지 않습니까?

다시 말해서 주님은 지금 베드로를 "이 못된 놈아." 하면서 야단치신 것이 아닙니다. "감히 네가 나를 배신한다니 넌 제자 자격도 없어."라고 하면서 그를 저주하신 것도 아니었습니다. 오히려 주님은 자신의 죽음과 승천 과정 속에 생긴 제자들의 근심을 위로하면서 천국 소망을 심어주려고 하셨습니다.

그래서 저는 이 38절을 볼 때마다 자신이 사랑하는 제자의 약점을 너무 잘 아시는 스승의 애처로움이 느껴집니다. 나중에 대제사장 집 뜰에서 정말 베드로가 닭 울기 전에 세 번 주님을 모른다고 부인하죠. 그 장면을 주님도 멀리서나마 보고 계셨을 겁니다. 혹시 눈이 마주쳤을지도 모릅니다. 그때 베드로가 본 주님 표정은 어땠을까요? 배신한 제자에 대한 분노의 표정이었을까요? 아니면, 그를 측은히 바라보고 계셨을까요? 저는 후자라고 믿습니다.

그래서 38절에서 우리가 배우는 교훈은 이겁니다. 내 부족함을 잘 아시는 주님 앞에서 오히려 우리는 역설적으로 용기를 낼 수 있겠다는 겁니다. 때로 우리가 또 넘어지고, 또 비겁하게 행동하고, 또 뒷구멍으로 숨는 부끄러움을 보일지라도 내가 주님을 또 실망하게 해드렸구나 하면서 짐 싸서 떠날 생각은 하지 마시기를 바랍니다. 그건 사탄이 주는 생각입니다. 주님은 우리의 그런 부족함을 처음부터 다 알고 계셨습니다.

내가 그래도 장로인데, 권사인데, 안수집사인데, 구역장인데, 집사인데, 무슨 무슨 직분인데... 여러분, 베드로도 계속 넘어졌습니다. 실망은 주님이 아니라 여러분이 한 겁니다. 힘내시기 바랍니다. 용기를 내시기 바랍니다. 다시 한번 결단하고, 다시 한번 자리를 박차고 일어나 흙 묻은 무릎을 툭툭 털고 주님 걸으신 길을 다시 뚜벅뚜벅 걸어가시면 되시는 겁니다. 주님은 다 아시거든요. 어차피 우리에게 능력이 없다는 걸 말입니다. 능력과 힘은 주님이 주시는 겁니다. 우리는 주님 가신 길을 끝까지 따라가겠다는 결심만 놓지 않고 있으면 됩니다.

쿼바디스 교회

오늘 말씀의 제목을 아직 기억하시죠? 도미네 쿼바디스입니다. 지금도 로마에 가면 베드로가 전설 속에서 예수님을 만났다고 알려진 그 장소에

작은 교회가 하나 세워져 있습니다. 바로 쿼바디스 교회입니다. 그 앞에는 지어진 지 2,000년이나 되었다는 그 유명한 아피아 가도(街道)가 있습니다.

그런데 교회 정문 위에 글씨가 쓰여있습니다. 윗줄의 "D.O.M."은 라틴어 "Deo Optimo Maximo"의 약자로 "가장 선하시고 가장 위대하신 하나님께(to God, most good, most great)"라는 뜻입니다. 그리고 아랫줄의 라틴어 "HAEIC PETRUS A XSTO PETIIT: DOMINE QUO VADIS"는 "여기서 베드로가 그리스도께 물었습니다: 주여 어디로 가시나이까?(Here Peter asked of Christ: Lord, where are you going?)"라는 뜻입니다.

그런데 이 교회에는 굉장히 인상적이고 대조적인 그림이 두 개 걸려있습니다. 왼쪽은 우리 주님이 십자가에 달리신 그림이고, 오른쪽은 그 맞은편에 걸려있는 베드로가 십자가에 거꾸로 달려서 죽은 그림입니다. 베드로는 나중에 붙잡혀서 십자가형을 받을 때 자기는 예수님처럼 똑바로 십자가에 달릴 자격이 없다고 하면서 십자가에 거꾸로 매달려 죽었다고 하죠. 나중에 로마에 가시면 꼭 이 쿼바디스 교회를 방문해보시기를 바랍니다. 이 교회 맞은편에는 초대교회 성도들의 눈물겨운 신앙과 순교의 현장이었던 카타콤도 위치하고 있으니 자신의 신앙을 돌아보는 귀한 경험들이 되실 겁니다.

사실 베드로는 비겁한 모습으로 크게 두 번 실망스러운 모습을 보였습니다. 주님이 잡히시던 날 밤 대제사장 집에서 닭 울기 전에 세 번이나 주님을 모른다고 부인했습니다. 다른 사람도 아닌 베드로가 말입니다. 그리고 물론 전설입니다만, 나중에 기독교에 대한 박해가 심해지자 로마에서 도망쳐 나오면서 다시 한번 비겁한 모습을 보였습니다.

특히 앞의 사건은 그가 "도미네 쿼바디스"라고 묻고 "내가 죽을 때까지 주님만 따르리이다."라고 고백한 뒤에 발생한 사건이니 정말 입이 열 개라도 할 말이 없습니다. 그런데 뒤의 사건은 물론 전설입니다만, 그가 주님을 다시 만나서 "쿼바디스 도미네."라고 묻고 자신이 도망쳐 나온 로마로 다시 십자가를 지러 들어가신다는 주님 말씀을 듣고 이번에는 회개하고 다시 로마로 들어가 귀한 사역을 마무리하고 순교하였다는 스토리로 끝납니다.

베드로는 실패 속에 계속 성장하고 있었던 겁니다. 그래서 기념교회 정문에 "도미네 쿼바디스"라고 적힌 글과는 달리 소설가는 굳이 "쿼바디스 도미네"라고 단어의 순서를 거꾸로 하여 베드로가 십자가에 거꾸로 매달려 순교한 장면을 떠올리게 하고 있는 것 같다는 생각도 듭니다.

주여 어디로 가시나이까

우리는 베드로와 주님의 대화를 통해 세 가지를 배웠습니다. 첫째는 물어보라는 겁니다. 주님이 어디로 가시는지. 그리고 이건 다른 말로 하면 이 땅에 왜 오셨는지를 잊을만하면 계속 물어보라는 겁니다. 도미네 쿼바디스. 주여 어디로 가시나이까. 물론 우린 주님의 대답을 잘 알고 있습니다. 주님은 십자가를 지러 오셨고, 십자가를 지러 가고 계셨던 겁니다. 죽으러 오신 거고, 죽으러 가고 계셨던 겁니다. 우리를 위해서 말입니다.

둘째는 결심하라는 겁니다. 주님 가신 길을 따라가겠다고 결심하라는 겁니다. 베드로처럼 말이죠. 그의 고백처럼 "주님 가신 길 저도 끝까지 따라가겠습니다. 이 목숨 다 바쳐 주님 가신 길 따라가겠습니다. 그 길이 영광의 길이건 고난의 길이건 내 십자가 지고 주님 뒤를 따르겠습니다." 이런 고백을 하실 수 있기를 바랍니다. 그러면 성령께서 분명히 도와주십니다. 이건 결단이 없으면 가기 힘든 길입니다. 결단하시기 바랍니다.

셋째는 용기를 내라는 겁니다. 주님이 내 부족함을 다 아시니 말입니다. 베드로가 자신을 세 번이나 부인할 것을 알고 계셨던 주님이지만, 주님은 베드로를 결코 비난하지 않으셨습니다. 주님은 베드로가 자신의 실패를 딛고 겸손하게 주님만 따르는 성숙한 종이 되기를 원하셨습니다. 그래서 베드로는 엄청난 실수를 저지른 뒤에도 자괴감에 빠지지 않고 초대교회에서 가장 헌신적인 복음 전도자로 헌신하다가 정말 자기 십자가에 매달려 주님 품으로 돌아갔습니다.

자, 이제 이번 주부터 코로나 방역을 위한 강력한 비대면 예배가 다시 시작됩니다. 마음이 너무 무겁습니다. 이럴 때 필요한 것이 베드로의 적극적인 신앙인 줄 믿습니다. 베드로가 연약한 사람이었고 심지어 주님을 배신하기도 했던 인물이지만 끝까지 주님 따라가기로 했던 결심이 변치 않았기에 마침내 변화되어 십자가 사명 감당하는 훌륭한 종이 된 것처럼, 우리도 비대면 예배라는 너무나 무기력한 상황 속에서 그 연약함에 매여있지 않고 실패의 기억 속에 찌들어 있지 않고 적극적으로 주님 가신 길을 뒤따르리라는 결단 속에 자기 십자가를 지고 주님을 따라가야 할 줄 믿습니다.

특별히 지금은 교회를 위해서, 구역 식구들을 위해서, 다른 지체들을 위해서 그리고 이 땅의 모든 예배를 사모하는 주의 자녀들을 위해서 더욱 간절히 기도할 때입니다. 비록 어려운 때이지만 내 코가 석자라고 이기적인 태도로 숨어버리면 안 됩니다. 내가 먼저 주님 주신 십자가 사명을 잊지 않고 살아야 할 것이며, 다른 지체들도 그 사명 잊지 않고 살도록 계속 중보하고 격려하고 돌아보며 살아야 할 때입니다. 우리를 위해 오셨고, 우리를 위해 십자가 지고 묵묵히 그 길을 가셨던 주님을 기억하며 말입니다.

지금 여러분께 묻습니다. 여러분은 어디로 가고 계십니까? 쿼바디스?

10. 톨레 레게 _ Tolle Lege

‖ 요한복음 7:45-52 ‖

⁴⁵아랫사람들이 대제사장들과 바리새인들에게로 오니 그들이 묻되 어찌하여 잡아오지 아니하였느냐 ⁴⁶아랫사람들이 대답하되 그 사람이 말하는 것처럼 말한 사람은 이 때까지 없었나이다 하니 ⁴⁷바리새인들이 대답하되 너희도 미혹되었느냐 ⁴⁸당국자들이나 바리새인 중에 그를 믿는 자가 있느냐 ⁴⁹율법을 알지 못하는 이 무리는 저주를 받은 자로다 ⁵⁰그 중의 한 사람 곧 전에 예수께 왔던 니고데모가 그들에게 말하되 ⁵¹우리 율법은 사람의 말을 듣고 그 행한 것을 알기 전에 심판하느냐 ⁵²그들이 대답하여 이르되 너도 갈릴리에서 왔느냐 찾아 보라 갈릴리에서는 선지자가 나지 못하느니라 하였더라

톨레 레게

어떤 북아프리카 청년이 있었습니다. 아버지는 불신자였고 어머니는 독실한 크리스천이었습니다. 하지만 본인은 예수님을 믿지 않았고 굉장히 방탕하게 살았습니다. 결혼도 하지 않고 애를 낳았습니다. 19세에는 이상한 이단 종교에 빠져서 오랫동안 거기서 헤어나오지 못했습니다. 게다가 직업이 수사학 교수 즉 말 잘하는 법을 가르치는 일이었으니 누구의 말도 그의 귀에 들어오지를 않았습니다.

그가 32세 되던 해였습니다. 방탕한 삶에 대한 죄의식이 그를 짓눌렀고 그래서 슬퍼하며 한 정원에 앉아있었는데, 담장 너머로 꼬마들이 이런 노래를 부르는 것이 들렸습니다. "톨레 레게, 톨레 레게." 톨레는 "집어 들어라(take up)"라는 뜻이고, 레게는 "읽어라(read)"라는 뜻입니다. 인생이 너무 괴로운 이 청년에게 "들고 읽어라, 들고 읽어라" 이런 음성이 들린 것이죠.

그래서 이게 혹시 하나님이 주시는 음성인가 하여 방에 들어가서 무작정 성경을 폈는데 이런 말씀이 나왔습니다.

> 12밤이 깊고 낮이 가까웠으니 그러므로 우리가 어둠의 일을 벗고 빛의 갑옷을 입자
> 13낮에와 같이 단정히 행하고 방탕하거나 술 취하지 말며 음란하거나 호색하지 말며 다투거나 시기하지 말고
> 14오직 주 예수 그리스도로 옷 입고 정욕을 위하여 육신의 일을 도모하지 말라 (롬 13:12-14)

머리를 망치로 얻어맞은 것 같았죠. 청년은 곧 회개하고 예수님을 믿기로 결단하고 침례도 받았습니다. 그의 사생아 아들 아데오다투스도 함께 침례를 받았습니다. 이로써 어머니의 오랫동안의 기도는 응답되었고 어머니는 그해에 소천합니다. 청년은 몇 년 후에는 주의 종으로 안수받았고 죽을 때까지 하나님의 주권과 천국 복음을 전파하며 살았습니다.

이 청년의 이름은 어거스틴(Aurelius Augustinus, 354~430)입니다. 아우구스티누스라고도 하고요 어머니는 그 유명한 모니카입니다. "자식을 위해 눈물로 기도하는 어머니의 기도는 결코 헛되지 않는다."는 명언의 주인공인 바로 그 모니카입니다.

그림을 한 번 보실까요? 아리 셰퍼(Ary Scheffer, 1795-1858)가 그린 왼쪽 그림을 보면 어머니가 두 손으로 아들을 꼭 붙잡고 함께 천국을 바라보고 있습니다. 얼마나 가슴 뭉클한 장면인지 모릅니다. 그런데 아들 얼굴을 보면 뭔가 좀 반항적인 얼굴이죠. 여러분 주위의 누군가가 떠오르실 수도 있습니다. 반드시 변화될 줄 믿고 눈물의 기도를 그치지 마시기를 바랍니다.

이건 19세기 그림이었고요, 오른쪽은 조아치노 아세레토(Gioacchino Assereto, 1600-1649)가 그린 17세기 그림인데 여기선 어거스틴이 모니카의 격려를 받으며 성경을 읽고 있습니다.

이제 아시겠죠? 어거스틴의 방랑은 시간이 해결해준 게 아닙니다. 어머니의 간절한 기도는 아이들이 부른 노래 가사를 통해 방탕한 어거스틴에게 성경을 읽게 만들었고, 그 성경 말씀은 그의 심령을 뿌리째 흔들어 마침내 그를 위대한 주의 종이 되게 하였던 것입니다. 모니카 이야기는 다음에 더 말씀드릴 기회가 있을 거고 오늘 우리는 그 아이들이 불렀던 노래 가사에 좀 더 주목하려고 합니다.

그래서 오늘 말씀의 제목은 "톨레 레게"입니다. "들고 읽어라", 영어로는 "Take up and read"입니다. 그런데 아무 책이나 읽으면 안 됩니다. 책은 그게 아무리 허접한 책이라도 결국 우리 생각을 바꿔놓고 우리 인생을 바꿔놓을 수 있기 때문에 아무 책이나 읽으면 안 됩니다. 되는 대로 아무 음식이나 먹고 살면 배탈 나고 고지혈증이나 당뇨병 걸리고 암에 걸리듯이, 책도 그냥 아무거나 읽으면 영혼이 병에 걸릴 수 있습니다. 우리는 무얼 들고 읽을지를 잘 결정해야 합니다.

특별히 하나님의 말씀인 성경책을 들고 읽으시기 바랍니다. 이 참으로 귀한 책을 간절히 줄 치면서 읽고 그 말씀에 적극 순종하며 사시는 분들에게 1,600년 전에 북아프리카의 한 교만하고 방탕하던 청년을 고꾸라뜨려서 변화시키신 성령의 능력이 반드시 임하실 줄 믿습니다.

1. 말씀이 삶에 능력을 발휘하지 못하는 이유가 있다.

> 45아랫사람들이 대제사장들과 바리새인들에게로 오니 그들이 묻되 어찌하여 잡아오지 아니하였느냐
> 46아랫사람들이 대답하되 그 사람이 말하는 것처럼 말한 사람은 이 때까지 없었나이다 하니 (요 7:45,46)

예수님이 주로 갈릴리에서 복음을 전하시다가 모처럼 예루살렘 성전에 오셔서 사람들을 가르치셨습니다. 그런데 듣는 사람 중에는 예수님이 메시아를 사칭하는 거짓 그리스도라고 생각하고 주님을 잡으려는 무리가 있었습니다. 하지만 아직은 주님을 잡을 수가 없었습니다. 그 이유를 성경은 아주 간단하게 요약합니다. 아직 주님의 때가 되지 않아서 하나님이 그것을 허락하지 않으셨다는 겁니다.

> 30그들이 예수를 잡고자 하나 손을 대는 자가 없으니 이는 그의 때가 아직 이르지 아니하였음이라 (요 7:30)

우리에게도 마찬가지입니다. 아직 때가 아니라면 아무도 여러분에게 손

댈 수 없음을 믿으시기 바랍니다. 아직 때가 이르지 아니하였다면 여러분의 대적이 여러분을 건드리지도 못함을 믿으시기 바랍니다. 하나님이 허락하지 않으시기 때문입니다. 전쟁은 날 수 있고 악한 세력이 여러분을 건드릴 날도 올 것입니다. 하지만 하나님은 모든 "때"를 관장하심을 믿으시기 바랍니다. 또한 전쟁은 오직 하나님께 속한 것임을 믿으시기 바랍니다.

자, 그런데 대제사장들과 바리새인들은 빈손으로 돌아온 하인들에게 화를 냈습니다. "어찌하여 잡아오지 아니하였느냐?" 화낼 만도 하죠. 명령이 이행이 안 됐으니까 말입니다. 하인들은 이럴 때는 혼이 덜 나기 위해서 대개는 이렇게 말을 합니다. "사람들이 너무 많아서 접근이 어려웠다." 또는 "잡아 오려고 했는데 거기 있는 사람들이 너무 심하게 저항을 했다."든지 말입니다.

그런데 하인들이 너무 솔직했습니다. 꼭 말로 매를 버는 사람들 같습니다. "그 사람이 말하는 것처럼 말한 사람은 이 때까지 없었나이다." 잡아 오라고 시켰으면 그냥 잡아 오면 될 일을, 도대체 주님 말씀이 얼마나 권세가 있고 거기에 얼마나 압도당했으면 감히 예수님 잡아 올 생각을 못 했다고 이실직고한 것일까요?

그런데 사실 생각해 보면 우리도 다들 이렇게 주님 말씀에 압도되어 회개하고 고꾸라지고 기적처럼 주님께 돌아온 사람들입니다. 그리고 그 말씀은 인간의 말이 아니기 때문에 우리가 믿은 지 1년이 되고 2년이 되고 10년이 되고 20년이 되어도 여전히 우리 삶을 압도하고 변화시키는 능력과 권세가 있습니다.

그런데 문제는 주님께 돌아온 자가 이제 더 이상 성경 말씀을 "듣고 읽지" 않을 때 발생합니다. 문제는 주일날 목사님 설교로 듣는 말씀이 내가 1

주일 동안 접하는 유일한 성경 말씀이기 때문에 발생합니다. 문제는 그 고집 세고 세속적이던 나의 삶을 확 바꿔놓으셨던 주님 말씀에 언제부터인가 집중하고 있지 않기 때문에 발생하는 것입니다.

이런 사람들은 요한복음 7장에 나오는 이 바리새인 집 하인들이 느꼈던 그 순수한 충격이 신기하게 다가옵니다. 그리고 이런 사람들은 갓 믿은 사람들이 말씀을 읽으며 흘리는 눈물을 그저 부럽게 바라보게 됩니다.

왜 그렇게 된 걸까요? 말씀의 능력은 그대로인데 말입니다. 뭐가 문제인지 좀 감이 오시나요? 그렇습니다. 변한 건 말씀이 아니라 내 심령입니다. "말씀을 읽지 않아도 사는 데 별 지장이 없다."라는 엄청난 요령(?)을 깨우치고 살아온 결과입니다.

그래서 다들 뭐 하고 있는지 아세요? 많은 분이 성경을 안 읽고 살기로 "결심하고 산다."는 겁니다. 세상에 그런 결심도 있나 이런 생각이 드시나요? 당장 여러분의 삶을 돌아보시기 바랍니다. 그런 결심하고 사는 사람과 많이 다른가요? 물론 사람들은 여러분이 그렇게까지 성경을 안 읽고 산다는 걸 잘 모를 겁니다. 하지만 "내가 성경을 제대로 1독도 해본 적이 없다는 사실을 적에게 알리지 말라…" 무슨 이순신 장군도 아니고 이게 뭡니까?

성경을 "들고 읽으시기"를 바랍니다. 말씀 한 구절에 눈물을 쏟고 말씀 한 구절에 벼락 맞은 것처럼 정신이 번쩍 드는 그런 복을 누리고 사시려면 듣는 것만 가지고는 안 됩니다. 본인이 직접 성경을 들고 거기에 줄 치면서 읽는 것이 가장 좋습니다.

아무리 목사님 설교가 명설교여도, 아무리 라디오나 인터넷이나 케이블 TV에서 성령 충만한 설교가 흘러나와도 그걸로는 부족합니다. 스스로 읽어야 합니다. 직접 읽으며 줄 치고, 그 말씀 가지고 기도하고, 그 말씀에 순종해서 삶을 바꿔보려고 시도했던 그 말씀이 진짜 자기 것이 됩니다.

물론 성경이 쉬운 책은 아닙니다. 아무리 읽어도 이해가 안 되는 부분이 왜 없겠습니까? 만약 그런 부분이 나오면 기도하고 다시 읽어보고 그래도 모르겠으면 성경 주석을 참고하거나 교회 교역자에게 물어보고, 그래도 이해가 안 되면 그냥 넘어가시기 바랍니다. 하지만 인터넷 검색은 하지 마세요. 올바른 답변도 가끔 만날 수 있지만 신학적으로 이상한 글들이 더 많습니다. 심지어 이단이 써놓은 글들도 적지 않습니다. 그러니 성경에 대해서는 웬만하면 인터넷 검색을 안 하는 것을 원칙으로 삼으시기 바랍니다.

그리고 만약 그게 중요한 말씀이었다면 성령님이 언젠가는 반드시 이해하게 도와주십니다. 성경 딱 한 번 읽고 천국 가실 거는 아니잖아요? 다들 앞으로 수십 번은 더 읽고 가실 테니 지금 이해가 안 되는 구절에 너무 목매지 마시기를 바랍니다. 콩나물시루에 물 줘보신 분들은 알 겁니다. 물이 다 밑으로 빠져나간 것 같지만 시간이 흐르면 콩나물은 키가 자라있습니다. 어느새 하나님이 모르던 말씀을 깨닫게 해주시고 어느새 우리 삶에 말씀의 능력이 나타나게 될 것입니다. 그 시작은 성경을 "들고 읽는" 것입니다.

2. 말씀을 잘 안다고 떠들어댈 것이 아니다.

> 47바리새인들이 대답하되 너희도 미혹되었느냐
> 48당국자들이나 바리새인 중에 그를 믿는 자가 있느냐
> 49율법을 알지 못하는 이 무리는 저주를 받은 자로다 (요 7:47-49)

바리새인들이 아주 한심하다는 듯이 말을 합니다. "너희도 미혹되었느

냐." 너희도 넘어갔느냐 이겁니다. 당국자나 바리새인 중에 그를 믿는 자가 없는 걸 보면 모르겠냐, 너희들 정신 나갔구나 이겁니다. 그리고는 저주를 합니다. 그를 믿는 자들은 율법 즉 성경을 모르는 자들이고 따라서 저주받은 자들이라고 했습니다. 그런데 정말 그럴까요? 누가 정말 율법을 모르는 자들이고 누가 정말 저주받은 자들일까요?

우리는 압니다. 이 사람들 말대로 원래 율법을 잘 알지 못하던 자들 곧 하인들은 율법의 완성자이신 예수님께 압도되었고, 율법을 잘 안다고 설쳐대던 이 똑똑한 사람들은 결국 율법의 완성자를 배척하고 정죄했다는 사실을 말입니다.

> 39예수께서 이르시되 내가 심판하러 이 세상에 왔으니 보지 못하는 자들은 보게 하고 보는 자들은 맹인이 되게 하려 함이라 하시니
> 40바리새인 중에 예수와 함께 있던 자들이 이 말씀을 듣고 이르되 우리도 맹인인가
> 41예수께서 이르시되 너희가 맹인이 되었더라면 죄가 없으려니와 본다고 하니 너희 죄가 그대로 있느니라 (요 9:39-41)

주님이 이 땅에 오신 목적은 보지 못하는 자들은 보게 하고 보는 자들은 보지 못하게 하려 함이라고 하셨습니다. 그러니 본다고 하는 자들은 실상은 맹인들입니다. 41절에 주님이 직격탄을 날리십니다. "너희가 차라리 맹인이라면 죄가 없겠는데, 너희가 본다고 말하니 너희는 빼도 박도 못할 죄인들이다."

그렇습니다. 천국은 자신이 앞 못 보는 자임을 고백하는 자들의 것임을 믿으시기 바랍니다. 천국은 심령이 가난하고 겸손한 자들의 것임을 믿으시기 바랍니다. 세상에서도 교만한 사람을 싫어합니다. 하물며 교만한 자

들이 어떻게 하나님 나라에서 환영을 받을 수 있겠습니까?

그런데 놀랍게도 영적으로 교만한 사람의 대명사였던 바리새인 중에 겸손히 주님께 배우고자 나아왔던 자가 있었습니다. 그의 이름은 니고데모입니다. 많이 들어보셨죠? 바로 요한복음 3장에서 밤중에 주님을 찾아와서 사람이 어떻게 하면 거듭날 수 있는지 진지하게 물어봤던 바로 그 바리새인이 니고데모였습니다. 그 일 후 어떻게 되었는지 궁금했는데 마침 오늘 요한복음 7장 본문에 다시 등장합니다.

3. 바리새인도 주님 말씀에 결국은 변화되다.

> 50그 중의 한 사람 곧 전에 예수께 왔던 니고데모가 그들에게 말하되
> 51우리 율법은 사람의 말을 듣고 그 행한 것을 알기 전에 심판하느냐
> (요 7:50,51)

니고데모는 요한복음 3장에선 "물과 성령으로 거듭나야만 천국에 들어갈 수 있다."라는 주님 말씀을 정확하게 이해 못 한 것처럼 나옵니다. 하지만 오늘 본문을 보면 그는 결국 변화된 것으로 보입니다. 그가 다른 바리새인들 앞에서 예수님을 적극 변호하는 것을 보면 알 수 있습니다. 율법을 가르치던 니고데모는 율법의 완성자로부터 자기가 율법에 대해 얼마나 아는 것이 없는지를 진정으로 깨닫고 배웠던 겁니다.

주님은 결국 사람을 변화시키십니다. 진짜로 변화시키십니다. 니고데모를 보세요. 전에는 사람들의 눈을 피해서 깜깜한 밤중에 몰래 주님을 찾아왔었는데, 지금은 벌건 대낮에 그것도 많은 동료 바리새인들 앞에서 왕따

당할 걸 각오하면서까지 주님을 변호하고 나섰습니다. 그는 "그 사람이 하는 말을 좀 제대로 들어보고 판단해라. 그 사람이 행한 것을 좀 제대로 알아보고 심판해라." 이렇게 용기 있게 말하고 있습니다.

사실 유대인들이 제일 두려워하는 게 출회당하는 겁니다. 니고데모는 그런 위험을 무릅쓰고 지금 예수님 편을 들고 있는 것이었습니다. 그는 변화된 것이 분명합니다. 뿐만이 아닙니다. 니고데모는 성경에 한 번 더 나옵니다. 나중에 예수님이 십자가에서 죽으셨을 때, 몰약과 침향 섞은 것을 가져와서 아리마대 사람 요셉과 함께 처참하게 돌아가신 주님 시체를 거두었던 자가 누구였을까요? 네, 바로 니고데모였습니다.

> 38아리마대 사람 요셉은 예수의 제자이나 유대인이 두려워 그것을 숨기더니 이 일 후에 빌라도에게 예수의 시체를 가져가기를 구하매 빌라도가 허락하는지라 이에 가서 예수의 시체를 가져가니라
> 39일찍이 예수께 밤에 찾아왔던 니고데모도 몰약과 침향 섞은 것을 백 리트라쯤 가지고 온지라 (요 19:38,39)

많은 분들이 이 장면에서 아리마대 사람 요셉만 기억하시겠지만, 니고데모도 찾아와서 주님의 장례를 도왔습니다. 그는 분명히 신앙인이었습니다. 그는 사람이 거듭나야 하나님 나라를 볼 수 있다는 주님 말씀을 듣고 분명히 변화된 자였던 겁니다. 그리고 결국은 다른 바리새인들로부터 심한 핀잔과 모욕을 듣습니다.

> 52그들이 대답하여 이르되 너도 갈릴리에서 왔느냐 찾아 보라 갈릴리에서는 선지자가 나지 못하느니라 하였더라 (요 7:52)

"너도 갈릴리에서 왔느냐?" 여기서 우리는 특정 지역을 업신여기는 지역

주의의 역사가 굉장히 오래된 것을 알 수 있습니다. 이스라엘의 경우, 갈릴리는 사마리아보다도 더 멀리 떨어져 있는 이스라엘의 제일 북쪽 땅입니다. 거의 이방 땅이나 다름없는 형편없는 시골 동네였습니다. 그래서 그냥 갈릴리도 아니고 "이방의 갈릴리"라는 놀림도 받았습니다.

요한복음 1장에도 보면, 나다나엘이 빌립으로부터 예수님을 처음 소개받을 때 "나사렛에서 무슨 선한 것이 날 수 있느냐"(요 1:46)라고 말했던 기록이 나옵니다. 그 나사렛이란 동네도 갈릴리 언덕배기에 있는 작은 동네입니다. 그런데 뜻밖에 구약성경에 보면 바로 이 이방의 갈릴리에서, 이 모두에게 무시 받던 시골 땅에서 엄청나게 영광스러운 일이 일어날 것이 예언되어 있습니다.

> [1]전에 고통 받던 자들에게는 흑암이 없으리로다 옛적에는 여호와께서 스불론 땅과 납달리 땅이 멸시를 당하게 하셨더니 후에는 해변 길과 요단 저쪽 이방의 갈릴리를 영화롭게 하셨느니라 [2]흑암에 행하던 백성이 큰 빛을 보고 사망의 그늘진 땅에 거주하던 자에게 빛이 비치도다 (사 9:1,2)

우리 하나님은 정말 공평한 하나님이 맞습니다. 전에 고통받던 자들에게는 이제 흑암이 없을 거라고 약속하신 겁니다. 어떤 신학자는 이렇게 말했습니다. "고통은 하나님의 약속이다." 하나님의 백성에게 있어서 고통은 곧 회복에 대한 약속인 걸 믿으시기 바랍니다. 하나님의 백성에게 고통은 곧 치유에 대한 보증인 걸 꼭 믿으시기 바랍니다. 아브라함도, 요셉도, 모세도, 다윗도, 어거스틴도 그랬습니다. 심지어 우리 주님께서도 그 진리를 몸소 십자가와 부활로 보여주신 것이 아닙니까? 이것도 예언되어 있습니다.

> [20]우리에게 여러 가지 심한 고난을 보이신 주께서 우리를 다시 살리

시며 땅 깊은 곳에서 다시 이끌어 올리시리이다 (시 71:20)

4. 성경은 잘 모르면서 목소리만 큰 사람들이 있다.

그런데 우리가 성경을 잘 아는 것 같아도 잘 모르는 경우가 많습니다. 아까 바리새인들이 자신만만하게 그랬죠. "한번 찾아봐라. 갈릴리에서는 선지자가 나오지 못한다." 똑똑한 바리새인들이 한 말이니까 다들 그런 줄로만 알았을 겁니다.

그런데 찾아보니까 이 사람들 무식이 탄로 났습니다. 이사야에 갈릴리 지역의 영광에 대해 분명히 예언되어 있었던 겁니다. 물론 그들은 이사야 9장 말씀에 대해서 글자로는 알고 있었을지도 모릅니다. 하지만 그 말씀이 무슨 뜻인지는 전혀 모르고 있었습니다.

그리고 매우 흥미롭게도 오늘 본문인 요한복음 7장 한 장에만 이 바리새인들 말고도 뭔가 아는 척하다가 잘 몰랐다는 게 들통나는 사람들이 세 무리나 더 나옵니다. 우선, 예루살렘 성전에서 주님 말씀을 듣던 사람들입니다.

**¹⁹모세가 너희에게 율법을 주지 아니하였느냐 너희 중에 율법을 지키는 자가 없도다 너희가 어찌하여 나를 죽이려 하느냐
²⁰무리가 대답하되 당신은 귀신이 들렸도다 누가 당신을 죽이려 하나이까 (요 7:19-20)**

"당신 미쳤냐, 누가 당신을 죽인다는 거냐?" 그랬죠. 하지만 그건 이 사람들이 잘 몰라서 했던 말입니다. 다른 예루살렘 주민들은 이미 다 아는 얘기였습니다. 높은 사람들이 예수님을 죽이려고 한다는 사실은 이미 파다하게 퍼져있었습니다. 무식한 사람이 용감하고 모르는 사람이 목소리만

큽니다.

> ²⁵예루살렘 사람 중에서 어떤 사람이 말하되 이는 그들이 죽이고자 하는 그 사람이 아니냐
> ²⁶보라 드러나게 말하되 그들이 아무 말도 아니하는도다 당국자들은 이 사람을 참으로 그리스도인 줄 알았는가 (요 7:25-26)

그리고 둘째는 예루살렘 주민들입니다. 그들도 성경 내용을 잘 모르면서 아는 척을 했는데 그건 잘 못 알고 하는 말이었습니다.

> ²⁷그러나 우리는 이 사람이 어디서 왔는지 아노라 그리스도께서 오실 때에는 어디서 오시는지 아는 자가 없으리라 하는지라 (요 7:27)

그리스도께서 어디서 오시는지 정말 몰라야 하는 걸까요? 우리가 잘 알다시피 그리스도께서 태어나시는 장소는 700년 전부터 이미 예언되어 있었습니다.

> ²베들레헴 에브라다야 너는 유다 족속 중에 작을지라도 이스라엘을 다스릴 자가 네게서 내게로 나올 것이라 그의 근본은 상고에, 영원에 있느니라 (미 5:2)

미가서에 왜 "베들레헴"이 아니라 "베들레헴 에브라다"라고 기록되어 있을까요? 그건 스불론 땅에도 베들레헴이라는 동네가 있어서 혼동을 피하기 위해서였을 겁니다. 즉 에브라다는 다윗이 태어나고 예수님께서도 태어나시는 우리가 아는 바로 그 베들레헴의 옛지명입니다. 따라서 우리가 헷갈리지 않게 어느 베들레헴인지까지 정확하게 말씀해주신 겁니다. 하지만 지금 이 예루살렘 사람들은 마치 메시아가 오는 동네는 결코 알 수가 없

다고 성경에 나오는 것인 양 말 같지도 않은 말을 지껄이고 있었습니다.

아는 척만 하는 사람들이 또 있었습니다. 이 세번째 부류의 사람들은 "예수님이 그리스도일 리가 없다. 왜냐하면 성경은 그리스도가 첫째, 다윗의 씨에서 나오고 둘째, 다윗의 마을인 베들레헴에서 온다고 분명히 말하고 있기 때문이다."라고 말했습니다. 좀전의 그 예루살렘 사람들보다는 뭔가 좀 아는 사람들인 것 같습니다. 하지만 사실 이들도 제대로 아는 게 없는 사람들이었습니다.

> 41어떤 사람은 그리스도라 하며 어떤 이들은 그리스도가 어찌 갈릴리에서 나오겠느냐
> 42성경에 이르기를 그리스도는 다윗의 씨로(from David's family) 또 다윗이 살던 마을 베들레헴에서 나오리라(and from Bethlehem) 하지 아니하였느냐 하며 (요 7:41-42)

이들은 예수님의 부친이 다윗의 자손 요셉이라는 사실도, 예수님의 탄생 장소가 베들레헴 마구간이라는 사실도 전혀 모르는 자들이었던 겁니다. 그리고 이런 영적 무지는 아까 말씀드린 것처럼 성경을 가장 잘 안다는 바리새인들에게도 그대로 나타나고 있습니다. 참 안타까운 일입니다.

생각할수록 놀랍습니다. 요한복음 7장 한 장에서만 이렇게 뭔가 알고 말한 거 같은데 사실 아는 게 하나도 없는, 그런 스토리가 네 번이나 나온다니 말입니다. 그래서 우리는 성경을 열심히 읽어야 하겠고, 읽되 그 뜻을 제대로 이해해야 하겠습니다. "듣고 읽어라. 그리고 제대로 이해해라." 이게 오늘 하나님이 주시는 메시지입니다.

5. 톨레 레게를 위한 세 가지 제안

특별히 우리 중에 성경을 "듣고 읽는" 것 자체부터 문제에 봉착하신 분들이 많은 것 같습니다. 그래서 오늘은 어떻게 하면 성경을 제대로 톨레 레게할 수 있는지, 즉 제대로 듣고 읽을 수 있는지에 대해 간단하게 몇 가지 제안을 드립니다. 중요한 것 세 가지만 말씀을 드립니다.

첫째, 성경을 마치 처음 읽는 사람처럼 읽으시기 바랍니다. 기대감을 가지고 읽으세요. 경이로움은 초신자의 특권이 아닙니다. 저는 요즘도 가끔씩 성경에 이런 구절이 다 있었나 하고 깜짝깜짝 놀랄 때가 있습니다. "오늘 정말 신기한 걸 보게 될 거야, 오늘 정말 놀라운 이야기를 듣게 될 거야." 이런 기대감을 잔뜩 가지고 성경을 펴시기 바랍니다. 제가 대학생 때 성경을 처음 1독 할 때부터 지금까지 성경 읽기 전에 반드시 먼저 암송하고 시작하는 말씀이 하나 있습니다.

> 18내 눈을 열어서 주의 율법에서 놀라운 것을 보게 하소서 (시 119:18)

이전의 개역성경에는 "내 눈을 열어서 주의 법의 기이한 것을 보게 하소서."라고 되어 있었습니다. 성경을 읽다가 놀라운 것을 보게 해달라고, 성경을 읽다가 기이한 것을 깨닫고 눈이 휘둥그레지게 해달라고 기도를 먼저 하신 다음 성경을 읽으시기 바랍니다. 이 말씀을 암송하며 톨레 레게 하시는 분들에게 참으로 요한복음 7장에 나오는 하인들같이 "지금까지 이런 말은 들어본 적이 없었다"고 무릎을 치게 되는 은혜가 있을 줄 믿습니다. 성경이 유튜브보다 얼마나 재미있는지 반드시 깨닫게 될 줄 믿습니다.

둘째, 새로운 삶을 살게 해달라고 간절히 기도하면서 성경을 읽으시기 바랍니다. 사실 성경은 우리 머리만을 위한 책이 아니라 또한 우리의 손과 발을 위한 책이기도 합니다.

셰익스피어가 하루는 자기 작품이 공연되는 연극 극장을 찾았는데, 거기서 그를 알아본 관객이 이런 질문을 했습니다. "선생님, 뵙게 되어 영광입니다. 그런데 선생님 작품이 이렇게 연극으로 공연되는 걸 보면 어떤 기분이 드시나요? 저는 공연으로 보는 건 글로 읽는 것보다 수준이 떨어지는 것 같아서 마음에 안 듭니다만."

셰익스피어가 뭐라고 했을까요? "뭔가 오해하신 것 같습니다. 저는 작품을 쓸 때 읽기 위해서가 아니라 공연하기 위해서 씁니다. 그러니까 제 작품은 글로 읽을 때보다 공연을 볼 때가 진짜지요." 이게 그의 대답이었습니다.

맞습니다. 성경도 우리가 그냥 읽고 지적인 만족이나 느끼며 살라고 주신 책이 아닙니다. 거기에 적혀있는 대로 살라고 주신 책인 줄 믿습니다. 삶의 변화 없이 지식만 늘어나는 성경 읽기는 우릴 교만하게 만들 뿐이고 21세기 바리새인으로 만들 뿐입니다. 꼭 삶에 적용하면서 읽으셔야 합니다. 말이 바뀌고 행동이 바뀌지 않는 성경 읽기는 "영적인 비만"만 가져옵니다. 꼭 삶이 변화되게 해달라고 기도하며 성경을 톨레 레게 하시기 바랍니다.

셋째, 1년 1독을 평생의 목표로 삼으라는 겁니다. 1년에 2독이나 3독, 5독을 하시는 분들에게는 죄송한 이야기입니다. 하지만 우리 중에 "평생 절대로 성경을 읽지 않고 살겠다."고 결심한 것 같은 분들이 적지 않으셔서 최소한의 의무 사항을 말씀드렸습니다.

1년 1독은 그리스도인의 최소한의 의무 사항입니다. 그걸 목숨같이 지켜보세요! 그 영적인 유익은 이루 말할 수 없습니다. "톨레 레게, 톨레 레게, 들고 읽어라, 들고 읽어라." 이 엄중한 하나님 음성에 순종하시기 바랍니다.

그런데 해보신 분들은 알겠지만, 그게 그냥 시간 날 때 좀 읽는 것 가지고는 성공하기 어렵습니다. 매일 일정한 시간을 정해놓고 일정한 양을 꾸준히 읽으셔야 합니다. 운동하고 다를 게 없습니다. 저는 "혹시 시간이 나면" 운동한다는 사람한테서 왕자 복근을 본 적이 없습니다.

그리고 옆에는 꼭 볼펜 한 자루와 노트 한 권을 준비해놓고 읽으시면 좋습니다. 저는 컴퓨터에 지난 20년 치가 기록되어 있습니다. 여러분도 오늘부터 시작하시면 됩니다. 이전에 적어놓은 성경 묵상들을 가끔 읽어보면, 좀 유치한 것들도 있지만 그래도 그때 주셨던 그 은혜들이 다시 떠오르며 눈물 나게 감사한 경우가 많습니다. 1년 1독을 실행하시되 꼭 어딘가에 묵상한 바를 몇 글자라도 적어가면서 하시기 바랍니다.

들고 읽으세요

오늘 말씀을 맺겠습니다. 제가 아까 어거스틴이 "톨레 레게", "들고 읽어라."라는 아이들의 노랫소리를 듣고 정말로 성경을 들고 읽었다고 했습니다. 그리고 그게 로마서 13장이었고 그 말씀이 그의 일생을 바꿔놓았다고 말씀드렸습니다. 하지만 여러분은 절대로 그런 식으로 성경 읽지는 마시기를 바랍니다. 하나님의 역사를 도박하듯이 접근하시면 안 됩니다.

제가 오늘 톨레 레게를 위한 훨씬 안전하고 검증된 방법 세 가지를 제안해 드렸습니다. 첫째, 성경을 마치 생전 처음 읽으시는 분처럼 기대감을 갖고 읽으시기 바랍니다. 둘째, "내가 새로운 삶을 살기 원합니다." 이런 간절한 기도 가운데 성경을 읽으시기 바랍니다. 그리고 마지막으로, 1년 1독을 평생 실천하시기 바랍니다.

그런데 주의할 점이 있습니다. 오늘 하나님은 교회에서 누가 더 성경을 많이 읽는지 시합을 붙이고 계신 게 아니라는 겁니다. 성경을 무조건 많이 읽기만 하면 되는 것도 아닙니다. 하지만 우리 중에 성경을 아예 안 읽고 살기로 결심하고 사는 사람이 있는 것 같아서 하나님은 그게 마음이 아프신 겁니다.

옆에 핸드폰 끼고 살 줄만 알았지 성경 찾는 건 주일 아침에 교회 갈 때뿐이신 분이 여기 계신다면, 지금은 진심으로 회개하셔야 할 시간입니다. "그 사람이 말한 것처럼 말한 사람은 이제까지 없었나이다." 이 하인들의 말 같은 그런 감격스러운 고백이 사라지신 분들이 계신다면, 오늘은 회개의 날입니다. 특히 교회의 중직과 직분자들 중에 요한복음 7장에 나오는, 성경에 대해 아는 척만 했지 사실은 아는 게 거의 없었던 사람들이 혹시 내가 아닌가 하는 분들이 계신다면, 오늘은 솔직한 반성과 회개의 날입니다.

이 성경을 우리에게 전해주기 위해 얼마나 많은 분이 순교했습니까? 그리고 우리가 말씀의 사람이 되도록 모니카처럼 저를 위해 여러분을 위해 얼마나 많은 분이 간절히 기도했습니까? 무엇보다도 우리 주님이, 우리가 하나님의 최고의 선물인 성경을 세상 어느 책보다도 더 간절히 열심히 읽다가 주님 나라에 오기를 얼마나 간절히 원하시겠습니까?

그러니 오늘은 회개의 날이요 또한 톨레 레게의 결심을 하는 날입니다. 이제 날씨 좋은 걸로 명성이 높은 5월이 시작되었습니다. "그동안 코로나 때문에 집구석에 처박혀있었는데 이젠 좀 어디 놀러 가 봐야겠다." 그런 계획은 누구나 세울 수 있습니다. 하지만 "벌써 5월이구나. 이젠 정신 차리고 성경 읽기에 몰입하여 금년에 1독을 반드시 달성하리라." 이런 결단을 하시고 풍성한 열매를 거두시는 귀한 성도님들 되시기를 주님의 이름으로 축원합니다.

11. 싸우고 마치고 지키고 _ Fight, finish and keep it!

‖ 디모데후서 4:7-8 ‖
⁷나는 선한 싸움을 싸우고 나의 달려갈 길을 마치고 믿음을 지켰으니 ⁸이제 후로는 나를 위하여 의의 면류관이 예비되었으므로 주 곧 의로우신 재판장이 그 날에 내게 주실 것이며 내게만 아니라 주의 나타나심을 사모하는 모든 자에게도니라

끝이 온다

살다 보면 내가 나이가 들었구나 하는 걸 깨닫게 되는 순간들이 있습니다. 저 같은 경우 최초의 경험은 길 가다가 누가 저보고 '아저씨'라고 부를 때였습니다. 그때가 대학교 1학년 때였는데 그 황당함은 이루 말할 수가 없었습니다. 그런데 나이 40에 접어드니까 갑자기 가까운 글씨가 잘 안 보이기 시작하고 얼굴에는 전에 없던 검버섯과 잡티들이 하나둘씩 보이기 시작했습니다. 서글펐습니다. 더구나 제가 피부과 의사다 보니 그 서글픔의 깊이가 남달랐습니다.

나이 50이 되던 해에는 말로만 듣던 오십견이 찾아왔습니다. 왼쪽 어깨 근육이 찢어지는 "회전근개파열"이었는데, 통증도 통증이었지만 나도 이제 나이가 들었구나 하는 생각에 참 비참한 생각이 들었고 정형외과에서 나와 차 속에서 한참을 울었습니다. 그런데 더 충격적인 건, 언제부터인가 이발을 하거나 새 옷을 꺼내 입었을 때 사람들이 자꾸 저한테 젊어 보인다고 말해준다는 사실입니다. 정말 슬픈 일이었습니다. 저 아직 젊은데요.

아마 저 같은 경험을 해보신 분들이 적지 않을 겁니다. 그런데 우리가 나

이 드는 것이 천국에 더 가까워졌다는 뜻이요, 이전보다 세상을 더 성숙하게 바라볼 수 있게 되었다는 뜻이기도 할 텐데, 왜 그런 말을 듣는 것이 썩 기쁜 일이 아닐까요?

여러 가지 이유가 있겠지만 이런 생각이 들었습니다. 흔히 인생을 도화지에 비유하잖아요? 어릴 때는 멋도 모르고 아무렇게나 쓱쓱 그리지만 철이 좀 들면서부터는 좀 더 신경 써서 그림을 그리죠. 그러다가 어느 날 갑자기 도화지가 지금까지 칠한 색깔들로 꽉 차 가고 새로운 색을 칠할 곳이 점점 없어지고 있다는 사실을 발견하게 되는 겁니다. 그러면 당황하게 되고 나이 들어간다는 사실을 인정하기가 정말 싫어지게 되죠. 저에겐 확실히 그 이유가 큰 것 같습니다.

우리에게 남은 시간이 얼마인지는 아무도 모르지만 중요한 건 이겁니다. "나는 끝나가는 것이 아니라 완성되어간다." 도화지의 남은 부분을 정말 아름답게 채워가시기를 바랍니다.

오늘은 12월 1일입니다. 1년의 마지막 달 첫날입니다. 저는 12월은 하나님이 우리에게 주신 선물이라고 생각합니다. 꼭 그 속에 성탄절이 들어있기 때문만은 아닙니다. 12월은 누구에게나 "이제 1년이 다 끝났구나." 하는 생각을 하게 만듭니다. 그리고 그건 하나님이 우리 인생에 끝이 온다고 하는 사실을 1년에 한 번씩은 깨닫게 해주신 장치가 아닐까요? 우린 평생 죽을 때까지 이렇게 작은 종말들을 수십 번 연습하다가 주님께 가는 것입니다. 얼마나 감사합니까?

그래서 12월은 선물과도 같은 달입니다. 이 1년의 종말에 인생의 종말을 떠올리는 지혜가 있으시기를 주님의 이름으로 축원합니다. 12월을 잘 마무리하면 인생이 잘 마무리되는 것인 줄 믿습니다. 그런데 어떻게 하면 도화지의 남은 부분을 아름답게 채울 수 있을까요? 어떻게 하면 그걸 제대로 완성할 수 있을까요?

싸우고 마치고 지키고

그래서 오늘 말씀의 제목은 "싸우고 마치고 지키고"입니다. 이건 사도 바울이 그의 인생을 마무리하면서 했던 고백입니다. 그리고 그의 제자 디모데의 마음에 새겨지기를 바랐던 진리입니다. 또한 오늘 우리 가운데 한 사람도 빠짐없이 1년을 마치는 12월에, 그리고 일생을 마쳐야 하는 그 시간이 왔을 때 우리 모두의 입에서 나와야 할 고백입니다. "싸우고 마치고 지키고", 이 고백이 여러분 모두의 고백이 되시기를 기원합니다.

> 7나는 선한 싸움을 싸우고 나의 달려갈 길을 마치고 믿음을 지켰으니 (딤후 4:7)

디모데후서는 바울이 쓴 열세 개의 서신서 중에서 제일 마지막 편지에 해당합니다. 바울이 로마 감옥에 두 번 투옥되었는데 첫 번째 투옥되고 석방된 다음인 AD 63년경에 쓴 편지가 디모데전서이고, 66년 말~67년 초의 추운 겨울철에 그가 로마 감옥에 두 번째 투옥된 상태에서 쓴 편지가 이 디모데후서로 알려져 있습니다. 그리고 바울은 그 얼마 후인 67년경에 순교한 것으로 보입니다.

그러니까 디모데후서는 바울이 죽기 정말 몇 달 전에 쓴 편지입니다. 자 그렇다면 그 마지막 편지의 제일 마지막인 4장에서 이 위대한 사도가 마지막으로 한 말은 뭐였을까요? 정말 궁금하지 않으세요? 저는 굉장히 궁금합니다.

7절을 보니까 바울이 말했습니다. "내가 선한 싸움을 싸웠다, 나의 달려갈 길을 마쳤다, 그리고 내 믿음을 지켰다." 한마디로 말해서 "싸웠노라, 마쳤노라, 그리고 지켰노라."라는 겁니다. 얼마나 가슴 뭉클한 고백입니까. 꼭 로마 장군 카이사르가 소아시아 전투에서 승리하고 "왔노라, 보았노라, 이겼노라."라고 외쳤던 말이 연상됩니다.

하지만 카이사르가 받은 것은 썩을 면류관이었습니다. 지금 누가 기억도 제대로 안 해주죠. 하지만 바울이 받은 것은 썩지 아니할 면류관이었고 그 소식은 하늘에 기록된 위대한 승전보였으며 그 고백은 2,000년이 넘어서까지 우리 가슴을 요동치게 만드는 웅장한 선포였습니다. 그래서 우리는 오늘 바울의 이 세 가지 고백을 따라 우리 삶을 돌아보고자 하는 것입니다.

1. 선한 싸움을 싸우라. 그것이 고통스러울지라도.

기독교가 싸우는 법을 가르치는 종교라는 걸 잘 모르셨을 겁니다. 멋도 모르고 교회 나왔는데 알고 보니까 격투기 도장이더라 뭐 그런 겁니다. 그런데 정말 치고받고 싸우는 걸 말하는 건 아닙니다. 이건 영적인 싸움이고 신약성경에선 주로 달리기 경주로 비유됩니다. 그런데 절대로 낭만적인 조깅 같은 게 아닙니다. 선한 싸움이라고는 했지만 그 목적이 선해서 선한 싸움이지, 싸움 자체는 정말 치열한 싸움입니다. 그냥 동네 한 바퀴 뛰고 오는 게 아니고 굉장히 난코스의 산악행군에 해당합니다. 중간에 포기자가 속출합니다. 이게 장난이 아닙니다.

여기 사용된 단어를 보면 알 수 있습니다. "싸움(fight)"이라는 말은 헬라어로 "아곤(ἀγών)"이라는 단어입니다. 이 단어가 히브리서에는 "경주(race)"라는 말로 나옵니다.

> ¹이러므로 우리에게 구름 같이 둘러싼 허다한 증인들이 있으니 모든 무거운 것과 얽매이기 쉬운 죄를 벗어 버리고 인내로써 우리 앞에 당한 경주(아곤)를 하며 (히 12:1)

그런데 히브리서에서 말하는 "우리 앞에 당한 경주", 즉 아곤을 뛰는 것이 그렇게 낭만적인 일이 아닙니다. 이게 "싸움" 수준의 경주이기 때문입니다. 아곤이라는 말이 신약성경에서 어떻게 사용되는지 더 찾아보겠습니다.

> ²⁴운동장에서 달음질하는 자들이 다 달릴지라도 오직 상을 받는 사람은 한 사람인 줄을 너희가 알지 못하느냐 너희도 상을 받도록 이와 같이 달음질하라
> ²⁵이기기를 다투는 자마다 모든 일에 절제하나니 그들은 썩을 승리자의 관을 얻고자 하되 우리는 썩지 아니할 것을 얻고자 하노라 (고전 9:24,25)

여기서 "이기기를 다툰다."라는 말의 헬라어 원형은 "아고니조마이 (ἀγωνίζομαι)"입니다. 여기서 아곤이라는 말이 파생된 겁니다. 즉 이 말씀은 "운동장에서 뛰는 사람 중에 상은 한 사람만 받는다. 그러니 상을 받도록 죽을힘을 다해서 뛰어라." 이겁니다.

솔직히 세상에서도 이기기를 다투는, 즉 아고니조마이하는 태도가 없으면 성공하기 힘듭니다. 그런데 어떻게 그리스도의 제자들 중에 이 인생 경주에서 그냥 설렁 뛰어도 별 문제 없다고 생각하는 사람들이 있는 걸까요? 우리의 싸움은, 이 아곤의 싸움은 이를 악물고 싸우는 싸움입니다. 이기기를 다투면서 싸우는 겁니다.

올림픽에 출전한 선수들 얼굴을 떠올려보세요. 다들 표정에 나타나 있습

니다. 죽을힘을 다해 뛰고 있다는 사실이 말입니다. 느긋한 표정 지으며 싸우는 선수가 있던가요? 그런 표정은 경기가 끝난 다음에야 짓는 겁니다. 시상식에서나 짓는 표정입니다. 성경은 심지어 우리가 예수님을 믿기 때문에 받게 되어있는 고난의 싸움도 이 "아곤"이라는 헬라어로 표현합니다.

> 29그리스도를 위하여 너희에게 은혜를 주신 것은 다만 그를 믿을 뿐 아니라 또한 그를 위하여 고난도 받게 하려 하심이라
> 30너희에게도 그와 같은 싸움(아곤)이 있으니 너희가 내 안에서 본 바요 이제도 내 안에서 듣는 바니라 (빌 1:29,30)

그러니까 이 경주는 마음 단단히 먹고 시작해야 합니다. 사실 예수님께서 겟세마네 동산에서 힘쓰고 애써 간절히 기도하셨던 장면도 보면, 그 애쓰셨다는 표현이 헬라어로 아곤입니다. 또 주님이 우리보고 좁은 문으로 들어가기를 힘쓰라고 하셨을 때의 그 힘쓰라는 말도 아곤입니다. 이제 아시겠죠? 지금 바울이 자기가 선한 싸움을 싸웠다고 말한 건 절대로 여유롭게 마실 한 번 나갔다 왔다는 얘기가 아닙니다. 그는 목숨을 걸고 이 경기를 뛰었습니다. 정말 눈물겹게 고통스러운 싸움을 싸웠다는 뜻입니다.

여러분은 어떻습니까? 여러분도 죽을힘을 다해서 뛰고 계신가요? 이 믿음의 길이 아무리 순탄치 않고 힘들어도 어금니 꽉 깨물고 뛰고 계신가요? 옆에 있는 사람들이 꼭 그렇게 살 필요 있냐고 유혹 아닌 유혹을 하면서 여러분을 걱정해줄 정도로 지금 치열하게 뛰고 계십니까?

얼마 전에 굉장히 도전되는 글을 하나 읽었습니다. 어떤 분이 티베트로 단기선교를 가셨는데 거기 평균 고도가 해발 4,000m였다고 합니다. 한라산이나 지리산이 2,000m가 안 되고 우리나라에서 가장 높은 산이라는 백두산도 2,750m입니다. 그러니 4,000m면 정말 엄청나게 높은 곳에 가신 거죠.

선교팀은 다들 산소 부족으로 고생을 많이 했다고 합니다. 그래서 너무 힘들어서 버스를 타고 이동하고 있었는데 아주 신기한 장면을 보았습니다. 말로만 듣던 티베트불교 순례자를 본 건데요, 오체투지(五體投地) 자세로 삼보일배를 하면서 순례를 하더랍니다. 오체투지는 이마와 두 팔꿈치 그리고 양 무릎을 땅에 완전히 닿게 엎드려서 절하는 걸 말합니다. 그런 오체투지를 세 걸음 걷고 한 번씩 하는 사람을 실제로 본 겁니다. 해발 4,000m에서요.

걷기만 해도 숨이 콱 막히는 그 고원지대에서 티베트 사람들은 평생 한 번은 "신의 땅"이라는 뜻을 가진 수도 라싸(Lhasa)까지 이런 식으로 성지순례를 다녀오는 것이 소원이라고 합니다. 한번 갈 때마다 6개월 이상 걸리고 중간에 짐승의 습격을 받거나 병에 걸려 죽는 사람도 적지 않습니다. 게다가 그렇게 라싸에 도착하면 그곳 사원에서 10만배를 하고 돌아간다고 합니다. 이게 거의 두달이 걸리는 일입니다.

그런데 같이 가시던 어떤 조선족 목사님이 이런 말씀을 하셨대요. "이 사람들은 가짜를 진짜처럼 믿는데 우리는 진짜를 가짜처럼 믿어요." 정말 가슴에 비수를 꽂는 말이죠. 가짜 보석 가진 사람은 그걸 금이야 옥이야 진짜처럼 아끼는데, 진짜 다이아몬드 가진 사람은 그걸 아무 데나 던져놓고 그게 장롱 밑에 들어갔는지 강아지가 먹어버렸는지 아무 관심도 없는 형국입니다.

물론 구원은 우리 행위가 아니라 전적으로 하나님의 은혜로 되는 것입니다. 삼보일배가 아니라 일보일배를 평생을 해도 우리 죄는 다 씻음 받을 수 없습니다. 우린 그저 아무 죄 없으셨던 하나님의 아들 예수 그리스도께서 갈보리에서 나 대신 죽으신 그 은혜 하나 붙잡고 오늘도 이렇게 염치없이 천국 백성으로 살아갈 뿐입니다.

하지만 성경은 구원의 "조건"이 아니라 구원의 "결과"로서, 우리가 마땅히 값을 치르면서라도 그리스도 제자의 삶을 살아야 한다고 말하고 있습니다. 이 거룩한 선한 싸움에 두 팔 걷고 이 악물고 목숨 걸고 그 싸움을 치열하게 싸워내라고 강권하고 있습니다. 구원받은 자라면 당연히 그렇게 살라는 것입니다. 진짜를 좀 진짜처럼 믿고 살라 이겁니다.

2. 달려갈 길을 마치라. 제 길을 가는지 중간에 돌아보면서.

바울이 또 말했습니다. "나의 달려갈 길을 마치고." 여러분도 마지막 순간이 왔을 때 뭔가 잘 마치면서 인생을 마무리하고 싶으실 겁니다. 뭔가 잘 끝내놓고 가기를 바라실 겁니다. 너저분하게 뭘 시작했는지 뭘 끝냈는지 구분도 안 되게 해놓고 떠나는 건 아무도 원치 않습니다. 그런데 바울은 지금 뭘 마무리했다는 걸까요? 그는 말합니다. "나의 달려갈 길을 잘 마쳤다."

여기 "달려갈 길"이라는 말은 헬라어로 "드로모스(δρόμος)"인데 영어로는 race 또는 course라는 뜻입니다. 바울 당시에도 마라톤 같은 장거리 달리기경기가 있었고 바울은 그 경주코스를 떠올리며 지금 이 본문을 적고 있는 걸 알 수 있습니다. 우리가 아무 길이나 뛴다고 다 경주가 아니죠. 경주에는 미리 그려진 트랙이 있고 그걸 따라서 뛰어야만 경주자로 인정됩니다. 우리에게도 우리가 뛰어야 할 길, 우리가 뛰어야 할 코스가 그려져 있는 것을 믿으시기 바랍니다. 거기서 벗어나면 안 됩니다.

다들 부르신 목적이 조금씩 다릅니다. 뛰라고 금을 그어주신 코스도 다 조금씩 다를 겁니다. 이걸 사명이라고 표현할 수도 있습니다. 그런데 슬프게도 우리 주위에 보면, 자기 사명이 무엇이었는지도 모르고 죽는 사람이 적지 않은 것 같습니다. 그저 남들 경주하는 거 구경만 하다가, 그저 아무

데서나 향방 없이 좀 뛰는 흉내만 내보다가 주님 나라 가시는 것이, 그게 우리가 추구할 바일까요?

> ²⁶그러므로 나는 달음질하기를 향방 없는 것 같이 아니하고 싸우기를 허공을 치는 것 같이 아니하며 (고전 9:26)

얼마나 웃깁니까? 달리기 선수가 향방 없이 아무 방향으로나 기분 내키는 대로 뛰고 있다면 말입니다. 또 권투선수가 주먹을 날리기는 하는데 계속 허공만 치고 있다면 말입니다. 우리 중에 그런 사람이 있으면 되겠습니까?

그러니까 내게 주신 사명이 무엇인지 주님께 열심히 물어보셔야 합니다. 내 가정과 일터와 학교와 교회에서 내게 맡기신 일이 분명히 있으실 겁니다. 혹시 그게 너무 거창한 것이 아니어도 실망하지 마세요. 한 달란트를 맡기시건 두 달란트를 맡기시건 다섯 달란트를 맡기시건, 그걸로 하나님께 불만 가지지 마세요. 정말 문제는 내게 주신 달란트의 양이 아닙니다. 달려갈 길을 보여주셨는데 그 길을 전력을 다해서 뛰지 않는 나의 불순종과 게으름이 문제입니다.

그렇다면 여러분의 경주코스는 어디입니까? 그 경주를 전력을 다해 뛰고 계십니까? 여러분 인생의 마지막에 가서 자신이 뛴 경주를 평가하려고 하면 어려운 일이 될 수 있습니다. 어떻게 하면 좋을까요? 그래서 실제로 선수들은 트랙을 한 바퀴 돌 때마다 시간을 측정해서 전체를 다 돌 때까지의 시간을 예상하고 전략을 조정합니다. 그 한 바퀴의 시간을 랩타임(lap time) 즉 구간 기록이라고 부릅니다.

우리 인생의 랩타임, 우리 경주의 구간 기록을 측정하는 때가 드디어 왔습니다. 그게 바로 12월입니다. 12월에 잘 평가하셔서 내가 경주코스에 제대로 서 있는지, 내 사명 잘 발견했는지, 그걸 전력을 다해 뛰고 있는지, 방해물은 또 무엇인지 중간중간 잘 점검하셔서서 결국은 바울처럼 경주를 잘 마치시는 복이 있으시기를 축원합니다.

3. 끝까지 믿음을 지키라. 주님 만날 날을 사모하면서.

바울이 또 말했습니다. "내가 믿음을 지켰으니." 바울이 마지막까지 지킨 것이 믿음이었다는 겁니다. 믿음. 사실 바울 정도면 뭐 엄청난 걸 지켜냈다고 말했어야 할 것 같은데 뜻밖에도 바울은 "내가 믿음을 지켰다." 이렇게 말합니다. 믿음을 지켰다는 게 도대체 무슨 말일까요? 이게 단순히 "죄인이 믿음으로 구원 받는다."고 말할 때의 그런 믿음을 말하는 건 아닐 것 같은데 말입니다.

신학자들은 이 말씀을 "군인이 전쟁터에서 상관에게 충성을 지켰다."는 의미로 보기도 하고, 또 어떤 신학자는 이 말씀을 경주가 끝날 때까지 그리스도에 대한 신뢰를 저버리지 않았다는 의미로 보기도 합니다. 다 맞는 말입니다. 바울은 전쟁이 끝날 때까지 상관되신 주님께 충성을 지킨 것이 맞고, 또 한편 경주가 끝날 때까지 자신의 구주 되시는 그리스도에 대한 신의를 저버리지 않았습니다.

믿음을 지키다가 순교한 사람들 이야기를 들어본 적이 있으실 겁니다. 혹시 사시다가 믿음이 느슨해졌다고 느껴질 때가 오시면, 꼭 한 번은 서울 합정역에 지하철 타고 가셔서 거기 양화진에 다녀오시기 바랍니다. 거기엔 절두산(蠶頭峰) 성지와 외국인 선교사 묘지가 있습니다.

절두산은 대원군이 1866년 병인박해 때 기독교인들을 대거 목을 잘라서 한강에 던져넣었다고 해서 붙여진 이름이고, 그 옆의 외국인 선교사 묘지에는 구한말 개신교 선교사들의 가족들이 주로 묻혀있는데 묘비에서 그들이 먼 이국땅까지 와서 믿음을 지키고 순교하거나 병 걸려 죽거나 한 글들을 읽다가 보면 아주 숙연해집니다.

이분들은 끝까지 믿음을 지킨 분들입니다. 그런데 이게 그렇게 쉬운 일이 아닙니다. 누구나 시작할 때는 "충성" 경례 확실히 붙이고 시작합니다. 주님은 내 모든 것이라고 고백하며 경쾌하게 출발합니다. 그런데 중간에 마귀가 자꾸 우리 믿음을 흔들고 또 피곤한 세상살이 자체가 자꾸 우리를 힘 빠지게 만듭니다. 특히 청년 때에는 그래도 순수한 믿음을 가지고 살다가 결혼을 하고 직장을 가지고 사회에서 경쟁을 하고 애를 낳고 기르고 하다가 점점 처음의 충성 맹세와 믿음을 유지하기 어려워하는 분들이 생기게 됩니다.

다시 말해서 우리에겐 끝까지 믿음을 지키고 충성 맹세를 지키게 도와주는 지속적인 동기가 필요합니다. 그런 의미에서 오늘 본문의 뒷부분인 (딤후 4:8)이 아주 중요합니다.

> 8이제 후로는 나를 위하여 의의 면류관이 예비되었으므로 주 곧 의로우신 재판장이 그 날에 내게 주실 것이며 내게만 아니라 주의 나타나심을 사모하는 모든 자에게도니라 (딤후 4:8)

이렇게 싸우고, 마치고, 지키고 난 다음에 바울에겐 무엇이 준비되어 있었나요? 네, 의로운 재판장이신 주님이 그에게 "의의 면류관"을 주실 것이라고 했습니다. 바울은 그 면류관을 받기 원하는 경주자였고 우리도 그 면류관을 향해 열심히 뛰라고 독려하고 있는 것입니다. 물론 우리가 받을 최고의 상은 우리 주님 자신이십니다. 주님보다 더 큰 상은 없습니다. 하지만 주님이 주신다고 하신 면류관이 있다면 또한 그걸 사모하고 사는 것이 우리의 할 일입니다.

그러니 여러분도 시상대를 바라보고 사시기 바랍니다. 선수들이 아무리 힘들어도 시상대에 놓여있는 금메달과 트로피를 바라보면 다시 한번 주먹 불끈 쥐고 일어나게 되는 것처럼, 여러분도 시상대를 바라보고 힘내어 이 믿음의 경주에 최선을 다하시기 바랍니다.

세상에서 주는 상은 받아도 그만 안 받아도 그만입니다. 다 썩을 면류관들입니다. 하지만 하나님은 썩지 아니할 면류관을 주십니다. 그 금빛 찬란한 면류관이 주인을 기다리고 있는 걸 볼 수 있는 믿음의 눈이 열리시기를 축원합니다. 마치 하늘의 천군 천사를 바라보며 적군 앞에서 담대하던 엘리사처럼 말입니다. 그런데 이 면류관은 바울 정도 되는 위대한 종들만 받는 게 아닙니다.

여기 보면 "주의 나타나심을 사모하는 모든 자"들이 그 면류관을 받을 거라고 했습니다. 주의 나타나심을 사모한다는 건 무슨 뜻일까요? 그건 죽어서 주님 나라에 가든, 살아있을 때 주님이 이 땅에 다시 재림하시든 어떤 식으로건 주님 얼굴 뵙기를 간절히 사모하며 살라는 뜻입니다. 편지로만 소식이 오가던 우리의 신랑되신 그리스도를 직접 만나고 그와 함께 영원히 살 것을 최고의 소망으로 삼고 살라는 뜻입니다. 그런데 정말 우리가 다 주님 얼굴 뵙기를 이렇게 간절히 사모하고 있을까요?

여러분은 예수님이 언제 오셨으면 좋겠습니까? 이번 달, 아니 오늘 밤이라도 오시면 너무 좋으시겠죠? 아마 주님이 우리 생전에 재림하신다면 주님께 달려가 안길 분들이 많으실 줄 압니다. 2002 한일월드컵 때 보셨을 겁니다. 포르투갈 전에서 골을 넣고 히딩크 감독에게 정신없이 달려가서 안겼던 우리 "수원의 아들" 박지성 선수 말입니다. 다들 기억나시죠? 물론 어떤 분들은 울면서 주님께 뛰어가시겠지요. 이 싸움이 보통 힘든 싸움이 아니었지 않습니까?

그러면 우리가 어떤 수준으로 주의 재림을 사모해야 할까요? 여기 8절에 "주의 나타나심을 사모하는 모든 자"라고 했는데 그 사모한다는 말의 헬라어가 "아가파오(ἀγαπάω)"입니다. "아가파오", 어디서 들어보셨을 겁니다. 성경에 나오는 가장 유명한 아가파오는 (요 3:16)에 나옵니다. 거기에 "하나님이 세상을 이처럼 사랑하사 독생자를 주셨으니" 했는데 그 "사랑하사"라는 말이 바로 아가파오입니다. 여기에서 "아가페" 즉 사랑이라는 명사가 나왔습니다. 우릴 향한 하나님의 사랑은 그 누구도 끊을 수 없는 아가페 사랑인 것을 믿으시기 바랍니다. 얼마나 위로가 되는지 모릅니다.

그런데 그 바로 뒤에 나오는 (요 3:19)에도 또 다른 유명한 아가파오가 나옵니다. 빛이 세상에 왔으되 사람들이 빛보다 어둠을 더 사랑했다는 말씀입니다. 그런데 그 어둠을 사랑했다고 했을 때의 그 사랑이 역시 아가파오입니다. 그렇습니다. 우리 타락한 인간이 세상을 사랑하는 그 수준도, 누구도 끊을 수 없는 아가페의 사랑입니다. 이건 정말 위로가 안 됩니다. 그러니 우리는 주님의 전적인 은혜와 능력이 아니면 도저히 이 세상에 대한 사랑에서 벗어날 길이 없는 타락한 존재들입니다.

그런데 오늘 디모데후서 본문에 또 아가파오가 나왔습니다. 바울이 우리에게 "주의 나타나심을 사모해라, 아가파오해라." 이렇게 외치고 있습니다. 여러분이 주님 다시 만날 날만을 간절히 아가파오하시면서, 시상대에 준비된 의의 면류관을 바라보시면서, 끝까지 믿음을 지키고 충성 맹세를 지키시어 마침내 시상대에서 이름이 호명되는 분들이 다들 되시기를 진심으로 바랍니다.

인생의 릴레이 경주

우린 모두 태어난 날이 다르고 죽을 날이 다릅니다. 하지만 12월은 우리 모두에게 동일하게 다가왔습니다. 1년을 마무리하는 이 시기에, 여러분의 인생을 마무리하는 연습을 진지하게 해보시기를 진심으로 바랍니다.

"내가 선한 싸움을 싸웠고, 나의 달려갈 길을 마쳤고, 나의 믿음을 지켰노라."라는 바울의 이 고백은 죽을 때가 되면 누구나 하는 고백이 아닙니다. 미리미리 자신의 삶을 돌아보고 중간점검을 한 분들만이 하실 수 있습니다. 그리고 지금이 바로 그 좋은 때입니다.

그런데 저는 설교 준비를 마무리하면서 "싸우고, 마치고, 지키고" 이 세 단어를 분리하지 않고 연속 동작으로 보면 엄청난 그림이 그려진다는 것을 깨닫고 얼마나 놀랐는지 모릅니다.

달리기 선수가 경기장에서 이를 악물고 싸우고, 그래서 결국 자신에게 주어진 레이스를 끝까지 다 마치고, 그리고 그때 그의 손에 무엇인가를 지키고 있는, 아직 안 떨어뜨리고 무엇인가를 꽉 쥐고 있는 그런 그림이 혹시 안 그려지시나요? 그가 쥔 것을 뭐라고 부를까요? 네, 배턴(baton)입니다. 바울은 릴레이 경주에서 다음 주자에게 전달해주기 위해 배턴을 떨어뜨리지 않고 꽉 쥐고 끝까지 달린 것입니다.

그게 전쟁터에서 상관에 대한 충성 맹세를 뜻하건, 경기장에서 심판자 되신 예수님에 대한 신뢰를 뜻하건, 그 배턴은 한마디로 말하면 "믿음"입니다. 바울은 끝까지 믿음을 지켰다고 했습니다. 그 믿음은 그의 제자 디모데의 손에 전달되었고 디모데의 믿음은 또 그의 다른 제자들에게 전달되었으며, 그 후로 계속 이런 식으로 2,000년 동안이나 릴레이 경주가 진행

되었습니다. 그 배턴은 세계를 몇 바퀴 돌았나 모릅니다. 그리고 지금은 제 손에 배턴이 와있고 여러분 손에도 와있습니다.

다들 오른손 들어보세요. 거기 뭐가 있나요? 핸드폰은 내려놓으세요. 여러분의 오른손엔 바울이 그렇게도 다음 사람에게 전해주고 싶었던 그 믿음의 배턴이 지금 들려있습니다. 배턴을 손으로 꽉 쥐시기 바랍니다. 그리고 여러분도 다음 주자에게 전달할 때까지 그 믿음의 배턴을 꽉 쥐고 잘 지키시기 바랍니다.

항상 돌아오는 12월이지만, 이번 12월에는 회사 일만 결산하지 말고 본인 인생을 꼭 중간결산하시기 바랍니다. 세 가지를 결산하시기 바랍니다. 첫째, 내가 편안한 삶에 안주하지 않고 치열하게 싸우고 있는가, 둘째, 주님 만날 날을 사모하며 내게 주신 사명을 잘 완수하고 있는가, 그리고 마지막으로 주님에 대한 내 충성 맹세가 지금도 여전히 유효한가입니다.

이런 중간 점검을 잘 하셔서 나중에 진짜로 인생을 마치는 날이 왔을 때, "내가 선한 싸움을 싸우고, 나의 달려갈 길을 마치고, 내 믿음을 지켰다."라는 바울의 마지막 고백이 바로 여러분의 입에서 나오게 되시기를 사령관이시며 구주이시며 재판장이신 우리 주님의 이름으로 간절히 축복하며 기원합니다.

12. 비아 돌로로사의 시몬 _ Simon of Via Dolorosa

‖ 마가복음 15:21 ‖
21마침 알렉산더와 루포의 아버지인 구레네 사람 시몬이 시골로부터 와서 지나가는데 그들이 그를 억지로 같이 가게 하여 예수의 십자가를 지우고

십자가냐 위로냐

바이블 게이트웨이(Bible Gateway)라는 유명한 성경검색 사이트가 있습니다. 거기서 사람들이 가장 많이 검색하는 성경 구절이 무엇인지 통계를 내서 매년 발표합니다. 전 세계에서 매년 수천만 명 이상의 사람들이 검색한 결과를 통계로 내는 거니까 상당히 정확할 겁니다. 여러분은 사람들이 가장 많이 찾아보는 말씀이 뭐라고 생각하시나요?

네, 여러분 대부분이 생각하시는 바로 그 말씀입니다. 바로 (요 3:16)입니다.

> 16하나님이 세상을 이처럼 사랑하사 독생자를 주셨으니 이는 그를 믿는 자마다 멸망하지 않고 영생을 얻게 하려 하심이라 (요 3:16)

여기 독생자를 "주셨다."라고 했는데, 이건 단지 그 아들을 인간세계에 보내주셨다는 뜻이 아닙니다. 감히 삼위일체 하나님 되신 예수 그리스도를 인간들이 죽이게 "내어 주셨다."라는 뜻입니다. 그게 독생자를 주셨다는 뜻입니다. 표현은 참 부드럽지만, 내용은 피비린내가 납니다. 이렇게 값비싸게 어렵게 주신 은혜를 값싼 은혜인 것처럼 생각하고 함부로 대하면

정말 큰일 납니다.

그런데 제가 확인한 바에 의하면 분명히 2012~2017년까지는 이 말씀이 계속 1위였습니다. 그런데 이 위대한 말씀을 제치고 2011년도에 한 번 1위를 했다가 그 후 계속 2등을 했고 드디어 작년 2018년에 다시 1위로 올라선 말씀이 있습니다. 도대체 무슨 말씀일까요? 작년 2018년도에 세계 241개국에서 20억 번 이상 검색된 말씀을 소개해 드립니다. 그건 바로 (렘 29:11)입니다.

> 11여호와의 말씀이니라 너희를 향한 나의 생각을 내가 아나니 평안이요 재앙이 아니니라 너희에게 미래와 희망을 주는 것이니라 (렘 29:11)

너무 귀한 말씀이죠. 아버지께서 우리에게 주시려고 하는 것이 재앙이 아니라 평안이라는 이 엄청난 선포! 그리고 우리에게 미래를 주시고 소망을 주려고 하시는 것이 아버지 하나님의 마음이라고 하는 환상적인 선포! 이 얼마나 좋습니까. 정말 힘이 되고 용기를 주는 말씀입니다. 이 말씀은 제가 제일 좋아하는 말씀이기도 하고 읽을 때마다 암송할 때마다 항상 힘이 많이 됩니다.

그런데 저는 이 결과를 보고 솔직히 좀 놀랐습니다. (요 3:16)이 왜 1등을 내놓았을까? 물론 2등을 차지했으니까 여전히 제일 많이 찾는 말씀 중의 하나입니다만, 혹시 사람들이 이제는 십자가보다는 위로받는 것에 관심이 더 많아진 것이 아닐까 하는 염려도 들었습니다. 그리고 그게 더 진행되어 교회에서도 십자가보다는 위로와 소망에 대한 설교가 더 많아지는 때가 올 것 같다는 생각도 들었습니다. 사실 다 귀합니다. 그런데 여기엔 균형이 필요합니다. 그리고 십자가 설교보다 위로 설교가 더 많은 교회는 전혀 건

강할 수 없습니다. 마침 지금은 사순절 기간입니다.

비아 돌로로사(Via Dolorosa)

그래서 오늘은 십자가 설교를 하겠습니다. 말씀의 제목은 "비아 돌로로사의 시몬"입니다. "비아 돌로로사"라는 말을 들어본 적이 있으실 겁니다. 비아는 길, 그리고 돌로로사는 슬픔 또는 고난이라는 뜻입니다. 그러니까 비아 돌로로사는, "고난의 길, 슬픔의 길" 그런 뜻을 가진 라틴어입니다.

비아 돌로로사는 실제로 있는 길 이름입니다. 바로 예루살렘에 있습니다. 비아 돌로로사는 예수님이 빌라도 법정에서 사형선고를 받으신 바로 그 지점부터 시작해서 십자가를 지고 골고다 언덕길을 오르셔서 마지막 십자가에 달리시는 그 지점까지 이르는 길을 말합니다. 사진으로 보시면 좀 더 이해가 잘 되실 겁니다.

길 곳곳에 이렇게 비아 돌로로사임을 알리는 글들이 적혀있고요, 지도 (출처: wikitravel.org)도 있습니다. 제1처소(I)가 빌라도 총독의 법정이고, 마지막 제14처소(XIV)까지 모두 800m에 이르는 길입니다. 혹시 성지 순례 다녀

오신 분 중에 비아 돌로로사를 오늘 처음 들어보시는 분이 계시다면 다시 가셔야 합니다. 제일 중요한 순례 코스이기 때문입니다. 그런데 복음서에 보면 이 길 위를 걸었던 어떤 사람의 기구한 이야기가 나옵니다.

> [21]마침 알렉산더와 루포의 아버지인 구레네 사람 시몬이 시골로부터 와서 지나가는데 그들이 그를 억지로 같이 가게 하여 예수의 십자가를 지우고 (막 15:21)

바로 구레네 출신의 시몬이라는 사람이 예수님의 십자가를 대신 지고 걸었다는 기록입니다. 혹시 십자가 무게가 얼마나 나가는지 아시나요? 자료를 찾아보니까 십자가의 무게는 대략 300파운드, 즉 약 135kg 정도 되었다고 합니다. 웬만한 성인 두 명 이상의 무게죠. 이걸 죄수들이 어떻게 들고 가겠습니까? 우리가 그림이나 영화를 보면 주님이 십자가 전체를 이고 가시는 장면을 주로 보는데요, 사실 당시의 관행은 십자가의 수직 기둥은 처형장소에 준비되어 있고 죄수들은 가로 기둥만 메고 갔다고 합니다. 아마 무게 문제 때문이었을 겁니다.

그런데 가로 기둥도 무게가 100파운드 즉 45kg 정도로 추정하고 있습니다. 정상인도 그걸 메고 800m를 그것도 언덕을 올라가는 것이 쉽지 않을 텐데, 주님은 이미 심한 매질과 폭행을 당하신 상태였기 때문에 그게 절대로 불가능하셨을 겁니다. 그래서 중간에 쓰러지셨습니다. 그게 나무가 무거워서 쓰러지셨다고만 생각하지 마세요. 내 죄의 무게가 저렇게 무거웠던 건 아닐까요.

그런데 그때 마침 구레네에서 온 시몬이라는 남자가 지나가고 있었고 아마 체격이 좀 건장해 보였나 봅니다. 로마 군병들은 그에게 주님 십자가를 대신 지고 가게 시켰습니다. 이게 비아 돌로로사에서는 제5처소(V)에 해당합니다.

사진을 보시면 왼쪽에 로마숫자로 5(V)가 적혀있죠. 명패의 윗줄은 "구레네 사람 시몬"이라고 적혀있고 아랫줄은 "십자가를 대신 지다"라고 적혀있습니다. 그런데 사진 오른쪽 끝에 보면 벽에 움푹 파인 곳이 있고 사람들이 여기에 손을 대고 있는 모습이 보이실 겁니다. 그 확대 사진이 옆에 있는데요, 여긴 예수님이 넘어지면서 땅에 손을 짚으셨을 때 그 손자국이 찍힌 흙이 굳은 바위라고 합니다. 그래서 여길 지나는 사람들은 다들 이거 한 번씩 만져보고 지나갑니다. 우리가 주님 나라 가기 전에 주님 손 언제 한번 또 잡아보겠습니까?

물론 진짜 주님 손자국인지는 알 수 없습니다. 그리고 설사 정말 주님 손바닥 자국이 맞다고 해도 이것 자체를 신격화하면 모세가 광야에서 들었던 구리 놋뱀을 음란하게 섬겼던 이스라엘 백성들의 우상숭배 죄를 똑같이 짓는 것이 될 겁니다. 다만 비아 돌로로사 길의 순례자들에게 주님의 고난을 다시 한번 되새기는 도구로 쓰인다면 이 손자국도 나름대로 의미는 있습니다.

구레네 사람 시몬

자 그런데 정말 궁금한 것이 있습니다. 오늘 본문 21절에 "마침"이라고 했죠. 주님이 쓰러지실 때 "마침" 시몬이 거기를 지나가고 있었다는 겁니다. 우리말에서 "마침"이라는 말은 우연적인 사건을 가리킬 때 주로 사용됩니다. 정말 구레네 시몬이 그 시간에 그 장소에 거기 있었고 또 로마 군병들의 눈에 띈 게 우연이었을까요?

여러분도 정말 그렇게 생각하는 건 아니시겠죠? 이 "마침"은 헬라어로는 "카이(καί)", 영어로는 "And"입니다. 이건 단순히 "그리고"라는 뜻입니다. 앞의 20절에 보면 로마 군병들이 예수님을 십자가에 못 박으려고 끌고 나가는 장면이 나오는데, "그리고" 주님이 너무 힘들어하시니까 거기 있던 구레네 사람 시몬에게 십자가를 대신 지게 했다는 겁니다. 그러니까 이 "마침" 또는 "그리고"라는 말은 우연한 사건에 대한 묘사라기보다는 물 흐르듯이 자연스럽게 이어진 사건에 대한 묘사로 보는 것이 합리적일 겁니다.

어쨌든 구레네 사람(퀴레나이오스, Κυρηναῖος) 시몬은 여기 갑자기 왜 나타난 걸까요? 구레네(Cyrene)는 북아프리카에 있는 도시로서 지금의 리비아에 위치하는 곳입니다. 아마도 리비아의 수도 트리폴리일 것으로 보고 있습니다. 그런데 고대 기록에 따르면 디아스포라 유대인들 즉 고향을 떠나서 여기저기 흩어져 살던 유대인들이 이 구레네 지역에만 약 10만 명 정도가 살았다고 합니다. 굉장히 큰 유대인 타운이었죠.

사실 시몬이라는 이름도 "시몬"은 헬라어식 이름이지만 이게 "시므온"이라는 히브리어 이름에서 온 것이기 때문에 따라서 구레네 사람 시몬은 일반적으로 구레네에 터를 잡고 살던 디아스포라 유대인의 후손이었을 것으로 추정하고 있습니다. 아마 북아프리카 주민답게 피부가 검게 그을린 건

장한 체격이었을 겁니다. 유월절을 지키려고 예루살렘에 들른 것 같은데, 여기서 시몬은 온 인류의 죄를 대신해서 십자가를 지신 주님의 십자가를 잠깐이나마 대신 진 역사상 유일무이한 인간이 되었습니다.

그래서 시몬은 아마도 초대교회에서 굉장히 유명한 인물이었을 겁니다. 그런데 유명해진 게 축복이 아니고 진짜 축복은 다른 데 있었습니다. 여기 "억지로" 십자가를 지게 했다고 그랬죠? 그는 얼마든지 싫다고 할 수 있었을 겁니다. 자기가 죄를 지은 게 아니잖아요. 아니면 다리가 아프다든지 하면서 핑계를 대고 얼른 그 자리를 빠져나올 수도 있었습니다. 아니면 그렇게 빠져나가려고 했는데 로마 군병들이 칼을 들이대면서 위협을 가했을지도 모르겠습니다.

어쨌든 억지로 시작한 일이었고 완전히 비자발적으로 십자가를 진 것이었습니다. 하지만 그는 결과적으로 "자기를 부인하고 십자가를 진" 사람이 되었습니다. 갑자기 주님 말씀 하나가 떠오릅니다.

> 24이에 예수께서 제자들에게 이르시되 누구든지 나를 따라오려거든 자기를 부인하고 자기 십자가를 지고 나를 따를 것이니라 (마 16:24)

예수님은 자신을 따라오려는 자는 누구든지 자기 십자가를 지고 따라와야 한다고 하셨습니다. 그러니 어찌 보면 이 구레네 사람 시몬은 자기를 부인하고 자기 십자가를 지고 주님을 좇으라는 주님 말씀을 물리적인 의미에서 실제로 실행에 옮긴 최초의 인물이었을지도 모릅니다. 그는 진짜 십자가를 지고 땀 뻘뻘 흘리면서 그것을 벗어버리고 싶은 유혹을 이겨내며 끝까지 골고다 언덕까지 걸어갔습니다.

그 덕택에 그는 누구보다도 가까이에서 주님의 십자가 고난을 목격했습니다. 이 온유하신 분이 왜 그토록 심한 매질을 당했는지, 왜 그토록 심한 조롱과 멸시 속에 십자가를 지셔야 했는지 그는 깊이 생각해볼 수 있었을 겁니다. 아마 그는 갈보리 언덕에 도착했을 때 십자가 던져놓고 얼른 도망치듯이 거기를 떠나지도 않았을 겁니다. 십자가에 못 박혀 매달리는 고통 속에서도, 머리에는 가시관을 쓰셔서 얼굴 사방에 피가 흘러내리시면서도 저들을 용서해달라고 하나님께 기도드리시는 주님의 음성을 그는 누구보다 가까이에서 들을 수 있었을 겁니다.

주님을 3년이나 따라다니던 제자들은 다 어디로 갔을까요? 다 도망갔습니다. 요한 한 사람만 남은 것으로 성경은 기록하고 있습니다. 비아 돌로로사에서 주님을 만나고 십자가를 지고 직접 골고다 언덕을 오른 이 북아프리카 청년은 그 어느 제자보다도 멀리에서 왔지만, 인류를 위한 하나님의 뜨거운 사랑의 사건을 가장 가까이에서 목격한 증인이 되었습니다. 정말 아이러니입니다.

십자가는 억지로 지고 가도 이처럼 축복받는 일인 줄 믿습니다. 아무리 무거워도 주님이 지워주신 거라면 그 십자가 끝까지 지고 가세요. 십자가는 배반하지 않습니다. 그리고 십자가는 무거운 게 정상입니다. 가벼우면 그게 십자가이겠습니까? 북아프리카 구레네에서 온 시몬에게 주님 십자가를 대신 지게 한 것으로 보아 그는 체격이 좋은 사람이었을 것 같습니다. 하지만 45kg짜리 나무 기둥을 등에 지고 언덕을 오르는 것은 누구에게도 결코 쉬운 일이 아닙니다. 하지만 그는 그 길을 완주했고 그래서 많은 복을 받았습니다.

루포, 그의 어머니 그리고 알렉산더

특별히 그의 가정에 임한 축복에 대해 잠시 말씀드리겠습니다. 오늘 본문에 보면, 그가 "알렉산더와 루포의 아버지"라고 소개된 것을 볼 수 있습니다. 이게 뭘 말할까요? 이건 이 마가복음의 독자들에게 알렉산더와 루포가 잘 알려진 인물이었다는 뜻입니다. 이건 확실하죠. 우린 누굴 소개할 때 그 사람보다 더 유명한 가족이 있으면 그 가족을 먼저 언급하는 것이 보통입니다. 저도 제 아이들이 이수근 목사님의 아이들로 소개되는 것이 아니라 제가 나중에 이정민과 이서연의 아버지라고 소개될 날을 기대해봅니다. 그들이 주님 나라에서 유명해지기를 간절히 소원합니다.

시몬의 아들 중에 우선 루포의 이름이 성경에 한 번 더 나옵니다. 로마서 맨 마지막 장에 보면 사도 바울이 로마 교회 성도들에게 안부를 전하는데 거기서 루포와 그의 어머니에게도 안부를 전해달라는 장면이 나옵니다. 그런데 그 로마 교회의 루포가 바로 이 구레네 사람 시몬의 아들 루포라고 대부분의 성경학자들이 인정하고 있습니다.

> 13주 안에서 택하심을 입은 루포와 그의 어머니에게 문안하라 그의 어머니는 곧 내 어머니니라 (롬 16:13)

이 루포가 그 루포인 증거가 뭘까요? 그건 무엇보다도 마가복음이 로마 교회 성도들을 대상으로 쓰인 책이라는 점에 있습니다. 마가는 처음엔 바울을 섬겼습니다. 그런데 나중에 베드로가 로마에 도착했을 때 베드로가 갈릴리 어부 출신으로 외국어에 약하니까 마가가 베드로의 통역으로 섬겼다는 사실이 잘 알려져 있습니다. 그래서 마가가 마가복음을 쓴 이유도 당시 네로황제에게 핍박받던 로마 교회 성도들을 격려하기 위해서였다는 것이 거의 정설입니다.

실제로 마가복음은 로마식 시간 계산법을 쓰고 있고 다른 복음서들과는 달리 라틴어가 많이 나옵니다. 이건 라틴어를 사용하는 로마사람들을 대상으로 마가복음이 쓰였다는 간접 증거이기도 합니다. 따라서 마가복음이 로마 교회 성도들을 대상으로 쓰인 성경이 맞다면 전후 설명 없이 갑자기 "이 구레네 시몬이 바로 루포의 아버지다"라고 마가복음에 쓰여있는 것이 아주 잘 이해가 됩니다. 루포는 로마 교회에서 귀하게 쓰임 받던 잘 알려진 성도였던 것이 분명합니다.

그리고 여기에 루포의 어머니 즉 시몬의 부인 이야기도 나옵니다. 그녀는 비록 이름은 안 나오지만 사도 바울이 그가 자기 어머니라고 말할 정도로 그녀는 바울과 로마 교회에 귀한 성도였습니다. 바울이 자신의 어머니라고 표현한 여성이 신약성경에 더 나오지 않는 점으로 보아, 루포의 어머니는 아마도 바울이 힘들게 선교할 때 바울을 친어머니와 같은 사랑과 정성으로 도와주었던 것 같습니다. 시몬 한 사람의 변화가 이렇게 놀라운 축복들로 나타나고 있습니다.

그리고 여기 보니까 루포는 주 안에서 택하심을 입은 자라고 했습니다. 루포가 택함을 받은 자였다면 그의 아버지 시몬은 또한 얼마나 택함을 받은 자였겠습니까? 그리고 보면 구레네 시몬이 비아 돌로로사에서 주님을 만난 것이 결코 우연이 아니었습니다. 구레네가 얼마나 먼 동네인지 혹시 아시나요? 지도에서 보면 구레네는 예루살렘에서 직선거리로만 6,000km 떨어져 있습니다. 그게 얼마나 먼 거리인지 감이 안 오실 수도 있습니다.

서울에서 홍콩까지 비행시간이 얼마나 걸릴까요? 3시간 반 정도 걸립니다. 그런데 서울과 홍콩 거리가 대략 2,000km 됩니다. 그러니까 서울에서 홍콩 거리의 세 배나 먼 그런 곳에서 교통도 전혀 발달하지 않은 1세기에 살았으니 시몬이 구레네에서 예루살렘에 올 때까지 얼마나 시간도 오래 걸리고 얼마나 고생도 많이 했겠습니까? 자료를 찾아보니 당시에는 거의 한 달 정도 걸리는 거리였다고 합니다.

그런데 그 멀리서 예루살렘을 찾아왔는데 이날 이 시간에 이 장소에 온 것이 세상 사람들 눈에는 완벽한 우연이었겠지만 절대로 우연일 수가 없었습니다. 그가 주님 십자가를 "재수 없이" 지게 된 것이 아니었다는 겁니다. 이날은 "재수 옴 붙은" 날이 아니었습니다. 이날은 시몬 일생에 가장 복 받은 날이었습니다. 그의 일생은 바로 이날을 위해서 준비되었다고 해도 과언이 아닐 정도로 이날 그가 비아 돌로로사에서 주님을 만나고 주님 십자가를 대신 졌던 사건은 그를 크게 변화시켰음이 분명합니다. 그래서 그의 가족들도 이처럼 놀랍게 변화되고 놀랍게 쓰임 받게 된 겁니다. 할렐루야.

그렇습니다. 우리 삶에 진정한 의미의 우연이란 없습니다. 우린 모두 주 안에서 택함 받은 자들입니다. 구레네 사람 시몬처럼 우리도 다 다양한 상황과 장소에서 다양한 이유로 주님을 만났고 주님 십자가 사랑에 감격했으며 그래서 오늘 이 자리에 앉아있습니다. 하지만 우리 중 어느 한 사람도 주님을 우연히 만난 사람이 없고 우리 중 어느 한 사람도 여기 우연히 와서 앉아있는 사람이 없습니다. 100명이면 100가지 사연이 있고 1,000명이면 1,000가지 사연들이 있지만 어느 한 사람 우연히 십자가를 만난 사람은 아무도 없다는 것입니다.

자 그런데 우리가 잊고 있던 이름이 있습니다. 알렉산더. 그는 어떻게 되었을까요? "알렉산더와 루포의 아버지"라고 했으니 알렉산더가 형일 것 같은데 그는 이상하게 오늘 마가복음에 언급된 뒤 로마서에도 그 이름이 나오지 않습니다. 어떻게 된 걸까요? 이게 오랫동안 미스터리였습니다.

그런데 히브리대학교 고고학 발굴팀이 1941년에 놀라운 걸 찾아냈습니다. 예루살렘성과 감람산 사이가 기드론 골짜기인데 그 골짜기에서 실로암 연못 남쪽에 위치한 오래된 무덤들을 발굴하다가 한 무덤에서 열한 개나 되는 유골함이 한꺼번에 나왔습니다. 그런데 그 중 하나의 뚜껑에 "구레네 사람 알렉산더"라고 쓰여 있었던 겁니다. 여러분 긴장되지 않으십니까?

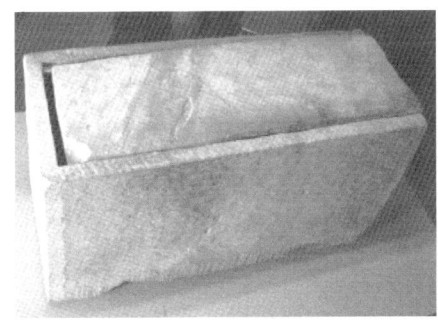
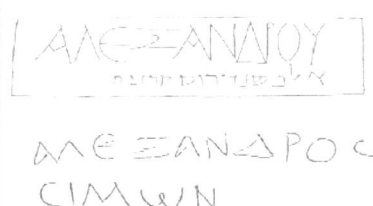

왼쪽 사진을 보시면 유골함이 있는데 거기 무슨 글씨 같은 것들이 쓰여 있죠? 그 글씨가 오른쪽 사진에 잘 나와 있습니다. 우선 위쪽의 네모 상자 안에 있는 문자들은 뚜껑에 쓰여진 글들인데 첫 줄은 헬라어로 "알렉산더의(Of Alexander)"라고 적혀있고 그 밑의 작은 글씨는 히브리어로 "구레네 사람 알렉산더"라고 적혀있습니다.

그 아래에 있는 글자들은 유골함 앞면에 쓰여있는 글들로서 윗줄은 "알렉산더", 아랫줄은 "시몬"이라고 적혀있습니다. 이걸 보통 "시몬의 아들 알렉산더"로 읽고요 유골함의 연대는 1세기로 추정되었습니다. 그렇습니다. 알렉산더가 당시에 흔한 이름이 아니었고 시몬과 연계되며 또한 구레네와 연계되고 이것이 1세기의 유골함이라는 점에서 이 유골함은 (막 15:21)에 나오는 그 구레네 사람 시몬의 아들 알렉산더의 것으로 거의 확실시되었고 그래서 많은 사람에게 큰 감동을 주었습니다.

신학자들은 이런 증거들을 토대로 구레네 사람 시몬의 부인과 둘째 아들 루포는 로마 교회에서 헌신했고, 첫째아들 알렉산더는 예루살렘 쪽에서 사역을 하다가 일생을 마친 것으로 거의 확실하게 보고 있습니다. 이 얼마나 귀한 가족들입니까? 이 얼마나 귀한 선교사 집안입니까? 그리고 이 모두가 비아 돌로로사에서 주님을 만났던 디아스포라 유대인인 시몬 한 사람의 변화 때문에 일어난 일들인 것을 생각해 보면, 한 사람의 변화가 가져오는 축복이 얼마나 대단한 것인지 놀라게 됩니다.

"비아 돌로로사의 시몬"

오늘 말씀의 제목이 "비아 돌로로사"가 아니라 "비아 돌로로사의 시몬"인 이유가 있습니다. 세 가지를 말씀드립니다.

첫째, 비아 돌로로사에서 십자가는 시몬을 변화시켰습니다. 즉 십자가에는 사람을 변화시키는 능력이 있다고 하는 것입니다. 주님 십자가를 진정으로 맞닥뜨린 사람은 이제 더는 이전의 그로 살아갈 수가 없습니다. 예루살렘에서 그렇게 멀리 떨어져 살던 구레네 사람들이 로마와 예루살렘에서 복되고 귀한 선교사들로 일생을 보낼 수 있었던 것은, 비아 돌로로사의 한복판에서 시몬이 주님의 십자가를 처음 만났던 날로 거슬러 올라갑니다.

사도행전에 보면 스데반 집사의 순교 후 기독교에 대한 핍박이 커지자 예루살렘으로부터 많은 성도들이 사방으로 흩어지게 되었고, 그중에 구레네 사람들이 멀리 안디옥까지 가서 전도를 했다는 이야기가 나옵니다. 특히 안디옥교회의 지도자가 된 다섯 명 중 한 명의 이름이 "니게르라고 하는 시몬"인데(행 13:1), 니게르가 피부가 검은 흑인을 뜻하는 말인 점에 주목하여 이 사람이 곧 구레네 사람 시몬이라는 주장을 하는 신학자도 있을 정도입니다. 어쨌든 구레네 사람 시몬의 가족들은 초대교회 최고의 선교사 집안으로 거듭났습니다. 그건 십자가에 능력이 있기 때문입니다.

> **18**십자가의 도가 멸망하는 자들에게는 미련한 것이요 구원을 받는 우리에게는 하나님의 능력이라 (고전 1:18)

학교나 직장에서 사람들에게 십자가 이야기를 하면 뭔가 수준이 낮아 보이시나요? 십자가의 도는 멸망하는 자들에게나 미련한 이야기입니다. 하지만 우리에겐 우릴 구원하는 것도 십자가요, 우리가 세상 것 버리고 새로운 인생을 살아가게 만드는 것도 십자가요, 주님 나라 갈 때까지 우리가 내세울 건 오직 이것밖에 없다고 말할 수 있는 것도 바로 십자가인 것입니다. 십자가 능력을 힘입고 십자가 인생 살아가시기를 주님의 이름으로 축원합니다.

둘째, 비아 돌로로사에서 시몬은 십자가를 지고 걸었습니다. 이건 십자가는 주님만이 아니라 바로 내가 지고 가야 하는 것이라는 사실을 역설적으로 보여준 사건입니다.

비아 돌로로사가 뭐냐고 누가 물어볼 때 아직도 "주님이 걸으셨던 십자가의 길"이라고만 설명하실 건가요? 정말 그게 다일까요? 비아 돌로로사는 또한 "내가 내 십자가 지고 주님을 뒤따라 걷는 길"인 것입니다.

십자가 하면 예수님이 가장 먼저 떠오르시죠? 일단 그건 맞습니다. 주님은 그걸 위해 오셨기 때문입니다. 하지만 주님은 말씀하십니다. "나는 십자가 하면 네가 떠오르기를 원한다."라고 말입니다. "비아 돌로로사" 하면 우리는 주님이 걸으신 길을 떠올리지만, 주님은 "비아 돌로로사" 하면 김 집사님, 박 권사님, 이 장로님, 최 자매가 걷는 그 십자가의 길이 떠오르기를 원하시는 것입니다.

힘들어도 우린 그 길을 가야 합니다. 억지로라도 심지어 속된 말로 악으로 깡으로라도 가야 합니다. 구레네 시몬도 억지로 주님 십자가를 지고 갔습니다. 하지만 그날 시몬은 십자가를 지고 간다는 게 무슨 뜻인지, 자기를 부인하며 산다는 게 무슨 뜻인지, 그리고 다른 사람을 위해서 십자가를 진다는 게 무슨 뜻인지를 아주 철저히 배운 것이 분명합니다.

어찌 보면 시몬은 주님 십자가를 대신 지고 걸은 것이 아닙니다. 주님 십자가가 원래는 우리가 져야 했던 우리의 십자가였다는 사실을 상기한다면, 시몬은 이날 주님이 대신 져주셨던 자신의 십자가를 이제는 진짜 자기가 지고 그 고난의 길을 걸었던 셈입니다. 물론 우리가 자기 십자가를 아무리 지고 가도 그걸로 구원받는 것은 불가능합니다. 구원은 무죄하신 하나님의 아들이 십자가에서 우리를 위해 대속의 보혈을 흘려주셔야만 이루어질 수 있었습니다. 하지만 그렇게 주님의 십자가로 말미암아 구원받은 자라면 이제는 자신의 십자가를 지고 주님을 따르는 자로 살라는 것이 성경의 명령입니다.

그러니 비아 돌로로사는 주님의 길이었고 시몬의 길이었고 또한 우리들의 길인 것입니다. 십자가 없이 살고 싶은 나약한 본성을 부인하고 자기 십자가를 달게 지고 주님을 뒤따라가시기를 바랍니다.

셋째, 비아 돌로로사에서 시몬이 십자가 지고 가는 길에 주님이 끝까지 동행하셨습니다. 우리 중에 누구도 쉽게 눈치채지 못하고 있었지만 오늘 본문에는 굉장히 놀라운 사실이 하나 숨어있습니다. 그건 바로 "시몬이 십자가를 지고 혼자 걷지 않았다."는 사실입니다. 분명히 "그들이 그를(시몬을) 억지로 같이 가게 하여 예수의 십자가를 지우고"라고 했습니다. 같이 가게 했다고 했습니다. 놀랍게도 시몬이 십자가를 지고 가는 길에 주님이 끝까지 함께 하셨다는 것입니다. 그렇습니다. 시몬이 십자가를 지고 걸을 때 주님이 그 옆에서 끝까지 그와 함께 걸으셨습니다! 할렐루야.

여러분도 혼자가 아닙니다. 교회에서, 가정에서, 직장에서, 학교에서 주님이 내게 지고 가게 하신 십자가가 다들 있습니다. 그런데 그게 피곤하고 힘들 때가 많습니다. 특히 이 길이 나 혼자 걷는 길이라고 생각하면 더욱 힘듭니다. 그런데 이 길이 정말 나 혼자 걷는 길일까요? 그게 아니라는 겁니다. 우리의 십자가 길에도 주님이 끝까지 동행해주실 겁니다. "우리가 십자가 지고 외롭게 고군분투하는 것이 결코 아니다."라는 사실을 꼭 믿으시기 바랍니다.

비아 돌로로사의 나

우린 오늘 비아 돌로로사에서 주님을 만난 시몬에 대해 배웠습니다. 그리고 그를 통해 십자가의 능력을 배웠습니다. 십자가는 시몬 한 사람만 변화시킨 게 아니라 그의 부인과 두 아들까지 변화시키고 그들이 초대교회에서 크게 쓰임 받게 하시는 능력이 있는 것을 똑똑히 보았습니다.

그의 부인은 바울 사도가 신약성경에서 유일하게 자신의 어머니라고까지 부른 여성 성도였으며 알렉산더와 루포는 예루살렘과 로마 교회에서 헌신적인 삶을 살았던 인물이었던 증거들이 분명히 존재합니다. 이 모든 일은 구레네 사람 시몬이 비아 돌로로사에서 주님 십자가를 만난 날 시작되었습니다.

저도 예루살렘의 비아 돌로로사에 다녀온 적이 있습니다. 하나님의 은혜로 1년 반 전에 성지순례를 다녀온 것입니다. 모든 곳이 다 감격스러웠지만 특별히 빌라도 법정에서 성묘교회까지 주님이 걸으셨던 그 고난의 길을 걸으며 참 은혜로웠습니다. 같이 간 목사님들과 함께 "웬 말인가 나를 위하여" 찬양을 부르며 함께 그 길을 걷는데, 그날 마침 비가 주룩주룩 내려서 사람들은 제 얼굴에 흐르는 게 빗물인지 눈물인지 알 수 없었겠지만 그 길을 걸으며 계속 눈물이 나왔습니다.

그런데 나중에 생각해 보니, 주님의 고난과 제게 주신 은혜를 생각하며 눈물을 훨씬 많이 흘린 곳은 혼자 조용히 말씀을 읽는 제 방이라는 걸 깨달았습니다. 사실 예루살렘은 순례객들도 많고 아랍 잡상인들도 많고 군데군데 가톨릭에서 너무 인위적으로 꾸며놓아서 주님을 묵상하는 데 오히려 방해가 되었습니다.

저는 여러분이 죽기 전에 꼭 성지순례 한번 다녀오시기를 간절히 바랍니다만, 이 시간 분명히 말씀드립니다. 진정한 비아 돌로로사는 멀리 있지 않습니다. 여러분의 성경 안에 있고, 여러분의 골방 안에 있으며, 여러분이 자기 십자가를 지고 사시는 여러분의 일터와 학교와 가정과 교회 속에 있습니다.

그렇습니다. 비아 돌로로사는 지금 여러분이 걷고 계시는 바로 그 십자가의 길입니다. 하나님이 여러분을 그 가정과 일터와 학교로 부르신 이유가 있습니다. 하나님은 여러분이 그곳에서 자기를 부인하고 지고 가야 할 자신의 십자가를 발견하기 원하십니다. 그리고 시몬처럼 그 길을 꿋꿋이 완주하시기를 바라십니다.

주님도 그 길이 힘든 거 잘 아십니다. 하지만 그 길에서 여러분 혼자가 아닙니다. 주님이 함께 하십니다. 임마누엘되신 우리 주님이 그 길이 끝나는 순간까지, 나의 마지막 발걸음이 마쳐지는 그 순간까지 끝까지 나의 십자가와 함께 하실 것을 믿으시기 바랍니다. 그리고 주님 나라 들어가는 그날, 우리 어깨에서 십자가를 내려주시며 뜨겁게 안아주실 우리 주님을 찬양합니다. 할렐루야.

13. 주님을 놀라시게 하는 사람

_ A man who amazes Jesus

‖ 누가복음 7:2-10 ‖

²어떤 백부장의 사랑하는 종이 병들어 죽게 되었더니 ³예수의 소문을 듣고 유대인의 장로 몇 사람을 예수께 보내어 오셔서 그 종을 구해 주시기를 청한지라 ⁴이에 그들이 예수께 나아와 간절히 구하여 이르되 이 일을 하시는 것이 이 사람에게는 합당하니이다 ⁵그가 우리 민족을 사랑하고 또한 우리를 위하여 회당을 지었나이다 하니 ⁶예수께서 함께 가실새 이에 그 집이 멀지 아니하여 백부장이 벗들을 보내어 이르되 주여 수고하시지 마옵소서 내 집에 들어오심을 나는 감당하지 못하겠나이다 ⁷그러므로 내가 주께 나아가기도 감당하지 못할 줄을 알았나이다 말씀만 하사 내 하인을 낫게 하소서 ⁸나도 남의 수하에 든 사람이요 내 아래에도 병사가 있으니 이더러 가라 하면 가고 저더러 오라 하면 오고 내 종더러 이것을 하라 하면 하나이다 ⁹예수께서 들으시고 그를 놀랍게 여겨 돌이키사 따르는 무리에게 이르시되 내가 너희에게 이르노니 이스라엘 중에서도 이만한 믿음은 만나보지 못하였노라 하시더라 ¹⁰보내었던 사람들이 집으로 돌아가 보매 종이 이미 나아 있었더라

기도 응답을 믿지 않는 교회

　미국의 한 조용하던 마을에 술집이 하나 생겼습니다. 밤새도록 술꾼들이 떠들면서 술을 마시는 통에 마을 사람들은 밤에 잠을 설치기도 하고 어린 자녀들을 밤에 못 나가게 하느라 애를 먹었습니다. 진짜 문제는 이 술집이 교회 바로 옆에 생겼다는 거였습니다. 그래서 교인들이 참다 못해서 합심 기도를 시작했습니다.

　그 술집이 벼락을 맞든지 장사가 안되든지 어떻게 해서든 그 술집 문을 닫게 해달라고 간절히 기도했습니다. 그런데 소나기가 엄청나게 내리던

어느 날 밤 갑자기 하늘에서 뭐가 번쩍했습니다. 그리고는 그 술집에 진짜 벼락이 떨어진 겁니다. 술집이 순식간에 다 타버렸습니다. 난리가 났습니다.

그런데 화가 난 술집 주인이 교회를 상대로 재판을 걸었습니다. 그 교회에서 기도했기 때문에 벼락이 떨어졌고 그래서 가게가 다 타버렸으니 손해배상을 하라는 청구 소송을 낸 겁니다. 하지만 교회 교인들은 펄쩍 뛰었죠. 그게 말이 되느냐면서 자기들 때문에 벼락이 내린 건 아니라고 강하게 항변했습니다. 양측이 서로 주장을 굽히지 않으니까 판사가 참 난감했습니다.

결국 재판관의 결론은 이랬습니다. "분명한 사실은 술집 주인은 기도의 능력을 확신하고 있고 교회 교인들은 기도의 능력을 믿지 않고 있다는 것이다."

이걸 웃어야 할지 울어야 할지 모르겠습니다. 이 이야기가 실화인지 확인해보려고 미국 웹사이트들을 많이 뒤져봤습니다만 정확히 이 이야기가 실화라는 증거는 찾지 못했습니다. 누군가 만든 이야기일 수도 있습니다. 하지만 기도하지 않는 교회, 기도 응답의 확신이 없는 교회에 대해 큰 도전이 되는 예화임에는 분명합니다.

> 6오직 믿음으로 구하고 조금도 의심하지 말라 의심하는 자는 마치 바람에 밀려 요동하는 바다 물결 같으니
> 7이런 사람은 무엇이든지 주께 얻기를 생각하지 말라
> 8두 마음을 품어 모든 일에 정함이 없는 자로다 (약 1:6-8)

하나님은 오직 믿음으로 구하고 조금도 의심하지 말라고 하셨습니다. 두 마음을 품는 자는 기도 응답을 기대하지 말라고도 하셨습니다. 기도했으

면 그걸 믿어야죠. 의심할 거면 왜 기도합니까? 이런 분들은 기도 응답이 되어도 그걸 우연으로 생각할 가능성이 높습니다.

아까 그 술집 옆에 있던 교회 교인들도 그랬잖아요? 기도는 멀쩡하게 잘 해 놓고 벼락이 기도 응답이라고는 생각하지 않았습니다. 물론 법적인 책임 소재 때문에 그랬을 수는 있겠으나, 아마 여러분들 같았으면 법적인 책임을 져야 한다면 지겠다고 하시면서 그 대신 사람들에게 기도 응답의 위력에 대해 밝히 증거하셨을 겁니다.

어쨌든 이렇게 두 마음을 품지 말라는 말씀이 있다는 것은 그만큼 한 마음 즉 의심하지 않는 믿음만 품고 사는 것이 힘들고 귀하다는 말입니다. 이건 왜냐하면 우리의 머리가, 우리의 합리적인 이성이 "야 네가 지금 기도한 걸, 그걸 나더러 믿으라는 소리냐." 이렇게 소리 지르기 때문입니다.

신앙은 전인격적인 변화를 가져옵니다. 그런데 특별히 우리의 이성이 변화되는 데는 시간이 필요합니다. 이성은 합리적인 근거가 없는 믿음에 대해서 언제나 야당입니다. 되게 이상한 말이지만, 우리 믿는 자들의 믿음이 주님을 굉장히 놀라시게 만들 수가 있다는 뜻입니다.

그래서 오늘 말씀의 제목은 "주님을 놀라시게 하는 사람"입니다. 지금도 그렇지만 2,000년 전에도 우리 주님은 "진짜 믿음"을 가진 사람을 만나기 원하셨고 그런 사람을 만났을 때는 정말 놀라셨습니다. 오늘 이 귀한 말씀을 통해서 주님을 놀라시게 하는 믿음의 용사들이 우리 가운데 많이 일어나게 되기를 소원합니다. 괜히 사고 쳐서 놀라시게 하지 말고 정말 믿음으로 주님을 놀라시게 하시기를 기원합니다.

1. 백부장의 선행

오늘 우리는 믿음으로 주님을 놀라시게 한 백부장을 만나보려고 합니다. 그런데 또한 그는 그의 선행 때문에 사람들을 놀라게 하는 자였습니다.

> ²어떤 백부장의 사랑하는 종이 병들어 죽게 되었더니
> ³예수의 소문을 듣고 유대인의 장로 몇 사람을 예수께 보내어 오셔서 그 종을 구해 주시기를 청한지라 (눅 7:2,3)

백부장은 로마군대에서 100명의 병사를 지휘하는 장교입니다. 지금으로 말하면 중위 정도 되는 초급장교이고 경험 많은 하사관인 상사 정도의 계급으로 이해하기도 합니다. 어쨌든 백부장의 종이 병들어 죽게 되었습니다. 마태복음에 보면 이 종은 중풍병에 걸려서 집에 누워 고통 중에 있었습니다. 그런데 이 백부장은 자기 종을 아끼고 사랑하는 자였습니다. 당시는 종과 상전의 신분 차이가 아주 분명했던 시기였고 주인은 종의 생사여탈권까지 가지고 있었습니다. 하지만 분명히 이방인일 것으로 보이는 이 백부장에게서 우리는 따뜻한 사랑의 리더십을 배웁니다.

이 백부장이 예수님의 소문을 들었습니다. 우리 주님은 못 고치실 병이 아주 없고 해결 못 하실 문제가 전혀 없으십니다. 그래서 백부장은 친하게 지내던 유대인 장로 몇 명을 주님께 보내어 자기 종을 살려달라고 부탁을 하게 됩니다. 여기 굳이 "유대인 장로"라는 표현을 쓴 걸 봐서도 이 백부장은 확실히 이방인이었습니다.

> ⁴이에 그들이 예수께 나아와 간절히 구하여 이르되 이 일을 하시는 것이 이 사람에게는 합당하니이다
> ⁵그가 우리 민족을 사랑하고 또한 우리를 위하여 회당을 지었나이다

하니 (눅 7:4,5)

장로들이 주님께 와서 하는 얘기를 들어 보니까 이 백부장은 아주 좋은 사람이었습니다. 그는 이방인임에도 불구하고, 더구나 로마군대의 백부장이니까 이스라엘 사람들을 함부로 대하거나 학대할 수 있었음에도 불구하고, 오히려 그는 이스라엘 민족을 사랑했고 또 그들을 위해서 회당도 지었다고 했습니다. 그래서 지금 유대인 장로들이 이 백부장을 도우려고 발 벗고 나선 겁니다.

여러분도 평상시에 모든 분에게 최선을 다해서 선을 베푸시기를 바랍니다. 우리가 선행이 아니라 믿음으로 구원받는 건 맞지만, 구원받은 자의 마땅한 삶은 선행이어야 합니다. 즉 선행은 구원의 조건이 아니라 구원의 결과입니다. 그리고 이게 있어야 하나님께 영광이 돌려집니다.

> 16이같이 너희 빛이 사람 앞에 비치게 하여 그들로 너희 착한 행실을 보고 하늘에 계신 너희 아버지께 영광을 돌리게 하라 (마 5:16)
>
> 9우리가 선을 행하되 낙심하지 말지니 포기하지 아니하면 때가 이르매 거두리라
> 10그러므로 우리는 기회 있는 대로 모든 이에게 착한 일을 하되 더욱 믿음의 가정들에게 할지니라 (갈 6:9,10)

기회가 될 때마다 사람들에게 선행을 베푸시기 바랍니다. 믿는 사람들에게라면 더욱 당연하겠지만, 안 믿는 자들에게도 최선을 다해서 선을 베풀라는 것이 신약성경의 가르침입니다. 그 이유는 첫째, 그것이 안 믿는 세상 사람들이 자신들이 믿지도 않는 하나님께 영광을 돌리게 되는 유일한 순간이 되기 때문입니다.

둘째는 그것이 우리가 이 백부장처럼 위기를 만났을 때 사람들이 우리에게 진심으로 도움을 베풀어주게 만들 것이기 때문입니다. 도움은 하나님으로부터 오는 것이지만 하나님은 많은 경우에 사람을 통해 도우시는 걸 믿으시기 바랍니다. 그리고 한 가지 이유가 더 있습니다.

> 8병든 자를 고치며 죽은 자를 살리며 나병환자를 깨끗하게 하며 귀신을 쫓아내되 너희가 거저 받았으니 거저 주라 (마 10:8)

그렇습니다. 세 번째 이유는 거저 받았으니 거저 주는 인생을 살라고 주님이 명령하셨기 때문입니다. 이것이 우리가 앞으로 다시 만날 일이 없는 사람일지라도 그에게 선을 베풀어야 하는 이유입니다. 자, 다시 본문으로 돌아오겠습니다.

2. 백부장의 태도

> 6예수께서 함께 가실새 이에 그 집이 멀지 아니하여 백부장이 벗들을 보내어 이르되 주여 수고하시지 마옵소서 내 집에 들어오심을 나는 감당하지 못하겠나이다
> 7그러므로 내가 주께 나아가기도 감당하지 못할 줄을 알았나이다 말씀만 하사 내 하인을 낫게 하소서
> 8나도 남의 수하에 든 사람이요 내 아래에도 병사가 있으니 이더러 가라 하면 가고 저더러 오라 하면 오고 내 종더러 이것을 하라 하면 하나이다 (눅 7:6-8)

백부장 집에서 사람이 와서 전혀 예상치 못한 말을 전했습니다. 굳이 오시는 수고를 하지 말아 달라는 거였습니다. 이유가 두 가지였는데, 하나는

자기 집에 주님께서 들어오시는 걸 감당하기 어렵다는 것이었고 둘째는 말씀만 하셔도 하인의 병이 나을 것이라는 이유였습니다. 두 가지가 다 어안이 벙벙한 내용이었습니다.

우선 첫 번째 이유는, "주여 수고하시지 마옵소서 내 집에 들어오심을 나는 감당하지 못하겠나이다"하는 것이었습니다. 여러분도 집에 누구를 초대해본 적이 다들 있으시죠? 그럼 잘 이해하실 겁니다. 누가 집에 오는 게 신경이 보통 쓰이는 일이 아닙니다.

하다못해 애들 친구가 놀러 온다고 해도 이것저것 좀 치워놓고 간식 만들어 놓고 합니다. 만약 애들 친구 엄마가 놀러 온다고 하면 치워야 할 게 배는 더 늘어날 겁니다. 아마 마루에 있던 많은 짐들은 영문도 모른 채 작은 방으로 수평 이동을 해서 감금을 당하게 될 겁니다. 만약에 회사 사장님이 여러분 집에 초대받으신 거라면요? 아마 하루 반나절은 청소하고 치우고 음식 준비하고 난리 치다가 시간 다 가실 겁니다.

그런데 지금 이 백부장이 주님이 집에 오시는 걸 감당하지 못하겠다고 말을 한 건 그 정도의 의미가 아닙니다. 만약 여러분 집에 주님이 들어오신다면 어떻게 하시겠습니까? 대통령까지는 며칠 동안 집 수리하고 청소하고 해서 맞을 수 있다고 해봅시다. 과연 창조주되시며 삼위일체 되신 성자 하나님께서 인간의 몸을 입고 이 땅에 오셨는데, 그분이 지금 여러분 집에 거하려고 오십니다. 여러분은 그분을 감당하실 수 있겠습니까?

지금 이 예배당 안에 대통령이 들어온다면 아마 다들 일어나서 박수하시면서 맞으시겠죠? 악수하자고 손 내미는 분도 계실 겁니다. 하지만 주님이 들어오신다면 다들 무릎을 꿇고 얼굴도 못 드실 겁니다. 그분의 영광과 거룩과 그 존귀 앞에 누가 감히 똑바로 서 있을 수 있을까요?

오늘 이 백부장에게도 예수님이 하나님께로부터 오신 분이라는 확신이 있었던 것 같습니다. 6절에 "주여" 그랬는데 이 말이 헬라어로 "퀴리오스(κύριος)"입니다. 주(主) 즉, 퀴리오스는 1세기에 로마 황제에게만 쓰던 말이었지만 초대교회 신자들이 성자 하나님 되신 예수 그리스도를 지칭할 때 쓰던 신앙 고백적인 칭호이기도 했습니다. 또한 "성령으로 아니하고는 누구든지 예수를 주시라 할 수 없"(고전 12:3)다고 했습니다. 그런데 놀랍게도 일반인도 아니고 그 엄청난 로마 황제를 섬기는 이 이방 군인의 입에서 퀴리오스라는 말이 예수님을 부를 때 나온 겁니다.

그래서 그는 감히 주님을 자기 집에 모시는 걸 도저히 감당할 수 없다고 했습니다. 아무것도 모르면 잠깐 들어오시라고 했겠죠. 하지만 알게 되면 "주여, 여기는 안 됩니다. 제집만큼은 안 됩니다." 우리도 이렇게 외칠 수밖에 없습니다.

그리고 8절에 보면 백부장이 자신을 가리켜 "나도 남의 수하에 있는 사람"이라고 했는데, 사실 피정복민인 유대인들에게 정복군 장교가 이런 표현을 굳이 쓸 필요는 없죠. 이걸 보면 백부장이 참 겸손한 사람이었다는 걸 알 수가 있습니다. 그리고 또 말하기를 자기가 예수님을 집으로 오시라고 해서 오신다면, 그건 마치 자기 부하 병사에게 이리 와라, 저리 가라 이렇게 명령하는 것 같아서 도저히 참을 수가 없다고 했습니다.

우리는 오늘, 전혀 뜻밖에 이 이방인 장교에게서 주님에 대한 올바른 태도를 배웁니다. 뒤에 보면 올바른 믿음도 배웁니다만 올바른 태도도 배웁니다. 우리는 얼마나 주님을 내 아랫사람 부리듯 했습니까? 그리고 우리는 얼마나 주님을 까먹고 삽니까? 내 안에 모셔놓고는 세상일에 바빠서 계속 잊고 살지는 않으십니까?

그러다가 누가 내게 고통을 줘야, 갑자기 건강이 나빠져야, 뜻밖의 우환을 만나야 그때서야 갑자기 내게 들어오신 그분이 생각나서 내 억울함을 신원해달라고, 내 문제 해결해달라고 간절히 기도합니다. 그리고는 또 잊어버리고 삽니다. 주님을 이리 와라, 저리 가라 하고 있습니다. 아랫사람도 이렇게 유용한 아랫사람이 없습니다.

그동안 주님을 자기 부하처럼 멋대로 부리셨던 분들은 회개하시기 바랍니다. 이 이방인 백부장이 우리의 선생님입니다. 우리는 모두 성령께서 우리 안에 내주하시는 주의 거룩한 성전입니다. 거룩한 삼위일체 하나님 되신 주님이 내 안에 들어오셔서 나와 거처를 함께 하고 계십니다. 이 귀한 주님께 자기 삶의 가장 귀한 자리를 내어드리시기를 주님 이름으로 축원합니다.

3. 백부장의 믿음

백부장이 주님께 집에 오시지 말라고 말씀드린 두 번째 이유는, 말씀만 하셔도 병이 나을 거라는 믿음 때문이었습니다. 도대체 이 백부장은 어디서 이런 믿음을 가지게 된 걸까요? 솔직히 굉장히 신기합니다.

성경에 보면 예수님은 참으로 다양한 방식으로 사람들 병을 고치셨습니다. 환부에 손을 대기도 하시고, 손을 대지는 않지만 얼굴을 보면서 말씀으로만 고치기도 하시고, 침이나 진흙을 이용하기도 하시고 또 어떤 때는 옷자락을 만지게 하심을 통해서 고치기도 하셨습니다. 그런데 신약성경에 이렇게 멀리 떨어져 있는 사람을 얼굴도 안 보고 말씀만으로 병을 치료해 주셨던 일이 오늘 본문 이전에 기록된 일이 전혀 없습니다. 그래서 신기한 겁니다.

직접 집에 오실 필요 없이 그저 말씀 한마디만 하시면 자기 집에 있는 하인이 나을 거라는 믿음을 도대체 어디서 가지게 된 걸까요? 참 미스터리입니다. 알 길이 없죠.

우리 모두 나중에 천국 가면 이 백부장을 만나게 될 터인데 그런 믿음이 도대체 어디서 온 거냐고 다 같이 한 번 물어봤으면 좋겠습니다. 그런데 이분이 성함이 안 나옵니다. 그리고 성경에 백부장이 여러 명 나옵니다. 그러니 천국에서 백부장을 만나시면 혹시 누가복음 7장에 나오던 그 백부장이시냐고 물어보시면 될 겁니다.

> ⁹예수께서 들으시고 그를 놀랍게 여겨 돌이키사 따르는 무리에게 이르시되 내가 너희에게 이르노니 이스라엘 중에서도 이만한 믿음은 만나보지 못하였노라 하시더라 (눅 7:9)

백부장의 신앙은 우리에게만 놀라운 것이 아니라 예수님도 놀라시게 했습니다. 그것도 얼마나 놀라셨냐면 그냥 혼자만 놀라신 것이 아니고 제자들에게 "내가 이스라엘 중에서도 이만한 믿음은 만나보지 못하였다"고 하실 정도였습니다. 여기에 "이스라엘 중에서도("even in Israel", NIV, NASB, ESV)"라는 표현이 있는 것으로 보아 이 백부장이 이방인인 것을 다시 한번 알 수 있습니다.

그런데 여기 "놀라셨다"는 말 자체가 정말 놀라운 표현입니다. 놀라셨다는 말은 헬라어로는 싸우마조(θαυμάζω), 영어로는 amaze입니다. 그래서 어메이징(amazing) 그레이스는 "놀라우신 은혜"라는 뜻입니다. 그런데 성경에 예수님이 놀라셨다, 예수님이 싸우마조하셨다는 말이 몇 번 나올까요? 딱 두 번 나옵니다. 그런데 매우 놀랍게도 한번은 믿음이 너무 큰 것에 놀라셨고, 또 한 번은 믿음이 너무 없는 것에 놀라셨습니다.

믿음이 너무 커서 놀라신 건 오늘 누가복음 7장에 나오는 이 백부장의 믿음 때문에 일어난 일이었습니다. 그런데 믿음이 너무 없어서 놀라신 건 언제였을까요?

> 4예수께서 그들에게 이르시되 선지자가 자기 고향과 자기 친척과 자기 집 외에서는 존경을 받지 못함이 없느니라 하시며
> 5거기서는 아무 권능도 행하실 수 없어 다만 소수의 병자에게 안수하여 고치실 뿐이었고
> 6그들이 믿지 않음을 이상히 여기셨더라 이에 모든 촌에 두루 다니시며 가르치시더라 (막 6:4-6)

예수님이 고향마을에서 그들이 예수님을 믿지 않음을 어떻게 여기셨나요? "이상히 여기셨다."라고 했습니다. 여기 이상히 여기셨다는 말의 헬라어가 바로 싸우마조입니다. 놀라신 겁니다. 사람들에게 믿음이 없어도 얼마나 없었냐면 주님이 놀라실 정도로 없었다는 겁니다. 주님이 기이히 여기실 정도로 없었다는 겁니다.

제가 묻습니다. 여러분은 믿음이 너무 커서 주님을 놀라시게 하는 분들입니까, 아니면 믿음이 너무 없어서 주님을 놀라게 하는 분들입니까? 믿음이 너무 크면 중풍병으로 다 죽어가던 종도 순식간에 치료됩니다. 하지만 믿음이 너무 없으면 거기선 주님이 아무런 권능도 행하시지 않습니다. 여러분은 어느 쪽이세요? 아니 어느 쪽에 있고 싶으신가요?

게다가 오늘 본문에 보면 주님이 "내가 이스라엘 중에서도 이만한 믿음은 만나보지 못하였노라."라고 말씀하셨죠. 주님을 깜짝 놀라게 만든 이 믿음이 정작 이스라엘 중에서는 발견되지 않고 이방인에게서 발견되었다는 겁니다. 이게 바로 "먼저 된 자로서 나중 되고 나중 된 자로서 먼저 된

다"(마 20:16)는 말의 의미입니다.

우리도 마찬가지입니다. 교회 다닌 지 얼마 안 되는 분들이 우리 장로님이나 권사님들, 심지어 목회자들을 깜짝 놀라게 할 때가 있습니다. 주님에 대한 그들의 순수한 믿음이 능구렁이 같던 우리를 얼마나 부끄럽게 만들고 얼마나 놀라게 하는지 모릅니다. 너무 놀라서 내가 요즘 이런 믿음을 본 일이 없다고 누군가에게 털어놓게 되기도 합니다. 우리가 놀라는데 주님은 또 얼마나 기쁘게 놀라실까요?

응답되는 기도

> 10보내었던 사람들이 집으로 돌아가 보매 종이 이미 나아 있었더라 (눅 7:10)

> 13예수께서 백부장에게 이르시되 가라 네 믿은 대로 될지어다 하시니 그 즉시 하인이 나으니라 (마 8:13)

(눅 7:10)은 오늘의 마지막 절입니다. 이 말씀의 병행 본문인 (마 8:13)에 보면 주님이 "네 믿은 대로 될지어다."라고 하셨고 정말 그 즉시 종의 병이 치료되었습니다. 주님이 "네 믿은 대로 될지어다."라고 말씀하신 바로 그 시각에 종은 "이미" 치료가 된 겁니다. 그러니 "믿은 대로 되는 것을" 믿으시기 바랍니다. 그리고 "안 된다고 믿으면" 안 되는 것을 믿으시기 바랍니다.

그런데 여기서 중요한 질문이 생깁니다. "된다고 믿으면 무조건 되느냐?" 성경은 그렇지는 않다고 말합니다. 갑자기 이게 무슨 말일까요? 예를 들어 우리가 죄 가운데 있으면 기도 응답이 안 됩니다.

> ¹⁸내가 나의 마음에 죄악을 품었더라면 주께서 듣지 아니하시리라 (시 66:18)

그리고 아무거나 내가 원하는 것을 다 들어주시는 것이 아닙니다. 하나님의 뜻대로 구할 때 들어주십니다.

> ¹⁴그를 향하여 우리가 가진 바 담대함이 이것이니 그의 뜻대로 무엇을 구하면 들으심이라 (요일 5:14)

또한 우리의 삶에 열매가 있을 때 응답이 보장됩니다. 우리는 열매를 맺기 위해 보냄받은 사람들이기 때문입니다.

> ¹⁶너희가 나를 택한 것이 아니요 내가 너희를 택하여 세웠나니 이는 너희로 가서 열매를 맺게 하고 또 너희 열매가 항상 있게 하여 내 이름으로 아버지께 무엇을 구하든지 다 받게 하려 함이라 (요 15:16)

뿐만이 아닙니다. 지금 당장이 아니라 나중에 응답해주는 것이 좋겠다고 하나님이 판단하시면 기도 응답이 상당히 지연되기도 합니다. 이렇게 우리는 기도 응답의 조건들이 단순하지 않다는 것을 알고 있습니다. 성경을 알면 알수록 이것이 굉장히 복잡하다는 것을 알게 됩니다. 그래서 초등부 학생 때는 "믿고 기도하면 다 들어주신다."라고 배우지만, 나중에 이런저런 말씀을 다 알게 되면 기도 응답이라고 하는 것이 굉장히 복잡한 고차방정식처럼 느껴지기도 합니다.

그 결과 긍정적인 결과와 부정적인 결과가 나타납니다. 긍정적인 결과는 기도를 좀 더 성경적으로 하게 된다는 겁니다. 막무가내식의 기도가 아니라 주님 마음에 좀 더 합당한 기도, 자신의 삶을 돌아보는 좀 더 성숙한 기도를 하게 된다고 하는 것입니다. 이건 아주 훌륭한 결과입니다.

그런데 부정적인 결과가 하나 있는데 그건 뭐냐면, 기도 응답의 가장 기본적이고 중요한 조건을 점점 잊어버리게 된다고 하는 것입니다. 그게 뭘까요? 그건 바로, "네 믿은 대로 될지어다."라는 주님의 선명한 약속입니다. 신앙생활을 "믿음으로 구하면 들어주신다."는 단순한 진리에서 출발해 놓고는 이제는 아는 게 너무 많아져서 이 단순한 진리가 잘 생각이 나지 않는 것입니다.

그런데 이걸 잊게 되면 아까 처음에 말씀드린 그 "술집에 벼락 떨어지게 해달라."라고 했던 교회 교인들처럼, 막상 주님이 응답을 해주셔도 우연이라고 생각하게 되는 굉장히 기형적인 신앙을 가지게 됩니다. 그런 여러분을 주님이 보신다면, "싸우마조", amaze, 정말 놀랍고 이상하고 기이하게 여기지 않으시겠습니까? 마음으로는 믿음으로 주님을 놀라게 하기 원하지만, 정작 우리가 주님을 놀라게 만드는 것이 우리의 형편없는 믿음이라면 이 아이러니를 도대체 무엇으로 설명할 수 있겠습니까? "네 믿은 대로 될지어다."라는 주님의 위대한 약속을 절대로 잊지 마시기 바랍니다.

미국 알래스카에 스티브라는 청년이 살았는데 이제 막 교회에 다니기 시작했다고 합니다. 그런데 어느 날 목사님이 겨자씨만한 믿음만 있으면 산을 옮길 수 있다는 설교를 하셨습니다. 그날의 본문은 이 말씀이었습니다.

> [20]이르시되 너희 믿음이 작은 까닭이니라 진실로 너희에게 이르노니 만일 너희에게 믿음이 겨자씨 한 알 만큼만 있어도 이 산을 명하여 여기서 저기로 옮겨지라 하면 옮겨질 것이요 또 너희가 못할 것이 없으리라 (마 17:20)

이 설교를 들은 스티브는 겨울마다 자기 집 뒷산에 눈사태가 나던 것이 생각났습니다. 그래서 그날부터 기도를 시작했습니다. 그 산을 옮겨달라고요. 이 초신자가 굉장히 진지하게 이런 기도를 시작했다는 소식이 목사님께 들렸습니다. 하지만 실제로 교회 역사상 정말 기도만으로 산을 옮겼다는 얘기는 목사님도 들어본 적이 없어서 걱정이 많이 되었습니다. 나중에 산이 안 옮겨지면 그의 실망이 얼마나 클까 하는 염려가 들기 시작했습니다. 그래서 목사님도 간절히 기도하기 시작했습니다. 산이 안 옮겨지더라도 그가 너무 실망하지 않게 해달라고 말입니다.

어떻게 되었을까요? 스티브가 기도를 시작한 지 한 달이 넘어가는데 산은 옮겨질 생각은 안 했고, 하지만 스티브는 기도를 쉬지 않았습니다. 목사님도 계속 기도했죠. 스티브하고는 전혀 다른 내용의 기도였지만 말입니다. 그런데 40일 정도 지났을 때 스티브가 교회로 목사님을 찾아왔습니다. 목사님은 겁이 덜컥 났습니다. 이제 올 게 왔구나 하고 말입니다.

그런데 스티브가 말하기를, "목사님, 20세기에는 산을 번쩍 들어서 옮기시는 게 아니라 기계를 사용하시던데요." 알고 보니까 인근에 새로 고속도로를 깔면서 거기 들어가는 흙을 가져가기 위해서 매일같이 큰 트럭들이 와서 그 산을 깎아내기 시작한 겁니다. 그래서 이제 산이 거의 다 없어졌습니다. 물론 눈사태도 이제는 옛날이야기가 되어버렸고 말입니다.

주님을 놀라시게 하는 믿음

오늘 말씀을 정리합니다. 여러분 중에는 가슴 속에 간절한 눈물의 기도 제목들로 가득 차 계신 분들이 많으실 겁니다. 특별히 사랑하는 사람들의 안 좋은 건강과 그들의 영혼과 그들의 전쟁터 같은 직장과 일터와 학교생활을 위해서 그리고 또한 자신을 위해서 얼마나 많은 기도 제목들이 있으시겠습니까?

오늘 말씀의 제목은 "주님을 놀라시게 하는 사람"입니다. 여러분은 무엇으로 주님을 놀라시게 하겠습니까? 믿음이 너무 없어도 주님이 놀라고 기이히 여기십니다. 그걸 원하시나요? 주님이 도와주고 싶으셔도 그에게 믿음이 너무 없어 그에게 아무 권능도 행하시지 않는, 그런 보잘것없는 생활에 만족하실 건가요? 아니면 이 이방인 백부장과 같이 "주여, 내 집에 들어오심을 내가 감당치 못하겠나이다, 그저 말씀만 하셔도 내 하인의 병이 나으리이다." 이런 놀라운 태도와 믿음으로 주님을 놀라시게 하겠습니까?

주님을 놀라시게 하는 믿음이 여러분에게 있기를 기원합니다. 너무 작은 믿음이 아니라 너무 큰 믿음으로 주님을 놀라시게 하는 분들이 다들 되시기를 바랍니다. 그리고 기도 응답에 대한 확신이 없으면서 건성으로만 기도하는, 요식행위로만 기도하는 그런 어리석은 분은 여러분 중에 한 분도 안 계시기를 바랍니다.

"네 믿은 대로 될지어다." 이것이 주님의 약속입니다. 이 약속을 자기 것으로 삼고 "지금은 비록 겨자씨만한 믿음 밖에 내게 없지만, 주께서 이 산을 여기서 저기로 옮기실 것을 내가 믿나이다. 말씀만 하옵소서. 능히 말씀만으로 이 산이 옮겨질 줄 내가 믿나이다." 이런 순수하고 단순한 믿음으로 돌아가시기를, 그래서 주님을 놀라게 하는 분들이 다들 되시기를 간절히 소망합니다.

14. 부자의 두 렙돈 _ Two lepta of a rich widow

‖ 마가복음 12:41-44 ‖

⁴¹예수께서 헌금함을 대하여 앉으사 무리가 어떻게 헌금함에 돈 넣는가를 보실새 여러 부자는 많이 넣는데 ⁴²한 가난한 과부는 와서 두 렙돈 곧 한 고드란트를 넣는지라 ⁴³예수께서 제자들을 불러다가 이르시되 내가 진실로 너희에게 이르노니 이 가난한 과부는 헌금함에 넣는 모든 사람보다 많이 넣었도다 ⁴⁴그들은 다 그 풍족한 중에서 넣었거니와 이 과부는 그 가난한 중에서 자기의 모든 소유 곧 생활비 전부를 넣었느니라 하시니라

드리는 것이 아까워질 때

이런 이야기가 있습니다. 어떤 분이 가게를 차렸는데 생각보다 잘 안 되었습니다. 그래서 교회 열심히 다니는 부인 말을 듣고 회개하면서 서원기도를 했습니다. "하나님, 한 달에 천만 원만 벌게 해주시면 십일조가 아니라 십의 이조인 200만 원을 헌금으로 드리겠습니다." 가게가 굉장히 안 되고 있었기 때문에 이건 거의 꿈같은 기도였습니다.

그런데 그다음 달에 갑자기 장사가 잘되어서 800만 원을 벌었습니다. 그러자 이분이 이렇게 기도를 드렸습니다. "하나님 정말 감사합니다. 그리고 정말 대단하세요. 먼저 당신 몫을 떼어놓고 주시다니요." 그러니까 하나님이 200만 원을 원천징수하고 나머지 800만 원만 주셨다는 거죠. 이렇게 머리가 잘 돌아가는 분이 왜 그동안 장사가 안되셨는지 이해가 안 됩니다.

이런 이야기도 있습니다. 어떤 엄마가 주일 아침에 애한테 500원짜리 동전 두 개를 주면서 하나는 헌금으로 드리고, 하나는 뭐 맛있는 거 사 먹으

라고 했습니다. 꼬마가 신이 나서 교회를 가고 있었는데 가다가 그만 돌부리에 걸려 넘어졌습니다. 그런데 마침 손에 쥐고 있던 동전 두 개 중 하나가 떼구루루 굴러서 하수구 구멍에 빠진 겁니다. 그때 꼬마 입에서 이런 말이 나왔습니다. "아이고 저거, 헌금으로 드릴 돈이었는데."

아까 그 가게 사장님이 아마 이 꼬마 아버지인 것 같습니다. 헌금 생활은 애들이 결국 부모님을 배우기 때문입니다. 그런데 우리 주위에는 그리고 사실 우리 자신도 이렇게 엉터리 같은 헌금 생활을 해본 적이 있습니다. 그런 의미에서, 교회 생활을 아무리 오래 해도 해결이 잘 안 되는 질문 하나를 드려보겠습니다. 그건 뭐냐면 "도대체 얼마를 헌금해야 적당한 것일까?" 하는 겁니다. 이것과 관련된 가장 중요한 성경 본문은 아마 이 말씀일 겁니다.

> 7각각 그 마음에 정한 대로 할 것이요 인색함으로나 억지로 하지 말지니 하나님은 즐겨 내는 자를 사랑하시느니라 (고후 9:7)

사람들은 보통 이 말씀에서 "인색함으로나 억지로" 헌금하지 말라고 하는 부분에 주목합니다. 그런데 솔직히 말해서, 인색하게 적게 드리는 것과 억지로 과하게 드리는 것의 중간치를 어떻게 찾나요? 이게 어렵습니다. 항상 딜레마입니다. 그런데 관점을 조금만 바꾸면 이런 질문 자체가 의미가 없어집니다. 그건 바로 "하나님은 즐겨 내는 자를 사랑"하신다는 겁니다. 인색함과 억지 두 사이에서 방황하지 마시고 "즐겁게" 드리시기 바랍니다. 하나님도 그런 자를 사랑한다고 하셨습니다. 할렐루야.

"기쁘게 드리는 것이 아니라면 그게 무슨 헌금이냐?"라고 지금 하나님이 우리에게 묻고 계십니다. 즐겁게 드리면 자유함을 느끼게 됩니다. 헌금의 기본은 즐거움에 있습니다. 기쁨이 넘치면 십의 일조, 이조 심지어 구조도 할 수 있고, 어떤 때는 한 달 소득을 100% 다 주님께 드리는 시도도 해볼 수 있습니다. 그것도 아주 기쁘게 말입니다.

하지만 사정이 안 좋아서 너무나 적게 드릴 때도 있을 수 있습니다. 그런데 그것이 진정한 감사와 기쁨 가운데 드린 거라면 전혀 창피한 일이 아닙니다. 만약 그걸 부끄럽게 여기도록 만드는 자가 있다면, 진짜 부끄러워해야 할 사람은 바로 그 사람입니다. 그는 하나님 앞에서 벌거벗고 춤추던 다윗 왕을 부끄럽게 만들려고 했던 미갈 같은 사람입니다. 미갈에게 하나님이 내리신 벌이 뭔지 우리가 잘 알고 있지 않습니까? 여러분도 다른 사람의 헌금 액수에 대해 함부로 정죄하는 잘못을 저지르지 마시기를 바랍니다.

그래도 만약 여러분 중 아직도 "내가 부자라면 더 많이 드릴 텐데..." 이런 생각을 하고 있거나, "저는 가난해서, 돈이 없어서, 구차하게 살아서, 아직 학생이어서, 아직 직장이 없어서... 그래서 저는 항상 다른 사람들보다 적게 드리는 것이 눈치가 보여요."하는 그런 분이 계신다면 힘내시기를 바랍니다. 오늘 말씀은 사실 그분들을 위한 것입니다.

과부의 두 렙돈 헌금 사건의 전말

오늘 말씀의 제목은 "부자의 두 렙돈"입니다. 부자의 두 렙돈. "어? 이상하네. 과부의 두 렙돈 아닌가?" 하시는 분들 계실 겁니다. 설교자가 본문을 헷갈린 것일까요? 아닙니다. 그러면 왜 부자의 두 렙돈일까요? 아마 눈치채셨을 겁니다. 이날 주님 앞을 지나간 사람 중에 이 과부가 진짜 부자였기에 오늘 말씀의 제목을 "부자의 두 렙돈"이라고 한 겁니다.

오늘 말씀을 듣고 진짜 부자가 누군지 알고 돌아가신다면 설교의 목적이 달성되는 것인 줄 믿습니다. 그리고 진짜 헌금이 무엇인지 알고 돌아가신다면 또 다른 중요한 목적도 달성되는 것인 줄 믿습니다. 결과적으로 이 시간이 재물에 대한 우리의 편견과 선입견이 교정되는 귀중한 축복의 시간이 되기를 간절히 소망합니다.

> ⁴¹예수께서 헌금함을 대하여 앉으사 무리가 어떻게 헌금함에 돈 넣는가를 보실새 여러 부자는 많이 넣는데 (막 12:41)

예수님이 하루는 아예 작정하시고 예루살렘 성전 앞의 헌금함과 마주 보는 자리에 앉으셨습니다. 지난번에 말씀드린 것처럼 마가복음 11장부터는 예수님이 예루살렘에 입성하신 상태입니다. 3년 공생애 중에 이제 마지막 1주일을 보내고 계셨던 겁니다. 이제 며칠만 있으면 빌라도 법정에 서실 것이고 갈보리 언덕으로 십자가를 지고 오르실 것입니다.

따라서 지금 주님은 전혀 한가롭지 않으셨고 이 땅에서의 사역을 마무리하셔야 하셨으며 정말 중요한 것들을 제자들에게 재차 확인하셔야 하는, 아주 긴박한 시간을 보내고 계셨습니다. 수능 1주일 전을 생각해 보세요. 3년의 공부 기간 중에 그 1주일이 얼마나 긴박하고 중요한 기간입니까?

다시 말해서 이날 주님은 한가롭게 거기 앉으신 것이 결코 아니었다는 겁니다. 주님이 이날 우리에게 정말 중요하고 귀중한 무엇인가를 들려주고 보여주시기 위해 그 자리에 앉으셨던 겁니다. 과연 그것은 무슨 교훈이었을까요?

성경은 주님께서 사람들이 어떤 식으로 헌금하는지 보려고 거기 앉으셨다고 기록했습니다. 우선 부자들이 헌금을 했는데 역시 예상처럼 고액의 헌금을 했습니다. 그런데 부자들이 지나가자 이번에는 한 가난한 과부가 헌금함으로 다가왔습니다.

> 42한 가난한 과부는 와서 두 렙돈 곧 한 고드란트를 넣는지라 (막 12:42)

이 과부가 헌금한 액수가 정확하게 나오는데 그게 두 렙돈이라고 했습니다. 먼저 이게 금액적으로는 정말 적은 액수인 거 다들 아실 겁니다. 당시에 노동자의 하루 품삯이 한 데나리온이었는데 한 렙돈은 그 128분의 1이었습니다. 그러니까 두 렙돈이면 하루 품삯의 64분의 1입니다. 하루 품삯을 6~7만 원으로 잡으면 두 렙돈은 대략 1,000원 정도 됩니다. 물론 당시에 노동자 일당을 이 정도까지 주었을까 하는 의문이 있습니다만.

어쨌든 당시에는 렙돈이 유대인 사회에서 가장 작은 구리동전이었다고 합니다. 그럼 고드란트는 뭘까요. 고드란트는 로마 동전 중에 가장 작은 단위였습니다. 한 고드란트는 두 렙돈 즉 약 1,000원 정도에 해당했고, 로마에서는 한 번의 목욕료에 해당했다고 합니다.

그렇다면 1세기 유대 땅에서 두 렙돈은 실제로 어느 정도의 가치가 있었을까요? 예수님이 그러셨죠. "참새 두 마리가 한 앗사리온에 팔리는 것이 아니냐?" 그 질문의 의도는 마태복음(마 10:29)에 보면, 그만큼 한 앗사리온 밖에 안 되는 별 가치 없는 참새들일지라도 하나님이 허락하지 않으시면 그 하나라도 땅에 떨어지지 않는다는 것이었습니다. 그리고 누가복음(눅 12:6)에 의하면, 참새들이 그렇게 가치가 없어 보이지만 하나님은 그 한 마리도 기억에서 잊고 계시지 않는다는 것이었습니다. 그런데 한 앗사리온이 얼마냐면, 데나리온의 16분의 1입니다. 그러니까 한 4,000원 됩니다.

다시 말해서 지금 이 과부는 별 가치 없는 두 마리 참새 가격으로 예수님이 예를 드셨던 한 앗사리온 즉 4,000원의 1/4밖에 안 되는 1,000원을 헌금으로 드렸다는 것입니다. 참새 반 마리 가격밖에 안 됩니다. 그러니 이게 정말 얼마나 보잘것없는 금액입니까? 아까 그 부자들이 혹시 이 여인이 얼마나 헌금하는지 봤다면 다들 손가락질하고 조롱하고 그러지 않았을까요? 하나님이 거지냐 이러면서 말입니다.

그런데 예수님이 이 과부의 헌금에 대해서 해석해주신 내용이 우리 마음을 울립니다.

> 43예수께서 제자들을 불러다가 이르시되 내가 진실로 너희에게 이르노니 이 가난한 과부는 헌금함에 넣는 모든 사람보다 많이 넣었도다
> 44그들은 다 그 풍족한 중에서 넣었거니와 이 과부는 그 가난한 중에서 자기의 모든 소유 곧 생활비 전부를 넣었느니라 하시니라 (막 12:43,44)

주님 말씀에 따르면 이 가난한 과부가 그날 거기 헌금한 모든 사람 중에 가장 많이 넣은 자였습니다. "주님, 무슨 소리세요? 이 여인이 제일 조금 넣는 거 우리도 봤는데." 아마 제자들 중에는 속으로 이렇게 생각하는 사람도 있었을 겁니다. 그런데 주님 생각은 달랐습니다. "부자들은 그 많은 소유 중에서 조금 드린 것이고, 이 여인은 그 적은 소유 중에서 전부를 드린 것이다." 이것이 주님의 해석이었습니다.

그리고 이게 소위 "과부의 두 렙돈 헌금 사건"의 전말입니다. 우리가 그동안 설교로 많이 들었던 유명한 이야기입니다. 그리고 우리는 우리가 이 이야기의 내용을 잘 이해하고 있다고 생각합니다. 이 본문의 교훈을 "헌금은 절대 금액이 아니라 자기 소유에 대한 비율로서 그 가치가 정해진다"고

깔끔하게 요약해주시는 분도 봤습니다.

맞습니다. 분명 그 교훈이 이 이야기 속에 들어있습니다. 이 여인이 그날 가장 많이 헌금한 사람이었다는 사실을 처음 깨달은 제자들은 아마 굉장히 놀랐을 겁니다. 솔직히 우리도 이 이야기를 처음 설교로 들었던 그 날을 되돌아보면, 우리도 그때 다들 "아 그렇구나" 하고 무릎을 쳤었습니다.

사렙다에 살던 또 다른 과부

그런데 이 본문은 혹시 그 이상의 것을 우리에게 질문하고 있는 건 아닐까요? "진짜 부자는 누구인가?" 하는 질문 말입니다. 진짜 부자는 누구인가. 이 질문에 대한 답을 구하기 전에 우리가 좀 더 생각해 볼 문제가 있습니다.

우리 중에 누구도 이날 생활비 전부를 바친 과부가 다음 날 길거리에서 굶어 죽은 채 발견되었다고 생각하지는 않을 거라고 믿습니다. 그녀가 경제적으로 안 좋은 상황에 있었던 것은 맞지만, 그녀는 하나님께 다 드려도 하나님이 자신을 선하게 인도해주실 거라는 확신이 있었던 경건한 여인이었습니다. 그래서 두 렙돈을 다 드릴 수 있었습니다. 이게 중요한 겁니다. 그녀는 생활비를 다 헌금한 뒤 그날부로 생을 마감할 계획이 절대로 아니었다는 겁니다.

그런 의미에서 이 가난한 과부는 자신의 마지막 것을 다 드렸다는 점에서 일견, 열왕기상 17장에 나오는 사렙다 과부와 비슷합니다. 하지만 두 과부 사이엔 큰 차이점이 있습니다.

> ¹²그가 이르되 당신의 하나님 여호와께서 살아 계심을 두고 맹세하노니 나는 떡이 없고 다만 통에 가루 한 움큼과 병에 기름 조금 뿐이라 내가 나뭇가지 둘을 주워다가 나와 내 아들을 위하여 음식을 만들어 먹고 그 후에는 죽으리라 (왕상 17:12)

이 사렙다 과부는 집에 있는 가루와 기름 조금으로 마지막으로 자기와 자기 아들을 위해서 음식을 만들어 먹고 그 후에는 죽을 거라고 생각을 하고 있었습니다. 물론 결국 그 마지막 음식을 엘리야를 섬기는데 드려서 큰 축복을 받았습니다만, 어쨌든 처음에는 그녀의 마지막 소유를 다 소진하고 나면 자기는 죽게 될 것으로 생각했습니다.

그렇지만 오늘 마가복음 12장에 나오는 이 가난한 과부는 자기 생활비 전부를 주님께 다 드리고 나서 생을 마감하려는 여인이 전혀 아니었습니다. 만약 그런 경우였다면 주님이 그 자리에서 먼저 여인에게 손을 내밀어 힘을 주셨겠죠. 그런데 주님이 그녀를 그냥 보내신 것으로 보아 오히려 주님은 이 과부에게서 강한 믿음을 보신 것이 분명합니다. 그게 뭘까요? 그건 내가 오늘 이거 다 드려도 내일 굶어 죽지 않을 거라는 믿음입니다.

사실 1,000원이라고 하면 우리 대부분에게는 이거 있어도 되고 없어도 되는 금액이죠. 머리가 조금만 큰 애들은 이거 용돈으로 준다고 하면 시큰둥해하고, 요즘은 김밥 한 줄도 천 원짜리가 거의 없습니다. 하지만 이 여인에게는 그게 생활비 전부였고 모르긴 몰라도 그날 어디서 어렵게 잠깐 일을 해주고 나서 받은 그날 일당이었을 수도 있습니다. 하루 벌어 하루 먹고 사는 그런 여인이었을 가능성이 높습니다.

따라서 이 여인이 두 렙돈을 바친 것은 하나님의 인도하심에 대한 강한 확신이 있지 않고서는 도저히 불가능한 일이었다는 겁니다. 내일 먹을 거,

내일 마실 거, 내일 입을 거, 이런 걸 하나님이 마련해주실 것이라는 확신이 없다면, 아마 우리 같으면 두 렙돈 중에 하나만 헌금하고 하나는 비상용으로 남겨놓지 않았을까요? 그렇게만 해도 엄청난 헌신 아니겠습니까? 하지만 그녀는 그렇게 하지 않았습니다.

누가 진짜 부자인가

자 그렇다면 다시 묻습니다. 누가 진짜 부자일까요? 돈이 많으면 부자일까요? 돈이 얼마나 많으면 부자일까요? 그 기준은 시대에 따라 나라에 따라 매우 다를 겁니다. 그래도 모든 시대와 나라를 통틀어서 가장 상식적인 부자의 기준을 든다면 "돈 걱정 없이 살 수 있는 사람"이 아닐까요?

만약 우리가 부자를 그렇게 정의한다면 역설적으로 오늘 본문에 나왔던 부자들은 진짜 부자가 아닙니다. 오늘은 재물 걱정이 없었을지 몰라도 내일은, 내달은, 내년은, 그때는 그들에게도 주머니에 데나리온이 아니라 렙돈이나 고드란트 밖에 없는 신세가 될지도 모르기 때문입니다. 그들은 그저 오늘 잠깐 부자 같아 보였을 뿐입니다.

그렇다면 이 과부는요? 이 가난한 과부는 오늘 재물 걱정 없이 과감하게 다 헌금했죠? 내일은요? 내일은 재물 걱정을 하게 될까요? 아마 내일도 좀 피곤하고 힘들게 살 겁니다. 하지만 오늘 모습을 보니 내일도 돈 문제에서 자유롭게 살 것 같습니다. 오늘 생활비 전부를 드린 거 내일 후회할 사람이 아니었다는 겁니다. 그러니 하나님이 이 여인을 끝까지 책임져 주시지 않겠습니까? 그녀는 "여호와는 나의 목자시니 내게 부족함이 없는" 사람이었습니다.

그렇다면 "돈 걱정 없이 사는 사람"은 바로 이 과부였습니다. 진짜 부자는 이 가난한 과부였다는 겁니다. 아까 헌금함 앞을 어슬렁거리면서 비싼 동전들을 헌금함에 떨어뜨리던 그 부자들은 부자 시늉만 냈습니다. 우주의 주인 되신 하나님께 자기 모든 소유를, 그날 자기 식비 전체를, 그날 자기 생활비 전부를 아낌없이 기쁘게 드릴 수 있었던 이 과부가 진짜 부자였습니다.

그리고 이것이야말로 "먼저 그의 나라와 그의 의를 구하라, 그리하면 이 모든 것을 너희에게 더하시리라."라고 하셨던 주님 약속과 일치하는 것입니다.

> 31그러므로 염려하여 이르기를 무엇을 먹을까 무엇을 마실까 무엇을 입을까 하지 말라
> 32이는 다 이방인들이 구하는 것이라 너희 하늘 아버지께서 이 모든 것이 너희에게 있어야 할 줄을 아시느니라
> 33그런즉 너희는 먼저 그의 나라와 그의 의를 구하라 그리하면 이 모든 것을 너희에게 더하시리라 (마 6:31-33)

먹고 마시고 입는 것, 그것이 안 중요하다는 게 아닙니다. 하지만 그걸 마치 인생의 목표인 것처럼 추구하는 것은 이방인들이나 하는 일이라는 겁니다. 하나님의 자녀들은 그것보다 먼저 신경 쓸 일이 있습니다. 그건 바로 하나님의 나라와 그의 의를 구하며 사는 삶입니다. 나에게 무엇이 필요한지는 하늘 아버지가 정확하게 다 알고 계십니다. 그러므로 "내일 일은 난 몰라요."가 우리의 간증이어야지, "내일 일이 걱정일세."와 같은 이방인들의 노래가 우리 입술에서 흘러나오면 안 되는 것입니다.

자 그런데, 하나님의 선한 인도하심을 믿는 것만 가지고 이 가난한 과부

를 부자라고 부르는데는 뭔가 좀 부족함이 있습니다. 마치 억지로 위로해 주는 기분이 들어요. 좀 더 구체적인 증거가 필요합니다. 하나님이 실제로 이 땅에서 어떻게 우리의 물질적인 필요들을 채워주시는지에 대해서 좀 더 구체적인 설명은 없을까요?

그런 의미에서 여러분 오늘 아주 잘 오셨습니다. 저는 오늘 여러분들에게 돈에 대한 굉장히 새로운 시각을 제안하려고 합니다. 부자에 대한 새로운 정의라고도 볼 수 있습니다. 사실은 제가 아니라 많은 성경 본문들이 이런 시각을 제시합니다. 누가 부자인지에 대해서, 그리고 어떻게 이 가난한 과부를 진짜 부자라고 부를 수 있는지에 대해서 말입니다. 세 가지를 기억하시기 바랍니다.

1. 재물은 나중에 누구의 것이 되는가

진짜 부자가 누구인지 아시려면 먼저 이 말을 따라해 보시기 바랍니다. "악인의 재물은 의인을 위해 준비된다." 악인의 재물은 의인을 위해 준비된다. 이 개념이 성경에 얼마나 많이 나오는 내용인지 지금부터 같이 살펴보겠습니다. 기가 막힌 말씀 여행이 될 줄 믿습니다. 모두 여섯 구절을 짧게 짧게 말씀드릴 테니까 잘 기억해 두세요. 우선 첫 두 말씀은, "재물이 나중에 누구의 것이 될지 아무도 모른다."라는 내용입니다.

> 6진실로 각 사람은 그림자 같이 다니고 헛된 일로 소란하며 재물을 쌓으나 누가 거둘는지 알지 못하나이다 (시 39:6)

이 말씀은 우리가 정신없이 뛰어다녀봐야 결국 그림자같은 인생에 불과하고 그동안 헛된 일로 난리만 피운 것에 불과하다는 뜻입니다. 그리고 아무리 재물을 쌓아봤자 그게 결국 내 것이 될 것인지 다른 사람 것이 될 것인지 알 수 없다는 겁니다. 이해하기 어렵지 않은 말씀입니다. 두 번째 말씀을 찾아보겠습니다.

> 2어떤 사람은 그의 영혼이 바라는 모든 소원에 부족함이 없어 재물과 부요와 존귀를 하나님께 받았으나 하나님께서 그가 그것을 누리도록 허락하지 아니하셨으므로 다른 사람이 누리나니 이것도 헛되어 악한 병이로다 (전 6:2)

그렇습니다. 정말 그가 원하던 모든 것이 다 이루어지고 아무런 부족한 것이 없을 만큼 재물이 생기고 부유해지고 존귀해질 수가 있습니다. 게다가 그게 다 하나님이 주신 거라고 했습니다. 그런데 전도자가 보니까 그 재물과 그 존귀를 결국은 그가 누리지 못하고 다른 사람이 누리는 일이 있더라는 겁니다. 얼마나 황당합니까. 하지만 우리도 그런 이야기를 들어본 적이 있습니다. 이 고생 저 고생 다 해서 많은 재물을 얻었는데 암에 걸려 고생하다 죽는 분 이야기는 드물지 않습니다.

그래서 전도자는 말합니다. 재물과 명예를 얻기 위해 아등바등 살아봤자 그게 나중에 다 엉뚱한 사람 것이 될 수 있으니 이게 다 헛된 일이 아니냐는 겁니다. 그러니 재물이 많건 적건, 여러분의 재물이건 다른 분들의 재물이건, 그게 앞으로도 계속 그 사람의 재물일 거라고 생각하는 건 착각일 수 있다는 겁니다.

2. 악인의 재물은 누구를 위해 준비되는가

이제 볼 말씀부터는 메시지가 더 강력해집니다. 지금부터는 특별히 악인의 재물에 대해서 나옵니다. 이 말씀들의 요지는, "악인의 재물은 의인을 위해서 준비된다"는 것입니다.

> 13악인이 하나님께 얻을 분깃, 포악자가 전능자에게서 받을 산업은 이것이라
> 16그가 비록 은을 티끌 같이 쌓고 의복을 진흙 같이 준비할지라도
> 17그가 준비한 것을 의인이 입을 것이요 그의 은은 죄 없는 자가 차지할 것이며 (욥 27:13,16-17)

여기 보니까 악인도, 포악자도, 예수님 안 믿는 사람들도 하나님께 이런저런 산업을 받습니다. 이걸 신학적 용어로 "일반은총"이라고 합니다. 이건 하늘의 햇빛처럼 모든 인간에게 공통적으로 기본적으로 주시는 하나님의 은총을 말합니다. 그런데 그들은 천국 소망이 없으니 은을 티끌같이 모아서 잔뜩 쌓아놓기 원하고 또 입을 옷도 진흙처럼 잔뜩 쌓아놓아야 마음이 놓입니다. 그들에게는 이 세상이 전부이고 보이는 게 전부이니까요. 그런데 17절에 보니까 그 준비한 것을 누가 입는다고 했습니까? 그 쌓은 은들은요? 그렇습니다. 이제 아시겠죠? 악인의 재물은 의인을 위한 것입니다.

> 22선인은 그 산업을 자자 손손에게 끼쳐도 죄인의 재물은 의인을 위하여 쌓이느니라 (잠 13:22)

이 잠언 말씀에선 죄인의 재물이 누구를 위해 쌓이고 있다고 했나요? 네. 맞습니다. 의인들을 위해서 오늘도 열심히 죄인들이 재물을 쌓고 있다는 말씀입니다. 참 고마운 분들입니다. 언젠가 우리에게 꼭 필요하다고 판단하시면 선하신 우리 하나님은 악인들이 열심히 준비해놓고 열심히 쌓아놓은 그 재물들이 우리를 위해서 쓰이도록 도와주신다는 겁니다. 이건 성경의 약속입니다.

여러분 혹시 기억나세요? 2011년에 이집트 혁명이 일어났을 때 30년 동안이나 집권했던 무바라크 정권이 무너졌습니다. 그때 사람들의 관심사가 무바라크의 재산에 쏠렸었습니다. 처음에는 국내 재산만 1조4천억 원이고 해외에는 없다고 발표했는데 이걸 아무도 안 믿었죠. 물론 이것도 엄청난 재산입니다만 나중에는 해외에 숨겨둔 재산이 7백억 달러, 우리 돈으로 80조 원 정도로 추정된다고 발표되어 사람들을 놀라게 했습니다.

"조"라는 개념이 얼른 잘 머리에 안 들어오시죠. 이렇게 생각해볼까요? 80조면, 태어나서 80살까지 산다고 했을 때 1년에 1조씩 쓰면 되겠죠? 생각보다 계산이 간단하네요. 그럼 1달에 800~900억 원만 쓰면 됩니다. 그리고 하루에는 한 30억 원씩만 쓰면 되겠죠. 솔직히 저는 하루에 3만 원도 쓰기 쉽지 않습니다. 그런데 어떻게 하루에 30억을 다 쓸 수 있을까요? 그거 쓰는 거 생각하다가는 머리에 쥐가 나서 아무 일도 못할 것 같습니다. 정말 내가 이렇게 힘들게 살아야 하나 싶을 겁니다.

그런데 그 뉴스가 나왔을 당시, 사회적으로도 경기가 많이 안 좋았지만 저희 병원도 경제적으로 좀 어려웠습니다. 그래서 뉴스를 보면서 "아이고 하나님, 저한테도 저 돈 조금만 떼어 주시면 안 되나요?" 그랬습니다. "악인의 재물은 의인을 위해서 준비된다고 하셨잖아요?" 하고 하나님께 너스레도 떨었습니다.

그런데 좀 생각해보니까 그 많은 돈을 저한테 일시금으로 주시면 어디 보관할 곳이 없겠더라고요. 집에 금고도 작고 그렇다고 책상 위에 쌓아둘 수도 없고. 그래서 다시 기도했습니다. "아 지금은 말고요 하나님. 나중에 제가 필요할 때 그때 알아서 조금씩 보내주세요. 감사합니다."

3. 하나님을 기뻐하고 빈자를 불쌍히 여기라

하나님이 악인의 재물을 의인을 위해서 준비해놓으신다는 개념은 그 외에도 여러 본문에 나옵니다. 특히 이제 보여드리는 두 말씀은 악인의 재물이 "하나님을 기뻐하는 자와 가난한 사람을 불쌍히 여기는 자"를 위해서 준비되는 것이라고 말해줍니다.

> 26하나님은 그가 기뻐하시는 자에게는 지혜와 지식과 희락을 주시나 죄인에게는 노고를 주시고 그가 모아 쌓게 하사 하나님을 기뻐하는 자에게 그가 주게 하시지만 이것도 헛되어 바람을 잡는 것이로다 (전 2:26)

악인들에게는 천국 소망이 없잖아요? 그래서 재물에 소망을 두고 정신없이 재물을 쌓습니다. 그런데 그의 그 재물은 결국 하나님을 기뻐하는 자들에게 주게 될 거라고 말씀하십니다. 죄인들은 헛된 노고만 한 것이었습니다. 그리고 그는 바람을 잡으려는 헛된 소망만 품고 살았던 사람이었습니다.

그러니까 여러분도 하늘에 대한 소망 없이 재물에만 몰입되어 살아가는 사람들을 불쌍히 여기시기 바랍니다. 여러분도 그렇게 사시면 안 되고요. 그건 헛된 삶이고 바람을 잡으려는 삶입니다. 바람을 우리가 어떻게 잡습니까? 하나님을 기뻐하는 자로 사시기 바랍니다. 그래서 느헤미야도 "여호와를 기뻐하는 것이 너희의 힘"(느 8:10)이라고 했습니다. 하나님을 기뻐하세요. 하나님을 기뻐하는 자들에게 하나님은 많은 좋은 것들을 준비해주고 계심을 믿으시기 바랍니다.

> ⁸중한 변리로 자기 재산을 늘이는 것은 가난한 사람을 불쌍히 여기는 자를 위해 그 재산을 저축하는 것이니라 (잠 28:8)

중한 변리 즉 돈이 필요한 가난한 사람에게 이자를 과도하게 받는 방법으로 재물을 모으는 사람들이 있습니다. 악한 사람들이지만 또 한편 성경에 의하면 불쌍한 사람들이기도 합니다. 그 재물을 자기를 위해서가 아니고 "가난한 사람을 불쌍히 여기는 자"들을 위해서 저축하고 있는 것이기 때문입니다. 그들이 악하게 모은 재산은 결코 영원히 그들의 창고를 채우고 있지 않을 것입니다. 이것이 하나님의 공의입니다.

돈에 대한 새로운 관점

자 이제 여섯 구절을 다 봤습니다. 어떻습니까? 성경이 돈에 대한 새로운 관점을 우리에게 제시하고 있는 게 맞나요? 누가 진짜 부자인 건지 이제 좀 이해가 되십니까? "악인의 재물이 의인을 위해 준비되고 있다"는 사실을 반드시 믿으시기 바랍니다. 특별히 하나님을 사랑하는 자들, 그리고 가난하고 고통당하는 자들을 불쌍히 여기는 자들을 위해 어딘가에 귀한 재물들이 저축되고 있습니다.

이걸 굳이 악인의 재물로만 한정 지을 필요는 없습니다. 우리의 재물도 언젠가 나보다 그게 더 필요한 다른 하나님의 자녀를 위해서 하나님께서 주권적으로 쓰실 것이기 때문입니다. 내가 자발적으로 물질이 필요한 자들을 위해 베푼다면 나에게 복된 일이 될 것이고 만약 내게 그런 자비로움이 없다면 하나님은 임의로 내 재물을 선용하실 것이며 나에겐 복이 없을 것입니다.

혹시 지금 여러분 가운데 한참 물질적으로 고통 가운데 계신 분이 계신 가요? 하나님을 신뢰하고 하나님을 찬양하시기 바랍니다. 하나님이 여러분 삶에 선하게 개입하실 걸 꼭 믿으시기 바랍니다. 여러분을 위해서 그동안 준비시키고 보관시키셨던 어딘가의 창고가 열리고 어딘가의 주머니가 열릴 것을 믿으시기 바랍니다. 이걸 믿으면 우리도 오늘 기쁘게 두 렙돈을 드릴 수 있는 것입니다. 이걸 믿으면 우리도 어떤 부자보다도 더 많이 주님께 드릴 수가 있는 것입니다.

하지만 지금 당장 주시지 않는다고 염려하지는 마세요. 아직 때가 안 되었거나, 갑자기 그 많은 걸 여러분이 어디 보관해둘 수가 없어서 조금씩 조금씩 공급해주고 계시는 걸 믿으시기 바랍니다. 여러분의 아버지가 이 우주의 하나님이시잖아요? 여러분의 금고가 지금 수많은 사람의 집에 흩어져서 안전하게 보관 중이라고 성경이 말하고 있지 않습니까?

언젠가 하나님의 "중개"를 통해서 반드시 하나님의 자녀들에게 공급될 겁니다. 그러니 우리는 이방인처럼 무엇을 먹을까 무엇을 마실까 무엇을 입을까 염려할 필요가 없는 것입니다. 우리가 먼저 그의 나라와 그의 의를 구하는 자들이 될 수 있는 기본 원리가 바로 여기에 있는 것입니다.

그리고 이 확신이 진짜 있으시다면 진짜 부자는 바로 여러분인 걸 믿으시기 바랍니다. 일용할 양식을 잊지 않고 주시는 우리 하나님이십니다. 월용할 양식을 놓치지 않으시는 우리 하나님이십니다. 그리고 연용할 양식도 다 준비해놓으시는 좋은 아버지 하나님이심을 믿으시기 바랍니다. 그리고 만약 여러분 가운데 이미 재물이 많으신 분들이 계시다면 다음 말씀은 그분들을 위한 것입니다.

> **17**네가 이 세대에서 부한 자들을 명하여 마음을 높이지 말고 정함이 없는 재물에 소망을 두지 말고 오직 우리에게 모든 것을 후히 주사 누리게 하시는 하나님께 두며
> **18**선을 행하고 선한 사업을 많이 하고 나누어 주기를 좋아하며 너그러운 자가 되게 하라 (딤전 6:17-18)

이 세대에서 부한 분들은 잘 들으세요. 마음을 교만하게 먹으면 안 됩니다. 정함이 없는 재물에 소망을 두시면 안 됩니다. 소망은 오직 하나님께 두셔야 하고, 그 재물로는 선한 일을 많이 하셔야 하며, 그 재물을 나누어 주기를 좋아하셔야 합니다. 만약 그러지 않으면 하나님이 어느 날 강권적으로 그걸 다른 분들에게 전달해주시는 걸 깨닫는 날이 올 것입니다.

두 렙돈을 드린 부자

저는 설교 준비를 마치면서 한가지 질문이 계속 머릿속에서 맴돌았습니다. "주님은 두 렙돈을 바친 과부에게 왜 그 자리에서 직접 칭찬하지 않으셨을까?" 하는 의문입니다. 오늘 본문을 보면 그 과부는 자신을 칭찬하는 주님 말씀을 직접 듣지는 못한 것 같습니다. 주님은 왜 그러셨을까요? 왜 직접 칭찬하시지 않고 제자들에게만 그녀를 칭찬하셨을까요?

사실 아무도 모릅니다. 하지만 이건 분명합니다. 그 과부가 헌금을 누구에게 드린 건가요? 하나님이시죠? 네. 지금 삼위일체 되신 성자 하나님께서 이날 그 헌금함 앞에 직접 앉아계셨던 겁니다. 피조물이 창조주에게 예물을 드리는 그 작은 손길을 직접 그 앞에서 받으시면서 창조주께서 미소를 지으며 그녀를 바라보고 계셨던 겁니다. 이제 그녀의 주머니는 비었지만 그녀의 마음은 꽉 차서 성전을 떠나는 것을 창조주가 사랑의 눈으로 보

고 계셨던 겁니다. 이제 그녀의 인생과 그녀의 주머니는 창조주가 책임져 주실 것이었습니다.

여러분도 헌금함에 손을 넣으실 때 그 앞에 주님이 앉아계신다고 생각하고 예물을 드리시면 좋겠습니다. 헌금 자체가 예배입니다. 그 안에 찬양과 감사와 헌신과 간구와 회개와 천국에 대한 소망이 다 들어있습니다. 그러니 예배하는 마음으로 예물을 준비하세요. 그리고 예배하는 마음으로 헌금함에 손을 넣으시기를 바랍니다.

우리가 이 과부를 보며 놀라는 것은 단지 그가 생활비 전부를 드렸기 때문이 아닙니다. 그의 나라와 그의 의를 먼저 구하는 삶을 우리도 살아보라는 강력한 외침을 뜻밖의 여인에게서 들었기에 우리는 놀라는 것입니다. 그렇게 살아도 절대로 굶어 죽지 않는다는 엄청난 웅변을 가장 어렵게 사는 여인에게서 들었기에 우리는 도전을 받고 있는 것입니다. 바로 이게 주님의 가르침이고, 가난하되 부유하게 살았던 한 과부의 교훈이며, 또한 여러분 중 많은 분들이 이미 가지고 있는 믿음입니다.

오늘은 무화과나무가 무성치 못하고 포도나무에 열매가 없으며 감람나무에 소출이 없을지도 모릅니다. 하지만 악인의 재물조차도 의인을 위해서 준비되고 있을 정도로 우리 주님은 용의주도하게 우리의 필요를 채우십니다. 이걸 정말 믿고 과감하게 두 렙돈을 주님께 드리신다면 여러분도 진짜 부자일 것입니다.

이제 곧 성탄절입니다. 우리에게 모든 것 주시기 위해 이 땅에 내려오신 주님을 생각하면서, 이제 두 렙돈 꽉 쥐고 있던 손을 펴고 기쁘고 감사하게 주님께 드리는 진짜 부자들이 여러분 중에 많이 있으시기를 진심으로 기원합니다. 할렐루야.